Reitvorschrift

(Reitv.)

Vom 29. Juni 1912

(Hierdurch tritt die Instruktion zum Reitunterricht
für die Kavallerie vom 31. 8. 1882 außer Kraft)

Berlin 1912
Ernst Siegfried Mittler und Sohn
Königliche Hofbuchhandlung
Kochstraße 68—71

Faksimile Nachdruck
Scan der D. E. V. Nr. 12 1912
Verlegt bei Mittler& Sohn

ISBN-13: 978-3956250187

Reitvorschrift

(Reitv.)

Vom 29. Juni 1912

(Hierdurch tritt die Instruktion zum Reitunterricht für die Kavallerie vom 31. 8. 1882 außer Kraft)

Berlin 1912
Ernst Siegfried Mittler und Sohn
Königliche Hofbuchhandlung
Kochstraße 68—71

Ich genehmige die beifolgende Reitvorschrift und bestimme, daß sie außer für die Kavallerie auch für den Reitdienst der übrigen Waffen mit den für sie erforderlichen Änderungen maßgebend sein soll.

Abweichungen von den Bestimmungen und reiterlichen Grundsätzen der Reitvorschrift sind untersagt.

Ich ermächtige jedoch das Kriegsministerium, notwendig werdende Änderungen, soweit sie nicht grundsätzlicher Art sind, selbständig zu veranlassen.

Neues Palais, den 29. Juni 1912.

Wilhelm R.

v. Heeringen.

An das Kriegsministerium.

Inhaltsverzeichnis.

II. Teil.

Reitlehre.

III. Teil.

Dressur der Remonten.

IV. Teil.

Ausbildungsgrundsätze für Rekruten, ältere Reiter und Offiziere.

Rekruten.

Ältere Reiter und Offiziere.

Anhang.

Einleitung.

1. Der Krieg fordert vom Reiter die sichere Beherrschung des Pferdes, vom Pferde Gehorsam, Gewandtheit und Ausdauer. Diese Anforderungen durch eine sachgemäße körperliche Durchbildung von Mann und Pferd zu erfüllen, ist die Aufgabe der Reitausbildung.
2. Die Reitvorschrift enthält die Grundsätze für die Ausbildung des Reiters und die Dressur des Pferdes sowie die Lektionen, deren man sich dabei bedient.
3. Die Verschiedenheit des Materials macht es unmöglich, für alle Fälle bestimmte Anweisungen zu geben. Nur dauernde Übung im Sattel und fleißige Beobachtung von Reiter und Pferd können Gefühl und Auge so schärfen, daß es bei auftretenden Schwierigkeiten gelingt, die wahren Ursachen zu erkennen und nach den Grundsätzen der Reitvorschrift durch zweckentsprechende Lektionen zu beseitigen.
4. Mit der körperlichen muß die geistige Ausbildung des Mannes zum denkenden, selbständig arbeitenden Reiter Hand in Hand gehen. Die Dressur des Pferdes ist durch planmäßige Erziehung und Gewöhnung zu unterstützen.
5. In der Reitbahn oder auf dem Reitplatz wird die Grundlage gelegt für die sichere Beherrschung des Pferdes im Gelände.

6. Das gesteckte Ziel ist nur durch gründliche Einzelausbildung zu erreichen, da nur so die Eigenart von Reiter und Pferd gebührend berücksichtigt werden kann. Alle Reiter müssen möglichst täglich Gelegenheit erhalten, ihre Pferde selbständig zu arbeiten, zu springen und die Waffen zu handhaben.

Das Reiten in der Abteilung ist bei der Ausbildung nicht zu entbehren und dient auch als Vorbereitung für das Reiten im Gliede und zur soldatischen Erziehung von Mann und Pferd. Gute Leistungen geschlossener Abteilungen müssen jedoch das Ergebnis der erzielten Einzelausbildung sein.

7. Die Leitung des Reitdienstes in der Eskadron*) liegt in den Händen des Eskadronchefs. Er ist für die gesamte Ausbildung der Eskadron und für die richtige Anleitung der ihm zur Verfügung stehenden Lehrkräfte verantwortlich und in der Wahl seiner Mittel möglichst wenig zu beschränken.

Die Reitfertigkeit der Unteroffiziere und ihr reiterliches Verständnis zu fördern, sie mit Lust und Liebe für die Reitkunst zu erfüllen, ist eine der wichtigsten und dankbarsten Aufgaben des Eskadronchefs.

Der Erhaltung und Verbesserung der Reitform der Pferde hat er während aller Dienstperioden, namentlich auch während der Sommermonate, seine besondere Aufmerksamkeit zuzuwenden.

8. Der Regimentskommandeur überwacht die Reitausbildung und sorgt dafür, daß das geforderte Ausbildungsziel von allen Eskadrons erreicht wird.

Alle Vorgesetzten sind verpflichtet, einzugreifen, sobald sie Mißgriffe oder Zurückbleiben bemerken.

---

*) Eskadron gilt sinngemäß für Batterie, Kompagnie, Abteilung.

9. Pflege und Schonung des Pferdematerials müssen zur Erhaltung steter Kriegsbereitschaft jeder Zeit im Auge behalten werden.

10. Der Reitlehrer muß dem Manne ein nachahmenswertes Vorbild bieten, sowohl in seiner persönlichen Haltung im Sattel als auch in seinem reiterlichen Können. Er sollte imstande sein und Gelegenheit nehmen, jedes Pferd seiner Abteilungen selbst zu reiten, um den Schülern aus eigenem Reitergefühl die gebotenen Hilfen an die Hand geben zu können.

Der junge Reiter und das junge Pferd sind meist willig und werden mit wenigen Ausnahmen bei ruhiger, wohlwollender Behandlung und verständnisvoller Belehrung alles Erforderliche leisten. Erfolg und Mißerfolg in der Reitausbildung hängen daher in erster Linie von der Persönlichkeit des Lehrers ab.

11. Die Reitfertigkeit der Offiziere ist mit allen Mitteln zu fördern und darin schon bei Fahnenjunkern und Fähnrichen eine sichere Grundlage zu schaffen.

Den Unterricht an Offiziere erteilt ohne Rücksicht auf den Dienstgrad der erfolgreichste Reitlehrer. Dem Regimentskommandeur steht es frei, den Unterricht selbst zu geben.

12. Die Reitfertigkeit der Offiziere und Offizieraspiranten des Beurlaubtenstandes ist durch besondere Maßnahmen zu heben.

13. Neben dem Reitunterricht in der Bahn ist das Geländereiten in jeder Weise, namentlich durch Jagdreiten, zu fördern. Alljährlich nach den Manövern sind bei den Regimentern Jagden zu reiten, an denen das gesamte Offizierkorps unter seinem Kommandeur teilzunehmen hat. Daneben ist die Ausführung von Dauerritten nach den hierfür erlassenen Bestimmungen zu pflegen.

14. Alle Befehlshaber müssen dahin wirken, bei ihren Untergebenen reiterlichen Ehrgeiz und reiterliches Selbstvertrauen, sowie Lust und Liebe für den Reitdienst zu wecken und auf jede Weise zu fördern. Nur so kann es gelingen, den Geist großzuziehen, der im Kriege den Erfolg verbürgt.

I. Teil.

Allgemeines.

1. Der Reitlehrer.

Der Reitlehrer soll die Reitkunst im Rahmen seiner Aufgabe praktisch wie theoretisch beherrschen. Er muß mit Ziel und Gang der Ausbildung völlig vertraut sein, den Zweck, Aufbau und inneren Zusammenhang der einzelnen Lektionen und die bei ihrer Ausführung auftretenden Schwierigkeiten und charakteristischen Fehler kennen. Nur ein Lehrer, der die Durchführbarkeit seiner Anforderungen selbst im Sattel beweist, wird das unbedingte Vertrauen seiner Schüler besitzen. Lehrer der Remonteabteilungen müssen selbst junge Pferde zugeritten haben und auch die die Dressur unterstützenden Hilfsmittel anzuwenden verstehen.

Jeder Unterrichtsstunde muß eine vorher durchdachte Zeiteinteilung zugrunde gelegt werden, die dem augenblicklichen Ausbildungsgrade zu entsprechen hat. Ebenso wie in der gesamten Ausbildung müssen auch in den einzelnen Reitstunden die Lektionen sich in sachgemäßer Weise folgen und vom Leichteren zum Schwereren fortschreiten. Es wird oft, besonders im späteren Verlauf der Ausbildung, nicht möglich sein, alle dem Ausbildungsgrad entsprechenden Lektionen in einer Reitstunde ohne Übereilung durchzunehmen. Sie müssen dann zweckentsprechend auf mehrere Tage verteilt werden. Überraschend auftretende Schwierigkeiten in der Dressur werden den Reitlehrer öfters veranlassen, von der vorher geplanten Einteilung der Reitstunde bewußt abzuweichen.

Eine gründliche und deshalb langsam fortschreitende Arbeit ist geboten. Es ist aber falsch, nicht eher weiterzugehen, als bis das Erreichte vollständig allen Ansprüchen genügt. Man muß berücksichtigen, daß die späteren Lektionen auch die vorhergehenden verbessern.

Im Anfang der Stunde sind die Pferde zur Losgelassenheit zu bringen. Erst wenn diese erreicht ist, darf man die Pferde versammeln lassen. Auf Lektionen in starker Versammlung müssen stets freie Gänge folgen. Werden diese Grundsätze nicht befolgt, so wird sich bei der Versammlung des Pferdes leicht eine fehlerhafte Spannung einstellen. In Unterrichtsstunden, die auf Ruhetage folgen, empfiehlt es sich, anfangs freiere Gänge mit etwas längeren Zügeln, unter Umständen Galopp in einem natürlichen Tempo, reiten zu lassen.

Ein Aneinanderreihen vieler schwieriger Lektionen und zu lange Reprisen rufen beim Reiter Steifheit hervor und veranlassen ihn, sich festzuziehen; beim Pferde ist Verlust des schwunghaften Ganges die Folge. Besonders bei Rekruten und jungen Remonten sind kurze Reprisen, öfteres Rühren und Absitzen zur Schonung der Reiter oder Pferde erforderlich. Gegen Schluß des Unterrichts ist rechtzeitiges Beenden besonders anstrengender Lektionen geboten. Außerdem sollten ihnen stets Schrittreprisen folgen, bei denen den Pferden vollständige Zügelfreiheit zu gewähren ist. Dies dient der Pferdeschonung und Dressur. Nützlich sind solche Ruhepausen auch als Belohnung für das Pferd, wenn sich Fortschritte gegen früher gezeigt haben.

In den Ruhepausen hat jede Arbeit zu unterbleiben, damit sie wirklich zur Erholung der Pferde dienen. Besonders zu bekämpfen ist das Bestreben vieler Reiter, den Hals des Pferdes dabei mit den Händen allein formen zu wollen. Zusammengezogene Hälse sind sonst die Folge.

Die in den abgekürzten Gängen sich naturgemäß ergebende engere Form des Pferdehalses darf in den freieren Gängen nicht beibehalten werden. Hauptsächlich bei den Übergängen zu diesen, wo das Pferd infolge der vermehrt einsetzenden Schubkraft und der hierdurch bedingten Verlegung des Schwerpunktes weiter nach vorn das Bestreben hat, den Hals etwas mehr zu strecken, muß der Reiter veranlaßt werden, ihm dies zu gestatten. Auch empfiehlt es sich, in allen Tempos von Zeit zu Zeit den Pferden die Zügel nachgeben zu lassen, um sich zu überzeugen, ob sie in der beim Gebrauch erforderlichen Selbsthaltung gehen.

Die Ausbildung erfolgt teils durch Einzelarbeit, teils durch Reiten in der Abteilung. Jeder Reiter muß täglich Gelegenheit haben, sein Pferd für sich arbeiten zu können. Dies allein ermöglicht eine gründliche und der Eigenart des Pferdes angepaßte Dressur. Selbst der Rekrut wird bei dieser Art des Reitens am besten lernen, sein Pferd zu beherrschen und in Haltung zu bringen.

Die Überwachung der Einzelarbeit ist, namentlich wenn sämtliche Reiter in frei gewählten Lektionen gleichzeitig arbeiten, für unerfahrene Reitlehrer nicht leicht und erfordert große Aufmerksamkeit. Der Neigung der Reiter, sich meist in kurzen, schwunglosen Gängen zu bewegen und nur die für sie bequemsten, die Dressur des Pferdes jedoch wenig fördernden Lektionen zu reiten, muß entgegengewirkt werden.

Wenn auch die Einzelarbeit ihren hohen Wert hat und täglich stattfinden soll, so muß das Reiten in der Abteilung als wichtiges Ausbildungsmittel ebenso gepflegt werden. Das auf das Durcheinanderreiten unmittelbar folgende Reiten in der Abteilung zeigt am deutlichsten, ob die Reiter ihre Pferde richtig oder falsch gearbeitet haben. Wird dies den Reitern von Anfang an klar gemacht, so wird dadurch die Einzelarbeit sehr gewinnen.

Das beim Reiten in der Abteilung erforderliche genaue Halten der Abstände und des befohlenen Tempos nötigt ferner den Reiter dauernd zu Einwirkungen und lehrt das Pferd diese beachten. Auch lassen sich einige Lektionen leichter durch das Reiten in der Abteilung als durch das Einzelreiten lehren. Schließlich bereitet das Reiten in der Abteilung Mann und Pferd zu ihrer Verwendung im Gliede vor.

Nutzbringend ist die Arbeit in der Abteilung nur dann, wenn alle Reiter das gleiche Tempo reiten und die Hufschlagslinien genau innehalten. Das Halten der Abstände ergibt sich von selbst, sobald die Reiter ihre Pferde im Tempo vollständig beherrschen. Die Abstände dürfen aber auch anfangs nicht so weit aufgegeben werden, daß die folgenden Reiter in ihrem Tempo und dadurch in ihrer Arbeit gestört werden. Verloren gegangene Abstände sind durch mehr oder weniger scharfes Ausreiten der Ecken wieder herzustellen.

Genaue Abstände sind ein Zeichen nicht nur für die soldatische, sondern auch für die reiterliche Durchbildung einer Abteilung und müssen schließlich unbedingt gefordert werden.

Es ist durchaus zu vermeiden, dieselben Lektionen immer an der gleichen Stelle der Bahn und in der gleichen Reihenfolge reiten zu lassen. Die Pferde führen sonst die Übungen nicht aus Gehorsam, sondern aus Gewohnheit aus; die Reiter sind nicht genötigt, ihre Hilfen genau abzumessen.

Eine frische, abwechslungsreiche, jedes Schema vermeidende Lehrart schafft aufmerksame, selbsttätige und passionierte Schüler, eine Vorbedingung für einen erfolgreichen Unterricht.

Vor Beginn des Reitens ist der Anzug der Reiter, das Aussehen und der Putzzustand der Pferde sowie Zäumung und Sattelung eingehend zu prüfen.

Während des Unterrichts muß sich der Lehrer so aufstellen, daß er einen möglichst großen Teil der Abteilung übersieht, in der geschlossenen Bahn im allgemeinen an einer kurzen Seite, im Freien zeitweise außerhalb des Vierecks. Das Changieren durch die Bahn und das Entwickeln von Lektionen von der Tete ab läßt er auf sich zu ausführen. Das Geradeausreiten auf langer Linie prüft er, indem er sich in ihrer Verlängerung aufstellt.

Ohne die Abteilung ganz aus dem Auge zu verlieren, prüft der Reitlehrer die an ihm vorüberkommenden Pferde und Reiter und ruft die etwa notwendige Korrektur zu. Erst wenn der Lehrer sich von ihrer Ausführung überzeugt hat, beschäftigt er sich mit einem anderen Schüler.

Außer der Korrektur der einzelnen Leute findet auch eine Belehrung der ganzen Abteilung statt, meist um an die bei bestimmten Fällen sich bei Reiter und Pferd wiederholenden Fehler zu erinnern und um diesen vorzubeugen.

Alle Anweisungen, namentlich bei Rekruten, müssen dem geistigen Fassungsvermögen der Leute angepaßt sein. Unvermeidliche Fremdwörter sind zu erklären. Beim Reitunterricht selbst sind nur kurze, schlagwortartige Anweisungen am Platz. Längere Belehrungen gehören in den Dienstunterricht, der gelegentlich in der Reitbahn unter Zuhilfenahme eines gesattelten und gezäumten Pferdes erfolgen kann. Sind ausnahmsweise längere Erklärungen während des Reitunterrichts nötig, so läßt der Lehrer halten oder versammelt seine Schüler, auch abgesessen, um sich.

Reiter und Pferde, die den gestellten Anforderungen nicht genügen, werden das gesteckte Ziel nur dann erreichen, wenn sie durch besonderen Unterricht nachgefördert werden.

Stets soll der Reitlehrer seine Ruhe bewahren und bedenken, daß überlautes Kommandieren und vieles Sprechen die Aufmerksamkeit der Mannschaften abstumpft. Unbefriedigende Leistungen haben meist ihren Grund in Unkenntnis oder Unvermögen. Bei trägen und unaufmerksamen Schülern sucht man das Ehrgefühl zu wecken, ehe man zu Strafen schreitet. Lob und Anerkennung fördern die Ausbildung oft mehr als Tadel.

2. Einteilung in Reitabteilungen.

Reiter und Pferde der Eskadron werden nach folgenden Grundsätzen in Reitabteilungen zusammengestellt:

Rekrutenabteilungen. (1., 2., 3. usw.)

Ihnen gebührt das bestgerittene, ältere Pferdematerial der Eskadron. Nur auf frischen, gut durchgerittenen und vor allem in guter Selbsthaltung gehenden Pferden kann der junge Reiter richtig sitzen, fühlen und damit reiten lernen. Auf verbrauchten, müden, ohne Schwung dahingehenden oder tot auf der Hand liegenden Pferden ist dies nicht möglich. Eine Beeinträchtigung des Pferdematerials der Rekruten zugunsten anderer Abteilungen ist unzulässig und bestraft sich durch ein ungenügendes Ausbildungsergebnis.

Junge und alte Remonten.

Sie erhalten die besten Reiter der Eskadron. Remonten, die im ersten Jahr in der Dressur zurückgeblieben sind, können ein zweites Jahr mit den jungen Remonten ausgebildet werden.

Abteilung A.

In ihr sind grundsätzlich sämtliche im dritten Dienstjahre stehenden Pferde zu vereinigen und durch gute Reiter in ihrer Ausbildung zu fördern. Es ist jedoch gestattet, einzelne besonders gut gerittene Pferde des drittletzten Jahrgangs in der Abteilung B zu verwenden. Dies hat zu geschehen, wenn die Abteilung A sonst zu stark würde. Anderseits können auch ältere Pferde, die der Nachdressur bedürfen, in die Abteilung aufgenommen werden.

Abteilung B.

Sie erhält die bestgerittenen, gut gebauten jüngeren Pferde. Ihre Aufgabe ist die Heranbildung reiterlich besonders beanlagter Mannschaften des zweiten Jahrgangs zu Remontereitern.

Abteilungen C und D (E).

Dazu gehören alle in den bisher genannten Abteilungen nicht verwendeten Reiter und Pferde. Die besseren Reiter und jüngeren Pferde sind der Abteilung C zuzuweisen.

3. Allgemeine Zeiteinteilung.

Die nachstehend angegebenen Zeitgrenzen können sich durch klimatische oder örtliche Verhältnisse, durch Pferdeseuchen und die nach ihrem Erlöschen unbedingt zu fordernde längere Schonung der Pferde verschieben.

Rekruten. Von Mitte Dezember ab darf, von Mitte Januar ab muß auf Kandare geritten werden. Ende März soll die Einstellungsfähigkeit in die Eskadron erreicht sein.

Junge Remonten. Am 1. Juli des auf ihre Überweisung folgenden Jahres muß ihre Dressur auf Trense in den für das erste Dienstjahr vorgeschriebenen Lektionen soweit gefördert sein, daß sie auf Kandare geritten werden können. Bei noch ungenügend entwickelten, ungünstig gebauten oder durch Krankheit zurückgebliebenen Pferden müssen die Ansprüche an die Dressur, um eine Schädigung auszuschließen, entsprechend ermäßigt werden.

Fertig zur Einstellung in die Eskadron soll die Remonte erst im zweiten Dienstjahre werden.

Die junge Remonte muß während der Dressur an Kraft und Fülle zunehmen.

Alte Remonten. Bis Mitte Januar muß auf Trense geritten werden, Ende März die Einstellungsfähigkeit in die Eskadron erreicht sein.

Es ist zu verlangen, daß die alten Remonten in voller Kraft und Frische und möglichst vollzählig in die Eskadron eingestellt werden. Auch während ihres ersten Dienstjahres in der Front bedürfen sie schonender Behandlung und besonders guter Pflege, wenn sie nicht vor der Zeit verbraucht werden sollen. Zu den Manövern dürfen nur einzelne alte Remonten nach Bestimmung des Regimentskommandeurs mitgenommen werden. Von den Aufklärungsübungen sind sie zurückzulassen.

Die Abteilung A darf Mitte Dezember und muß Mitte Januar auf Kandare gezäumt werden.

Die Abteilung B reitet bis Mitte Januar auf Trense.

Für die Abteilungen C und D bleibt dem Regimentskommandeur die Bestimmung überlassen, ob der Beginn der Winterdressur auf Trense oder auf Kandare erfolgen soll.

Bei allen Abteilungen, die auf Trense gearbeitet sind, bietet der Abschluß der Trensenarbeit im allgemeinen ein zuverlässiges Bild von dem Grade der Reitfertigkeit der Leute und der Rittigkeit der Pferde. Der Regimentskommandeur hat sich daher vor Zäumung der Abteilungen auf Kandare von dem Stande ihrer Ausbildung zu überzeugen. Die Vornahme von „Besichtigungen“ zu diesem Zeitpunkt birgt die Gefahr in sich, daß an Stelle planmäßig sich steigernder Anforderungen eine überstürzte Ausbildung tritt.

Die Kandarenbesichtigung wird unter gewöhnlichen Verhältnissen etwa Mitte März abzuhalten sein. Da sie den Höhepunkt der reittechnischen Ausbildung von Mann und Pferd darstellen soll, ist sie mit Ausnahme der Rekruten in der Reitbahn vorzunehmen, wo allein eine gründliche Prüfung des technischen Könnens möglich ist. Dies darf nicht verhindern, daß alle Abteilungen während des Winters auch im Freien gehen.

Es bleibt dem Regimentskommandeur unbenommen, zu einem späteren Zeitpunkt die Abteilungen auch im angewandten Reiten und in der Führung der Waffe zu besichtigen.

4. Erklärung einiger Bezeichnungen.

Die Kommandos bestehen meist aus Ankündigungs- und Ausführungskommandos. Sie sind fett gedruckt; Pausen werden durch einen Bindestrich angedeutet. Das Ankündigungskommando soll den Reiter veranlassen, sein Pferd auf die mit dem Ausführungskommando beginnende neue Lektion vorzubereiten. Soll eine Übung von den Reitern nicht gleichzeitig, sondern von der Tete ab nacheinander ausgeführt werden, so wird sie von jedem Reiter an derselben Stelle wie vom Tetenreiter begonnen.

Grundlinie ist eine Linie, die man sich durch die Vorderhufe des richtig aufgestellten Pferdes des Mittelreiters gezogen denkt.

Abstand ist die Entfernung vom Schweif des Vorderpferdes bis zum Kopf des ihm folgenden. Die Abstände werden nach Schritten (80 cm) und nach Pferdelängen (3 Schritt) gemessen.

Zwischenraum ist die seitliche Entfernung zweier nebeneinander befindlicher Reiter, von Bügel zu Bügel gemessen.

Geöffnet heißt eine Abteilung, wenn der Zwischenraum 3 Schritt beträgt, geschlossen, wenn sie Bügelfühlung hat.

Fühlung haben die Reiter, wenn sich ihre Bügel berühren.

Das nötige Maß der Seitenrichtung ergibt sich durch richtiges Aufstellen der Pferde auf der Grundlinie.

Fühlung und Richtung sind von jedem Reiter ohne weiteres zu nehmen.

Augenrichtung wird auf: **Richt Euch!** nach dem Mittelreiter genommen.

Soll ausnahmsweise die Richtung nach einem Flügel genommen werden, so lautet das Kommando: **Augen rechts! (die Augen links!) — Richt Euch!** Die Augenrichtung wird auf: **Augen geradeaus!** beendet.

Man reitet auf der rechten (linken) Hand, wenn die rechte (linke) Seite dem Innern der Bahn (Reitplatz) zugewandt ist.

Inwendige Seite ist bei geradeaus gestelltem Pferd die nach dem Inneren der Bahn zeigende, sonst diejenige, nach der das Pferd gestellt ist; auswendige Seite ist die entgegengesetzte.

Halbe Paraden sind Einwirkungen des Reiters, durch die das Pferd entweder nur für den Augenblick verhalten, versammelt, zum Mäßigen des Tempos oder zum Übergang in eine kürzere Gangart veranlaßt wird.

Ganze Paraden bringen das im Gange befindliche Pferd zum Halten.

Tempo bedeutet die Geschwindigkeit, mit der das Pferd eine bestimmte Strecke in einer bestimmten Gangart zurücklegt. Mit dem Begriff des Temporeitens verbindet man gleichzeitig die Vorstellung, daß die Tritte oder Sprünge des Pferdes sich dauernd in demselben Zeitmaß folgen und dauernd dieselbe Länge haben.

Das Tempo ist stark oder kurz, je nachdem in derselben Zeit viel oder wenig Raum zurückgelegt wird.

Je nach dem Takt, in dem das Pferd die Füße aufhebt und niedersetzt, wird das Tempo als ruhig oder übereilt, lebhaft oder matt, gleichmäßig oder wechselnd bezeichnet, unabhängig davon, ob viel oder wenig Raum in derselben Zeit zurückgelegt wird.

Sicheres Temporeiten ist die Grundlage für Fühlung und Richtung sowie für geordnete und flüssige Bewegungen jeder berittenen Truppe. Jedem Reiter muß daher schon im Reitunterricht das Gefühl für das Tempo und die Fähigkeit, es in allen Gangarten richtig anzunehmen und dauernd gleichmäßig zu erhalten, gelehrt werden.

Es sind zurückzulegen in der Minute:

im Schritt	. . . . . .	125 Schritt
„ Mitteltrab	. . . .	300 „
„ Mittelgalopp	. . .	350 „

Für die übrigen bei der Reitausbildung nötigen Tempos dürfen Maße, soweit sie nicht durch das Exerzier-Reglement bestimmt sind, nicht festgesetzt werden.

Im Trabe läßt sich der Mann stets werfen; soll leicht getrabt werden, so ist dies besonders zu befehlen.

5. Sattelung.

Nur auf einem richtig gebauten und gut liegenden Sattel kann der Reiter richtig sitzen und einwirken.

Ein gut verpaßter Sattel liegt mit seinen überall gleichmäßig auf den Rippen aufliegenden Trachten an den Schulterblättern an. Die beiden Enden der Trachten sollen dabei vom Pferdekörper etwas abgebogen sein und mit ihren oberen Kanten nirgends den Rücken klemmen, namentlich nicht am Widerrist. Zwischen Vorderzwiesel und Woilach muß so viel freier Raum sein, daß man mit der Hand hineinfassen kann, solange der Woilach noch nicht in die Kammer gezogen ist.

Der tiefste Punkt der Sitzfläche muß in der Mitte des Sattels liegen. Liegt er weiter zurück, so gleitet das Gesäß beim Reiten nach hinten heraus, die Oberschenkel und Kniee steigen (Stuhlsitz). Liegt der tiefste Punkt zu weit nach vorn, so kommt auch der Reiter zu weit nach vorn und es entsteht leicht ein stehender Sitz (Spaltsitz). Falsch gebaute Sättel müssen umgearbeitet werden.

Liegt der Sattel zu weit nach vorn, so wird die Vorhand durch das Reitergewicht zu sehr belastet und die Einwirkung auf die Hinterhand erschwert. Ein zu weit hinten liegender Sattel belastet den schwächeren Teil des Rückens in der Nierengegend; die Gurte liegen zum Teil schon auf den falschen Rippen und pressen sie zusammen.

Bei fehlerhafter Lage des Sattels ist eine richtige Einwirkung des Reiters erschwert. Die Lage der Sättel ist daher dauernd zu beachten, nötigenfalls durch Umsatteln zu berichtigen. Bei Pferden mit besonders ungünstiger Sattellage können Vor- oder Hintergurte verwendet werden.

Der sechs- oder neunfach zusammengelegte Woilach ist so auf den Rücken des Pferdes aufzulegen, daß er vorn etwa eine Hand breit über den Sattel hervorragt und zu beiden Seiten des Widerristes gleich tief herabhängt. Die offenen Enden des Woilachs müssen nach links unten und hinten liegen.

Das Vorderzeug gibt namentlich dem gepackten Sattel eine sicherere Lage, besonders verhindert es ein Zurückrutschen des Sattels beim Erklettern steiler Hänge. Das Herzblatt soll auf der Herzgrube des Pferdes liegen. Der Unterriemen darf weder spannen noch herunterhängen.

6. Zäumung.

Zäumung auf Trense. Bild 1.*)

Die Trense ist so zu verpassen, daß das Gebiß (f) an den Maulwinkeln anliegt, ohne diese hochzuziehen. Das Schnallstück (c) liegt auf der Mitte des Genicks, der

---

*) In der Reitvorschrift sind bei Beschreibung der einzelnen Handgriffe offene Trensenzügel angenommen. Es ist aber auch gestattet, die Trensenzügel zusammenzuschnallen.

Bild 1.

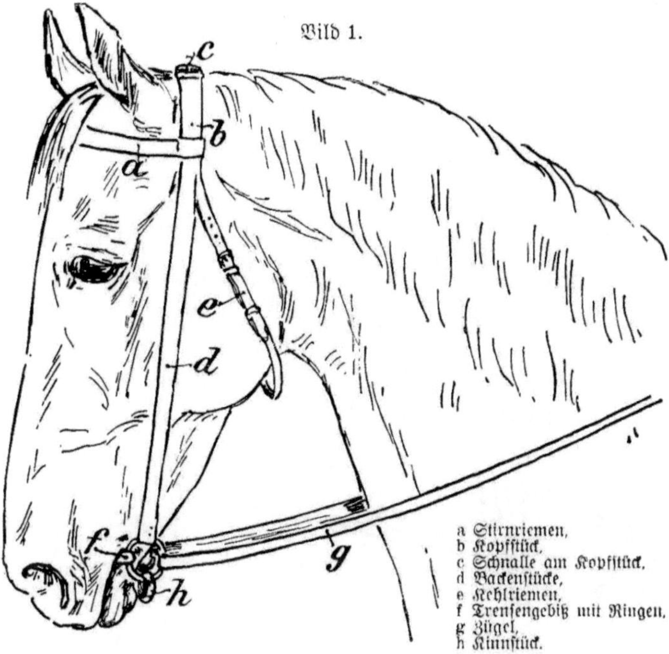

a Stirnriemen,
b Kopfstück,
c Schnalle am Kopfstück,
d Backenstücke,
e Kehlriemen,
f Trensengebiß mit Ringen,
g Zügel,
h Kinnstück.

Zäumung auf Trense.

Stirnriemen (a) dicht unterhalb der Ohren, am Pferdekopf bequem anliegend; die Backenstücke (d) liegen etwa zwei Finger breit hinter der Jochbeinleiste. Der Kehlriemen (e) ist so weit geschnallt, daß bei beigezäumtem Pferde zwischen ihm und dem Kehlgange die flache Hand Platz hat.

Mit Nutzen wendet man bei der Arbeit auf Trense, besonders bei den Remonten, eine Reithalfter an. (Bild 2.) Sie bezweckt, das bei der Dressur des Pferdes oft vorkommende Aufsperren des Maules und seitliche Verschieben des Unterkiefers zu verhindern und dadurch das Pferd zu zwingen, nicht nur mit dem Unterkiefer, sondern auch im Genick nachzugeben. Das Kopfstück (a), der Kinnriemen (b) und der Nasenriemen (c) der Halfter sind in kleine Ringe (d)

Bild 2.

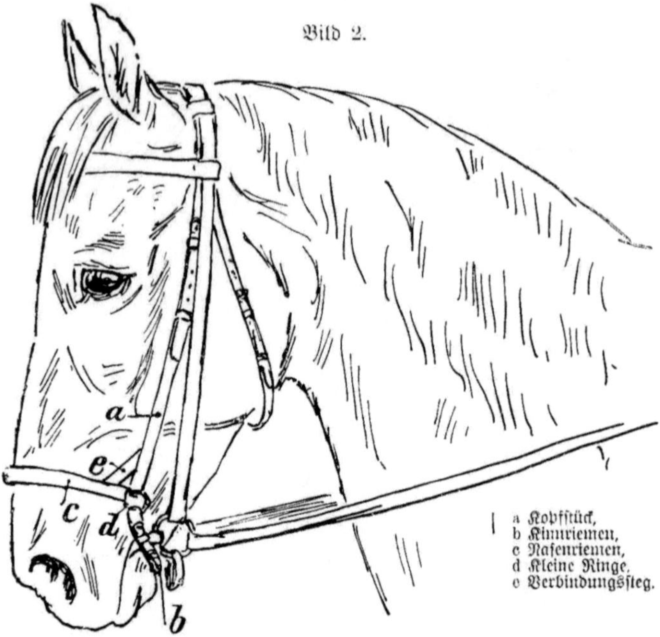

Zäumung auf Trense mit Reithalfter.

eingenäht; ein kleiner Verbindungssteg (e) verhindert das Herabfallen des Nasenriemens. Dieser muß so kurz sein, daß die beiden Ringe vor den Backenstücken der Trense liegen.

Das Kopfstück der mit der Trense zu vereinigenden Reithalfter wird unter den Backenstücken der Trense durch die Stirnriemenschlaufen hindurchgezogen. Nach dem Auflegen der Trense wird der Kinnriemen unterhalb des Trensenmundstücks durchgezogen und in ein auf der linken Seite in den Ring eingenähtes Schnallstück, dessen Schnalle dicht am Ringe sitzen muß, eingeschnallt. Der Nasenriemen soll etwa vier Finger breit über dem oberen Nüsternrand liegen, der Kinnriemen nur so eng geschnallt sein, daß das Pferd noch kauen kann.

Zäumung auf Kandare. Bild 3, 4 und 5.

Die Halfter liegt so weit hinter den Pferdeohren, daß die Backenriemen etwa 4 cm hinter der Jochbeinleiste

Bild 3.

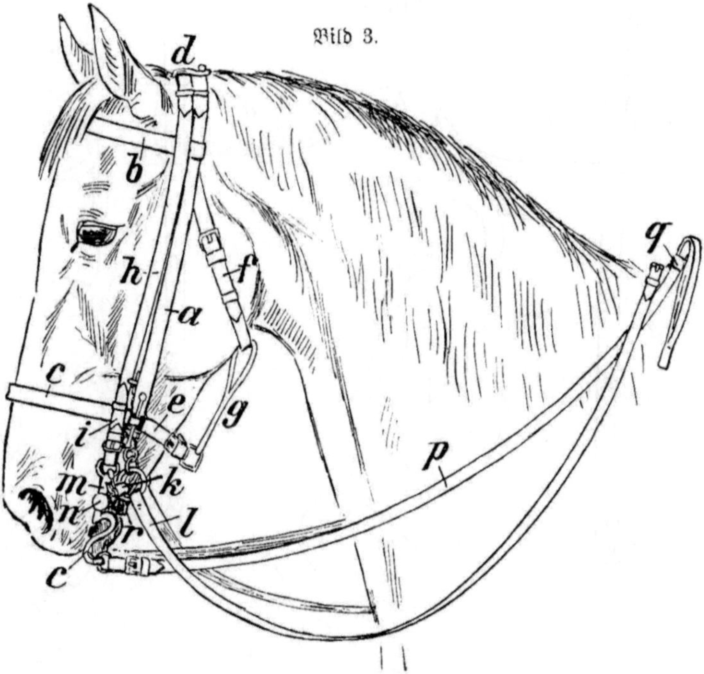

Zäumung auf Kandare.

Halfter.

a Backenriemen mit eisernen Ösen für die Haken des Hauptgestells und 2 Vierkanten, an diesen 2 Lederösen zur Verbindung mit den Trensenknebeln.
b Stirn- } Riemen.
c Nasen- }
d Knöpfvorrichtung zur Verbindung von Halfter und Hauptgestell.
e Kinn- } Riemen.
f Kehl- }
g Verbindungssteg.

Hauptgestell.

h Backenstück mit Haken zur Verbindung mit den entsprechenden Ösen der Halfter.
i Schnallstück zum Einschnallen der Kandare.

Trense.

k Trensengebiß mit Ringen und Knebelkette zum Befestigen in den Lederösen der Vierkante der Halfter.
l Trensenzügel mit Schnallvorrichtung.

Kandare.

m Obergestell mit Augen zum Einschnallen des Hauptgestells und Kinnkettenhaken.
n Mundstück.
o Untergestell (Anzüge) mit Zügelringen.
p Kandarenzügel, der linke 2 cm länger als der rechte.
q Kandarenschieber.
r Kinnkette.

Kandaren alter Art mit geraden Anzügen sind ebenso zu legen.

Bild 4.

Kandare.

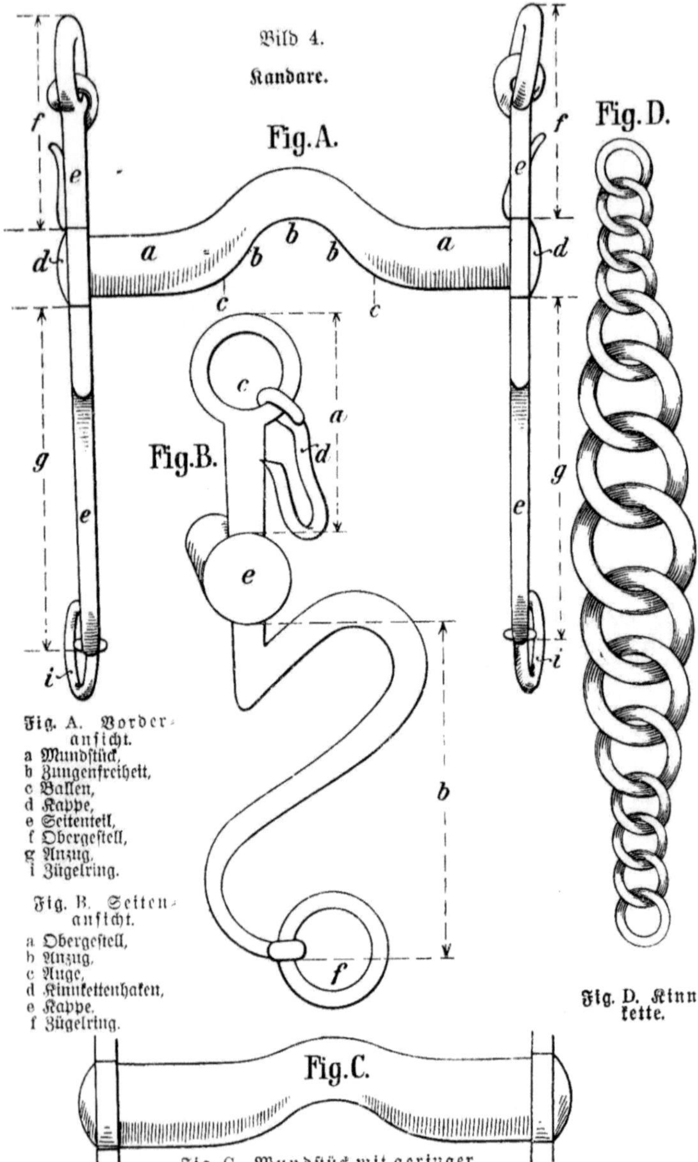

Fig. A. Vorderansicht.
a Mundstück,
b Zungenfreiheit,
c Ballen,
d Kappe,
e Seitenteil,
f Obergestell,
g Anzug,
i Zügelring.

Fig. B. Seitenansicht.
a Obergestell,
b Anzug,
c Auge,
d Kinnkettenhaken,
e Kappe,
f Zügelring.

Fig. D. Kinnkette.

Fig. C. Mundstück mit geringer Zungenfreiheit.

Bild 5.

Kürassierkandare.

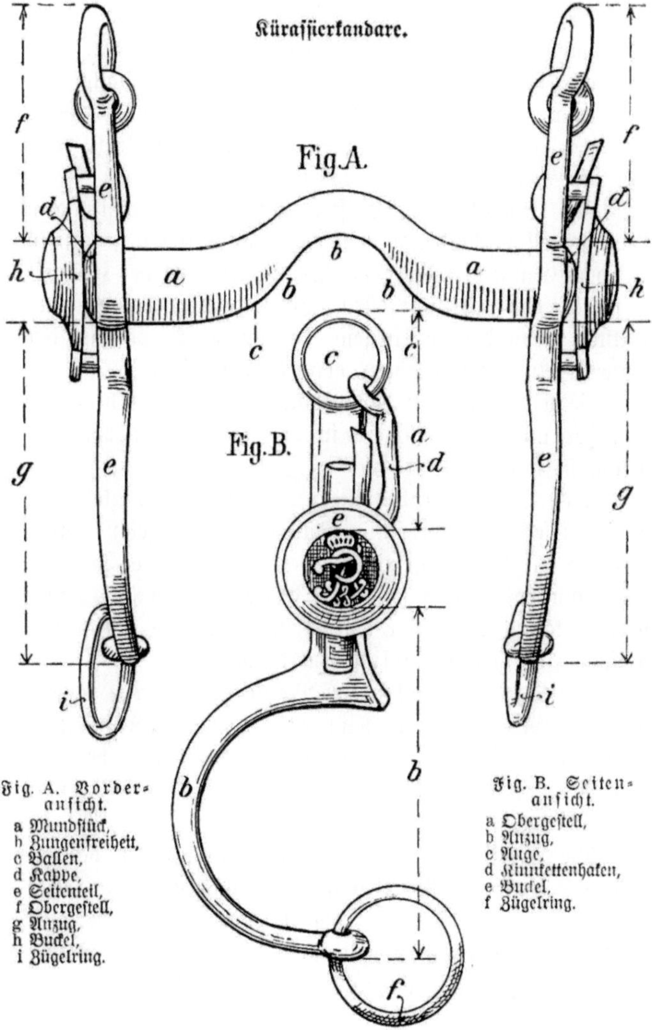

Fig. A. Vorderansicht.

a Mundstück,
b Zungenfreiheit,
c Ballen,
d Kappe,
e Seitenteil,
f Obergestell,
g Anzug,
h Buckel,
i Zügelring.

Fig. B. Seitenansicht.

a Obergestell,
b Anzug,
c Auge,
d Kinnkettenhaken,
e Buckel,
f Zügelring.

entlang laufen. Danach richtet sich die Länge des Stirnriemens. Der Nasenriemen liegt 2 cm unter den Jochbeinleisten. Die Vierkante dürfen sie nicht scheuern. Die Schnalle des Kehlriemens, der so lang zu schnallen ist, daß man bei beigezäumtem Pferde die flache Hand zwischen ihn und den Kehlgang stecken kann, liegt etwa auf der Mitte des Backenknochens.

Die Schnalle der Halfter und die diese mit dem Hauptgestell verbindende Knöpfvorrichtung (d) liegt mitten auf dem Genick des Pferdes. Die Backenstücke des Hauptgestells, das seitlich durch Haken und Ösen mit der Halfter verbunden ist, liegen bei richtiger Verpassung der letzteren etwa 2 cm hinter den Jochbeinleisten.

Beim Einschnallen der Kandarenzügel ist zu beachten, daß der um 2 cm kürzere in den rechten Kandarenring geschnallt wird.

Das Trensengebiß liegt an den Maulwinkeln an, ohne diese hochzuziehen. Dünne Trensengebisse sind, weil sie zu scharf wirken, zu vermeiden. Die Trensenzügel müssen so lang sein, daß das Pferd den Hals völlig strecken kann, ohne daß der Reiter dazu die vorschriftsmäßige Handstellung aufzugeben braucht.

Die Kandare soll so im Maule des Pferdes liegen, daß das Gebiß etwa in gleicher Höhe mit der Kinnkettengrube sich befindet und die Hakenzähne nicht berührt. Bei Pferden, die sich überzäumen, legt man das Mundstück etwas höher.

Die Breite des Mundstücks ist so zu wählen, daß zu beiden Seiten des Maules vom Mundstück nichts zu sehen ist; auch dürfen die Obergestelle die Lefzen oder die Backenhaut nicht zusammendrücken. Andernfalls ist die Kandare entweder „zu weit" oder „zu eng".

Die Obergestelle sind stets etwas nach außen gebogen.

Bei der Wahl des Mundstücks ist zu beachten, ob die Laden breit oder schmal, fleischig oder scharfkantig sind und ob die Zunge dick oder dünn ist. Bei empfindlichen Pferden nimmt man am besten dickere Mundstücke mit geringer Zungenfreiheit, bei weniger empfindlichen Pferden kann man dünnere Mundstücke mit größerer Zungenfreiheit anwenden. Auch bei Pferden, die die Neigung haben, die Zunge über das Gebiß zu strecken, empfiehlt sich die Verwendung eines Mundstücks mit größerer Zungenfreiheit. Mundstücke mit großer Zungenfreiheit beschädigen leicht die Laden.

Auf die Wirkung der Kandare ist das Längenverhältnis zwischen Anzügen und Obergestell von wesentlichem Einfluß. Je länger der Anzug und je kürzer das Obergestell, um so größer ist die Hebelwirkung, desto schärfer wirkt die Kandare.

Die Länge der Kinnkettenhaken richtet sich nach der Höhe der Obergestelle, in deren Augen sie befestigt sind. Die Kinnkettenhaken, nach außen gebogen, sollen bis auf das Mundstück reichen. Ihre richtige Biegung ist von wesentlichem Einfluß auf eine gute Zäumung. Verbogene oder verwechselte Haken (z. B. rechter Haken im linken Obergestell) führen zu Verletzungen des Pferdemauls.

Die Kinnkette muß nach rechts glatt ausgedreht sein und in der Kinnkettengrube, somit in gleicher Höhe mit dem Mundstück liegen. Sie wird unter dem Trensenmundstück mit dem letzten Gliede so in den Haken eingelegt, daß dieses Glied rechts ausgedreht verbleibt und das übrigbleibende Glied auf der linken Seite außerhalb des Hakens herabhängt. Weiter überschießende Glieder werden auf beiden Seiten gleichmäßig verteilt, bei ungerader Zahl kommt die Mehrzahl auf die linke Seite. Sind die Zügel nicht angenommen, und liegen die Anzüge gleichlaufend mit der Maulspalte, so muß zwischen Kinnkette und Unterkiefer bequemer Raum für zwei Finger sein. Erst beim Annehmen der Kandarenzügel soll die Wirkung der Kinnkette eintreten, und zwar an der Stelle, die für ihre richtige Lage vorstehend angegeben ist. Die Anzüge sollen dann bis zur Halbierungslinie b d des rechten Winkels a b c nach dem Halse des Pferdes zurückgehen können. Gehen die Anzüge hinter die Linie b d zurück, so spricht man von einem „Durchfallen“ der Kandare. Bleiben die Anzüge in der Verlängerung der Backenstücke stehen oder bewegen sie sich nur in geringem Maße nach rückwärts, so liegt die Kandare „zu steil“ und wirkt dann fehlerhaft, indem die Kinnkette mehr als das Mundstück zur Wirkung kommt und die Hebelwirkung zu stark wird.

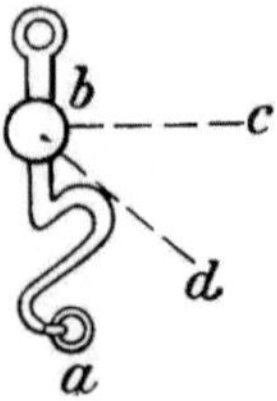

Bei richtiger Zäumung darf die Kinnkette auf das Annehmen der Zügel nicht aus der Kinnkettengrube „steigen“. Die Kinnkettenhaken müssen ihre Lage zum Obergestell annähernd beibehalten. Bildet sich zwischen Obergestell und Kinnkettenhaken ein größerer Winkel, so ist die Kinnkette zu kurz; die Lefzen werden in diesem Winkel eingeklemmt und verletzt. Die Kinnkette muß sich dem Unterkiefer des Pferdes durchweg anschmiegen. Dies ist nur bei richtiger Breite des Mundstücks möglich.

Bei Pferden, die nach den Anzügen greifen, sind bei Kandaren alter Art Scherenriemen anzuwenden. Bei Remonten hat dies grundsätzlich zu geschehen.

Jede Zäumung, die dem Pferde Schmerz verursacht oder das Maul verletzt, ist fehlerhaft. Das Pferd sucht sich dann der Wirkung der Kandare durch verschiedene Mittel, z. B. Zungenstrecken, Zurückziehen der Zunge, Zunge über das Gebiß nehmen, zu entziehen, anstatt vertrauensvoll an das Gebiß heranzugehen.

Vorstehende Bestimmungen gelten auch für die Lage des Offizierzaumzeuges. Bei diesem müssen die Schnallen des Kehlriemens und der Backenstücke auf beiden Seiten in einer Höhe liegen, etwa einen Finger breit unter der Verlängerung des Augenbogenknochens. Die Haken der Hiebkette werden von vorn in die auf dem Kopfstück befindlichen Ösen eingehakt und zeigen nach hinten.

Die richtige Lage und Wirksamkeit der Kandare für das einzelne Pferd herauszufinden, bedarf sorgfältigster Prüfung und dauernder Beobachtung, vor allem im Gange.

Der Reitlehrer bleibt für die richtige Zäumung seiner Abteilung verantwortlich. Gute und schlechte Zäumung haben weitgehenden Einfluß auf die Willigkeit und damit auf die Dressur der Pferde.

7. Zügelhaltung.

Bei Zäumung auf Trense.

Die Zügel der Trense werden unverdreht und gleich lang zwischen dem kleinen und Ringfinger ergriffen, so daß die glatte Lederseite nach außen zeigt. Die Zügelenden hängen über dem zweiten Gelenk der Zeigefinger auf beiden Seiten außerhalb der Zügel herab. Die Hände sind geschlossen, die mäßig gekrümmten Daumen drücken die Zügel auf die Zeigefinger. Die Hände werden mit den Daumen nach oben senkrecht, den Pferdehals mit den Zügeln einschließend, etwa vier Finger breit voneinander und ungefähr eine Querhand vom Leibe entfernt, annähernd zwei Hände hoch über dem Widerrist getragen. Doch lassen sich hierüber keine völlig bindenden Vorschriften geben, da sowohl der Körperbau des Reiters als auch Gebäude und Rittigkeit des Pferdes von Einfluß sind.

Bei Zäumung auf Kandare.

Mit losgelassener Trense.

Der Reiter teilt die Kandarenzügel mit dem Ringfinger der linken Hand, das Ende dieser Zügel hängt über das zweite Gelenk des Zeigefingers aus der Hand nach rechts herab. Die Trensenzügel liegen über den Kandarenzügeln so in der vollen Hand, daß sie auf beiden Seiten gleich lang herunterhängen.

Die Hand ist geschlossen, der Daumen im Gelenk nur mäßig gekrümmt und auf Kandaren- und Trensenzügel dort aufgesetzt, wo sie aus der Hand hervortreten und auf dem zweiten Gelenk des Zeigefingers liegen. Falls der Schieber benutzt wird, befindet er sich hinter dem Ringfinger, andernfalls ist er bis an das Ende der Kandarenzügel zurückzuschieben.*)

Die Kandarenzügel schließen den Pferdehals ein, die Trensenzügel hängen über die Kandarenzügel nach außen herab.

Mit den auf diese Weise ergriffenen Zügeln wird die linke Hand vor der Mitte des Unterleibes etwa zwei Hände hoch über dem Widerrist eine Querhand vom Leibe entfernt getragen und von hier, unter Berücksichtigung der Halslänge und des Grades der Beizäumung der Pferde, das Maß der Zügel genommen. Der rechte Arm hängt natürlich herab; die Hand liegt hinter dem rechten Oberschenkel, ist leicht und zwanglos geöffnet und zeigt mit der inneren Fläche nach dem Pferdeleib.

Mit angefaßter Trense.

Faßt Trensen an!

Die rechte Hand ergreift mit dem Daumen und den drei ersten Fingern den Trensenzügel und zieht ihn durch die linke Hand, bis der linke Trensenzügel mit dem linken

*) Der Schieber befindet sich nur beim Exerzieren, bei Waffenübungen und beim Reiten mit angefaßter Lanze in der Hand des Reiters.

Kandarenzügel gleichmäßig ansteht. Der rechte Trensenzügel wird so kurz gefaßt, daß er mit dem rechten Kandarenzügel gleichmäßig ansteht. Der übrig bleibende Teil der Trensenzügel wird nach dem Leibe des Reiters zu nach innen und unten herabgeschlagen.

Die linke Hand bleibt beim Reiten mit angefaßter Trense vor der Mitte des Leibes senkrecht über dem Widerrist stehen, die rechte ist etwa zwei Fingerbreiten davon entfernt und wird in gleicher Höhe mit der linken, wie diese senkrecht getragen.

Auf: **Laßt Trensen los!** legt der Reiter die Trensenzügel so in die unverändert stehen bleibende linke Hand, daß sie auf beiden Seiten gleichmäßig herabhängen, worauf sich die Hand wieder schließt.

Wird ausnahmsweise mit geteilten Zügeln geritten, so führt der Reiter in jeder Hand je einen Kandaren- und Trensenzügel, geteilt durch den Ringfinger.

Mit durchgezogenen Trensenzügeln.

Auf: **Trensen durchziehen!** (Bild 6) werden die Kandarenzügel und der linke Trensenzügel wie bei angefaßter Trense gehalten, der rechte Trensenzügel wird zwischen Mittel- und Zeigefinger hindurchgezogen, alle vier Zügel

Bild 6.

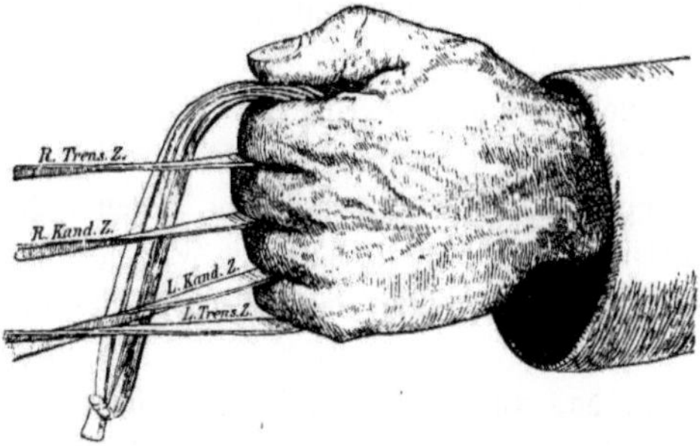

Zügelhaltung mit durchgezogenen Trensenzügeln.

über das zweite Glied des Zeigefingers hinweg gelegt und hier vom Daumen gehalten.

Das Durchziehen der Trense verhindert ebenso wie das Anfassen der Trense, daß sich das Trensengebiß unter das Kandarengebiß legt und Ladendrücke verursacht.

Die Zügelführung mit durchgezogenen Trensenzügeln ist die Regel, sobald mit Waffen geritten wird; doch kann der einzelne Reiter im Gelände und beim Felddienst auch die Trense anfassen. Bei angefaßter Lanze wird mit losgelassener Trense geritten.

8. Führen der Pferde an der Hand.

Auf Trense.

Die rechte Hand ergreift die durch Zeige- und Mittelfinger geteilten Trensenzügel eine Handbreite hinter den Ringen, so daß der rechte Trensenzügel etwas mehr ansteht. Die Zügelenden werden in die volle rechte Hand gelegt, Daumen auf den Zügeln.

Der Reiter geht auf der linken Seite des Pferdes. Der rechte Arm ist leicht gekrümmt, der linke wird zwanglos bewegt.

Bei einem Pferde, das nicht gut folgt, geht der Führer seitwärts vor dessen Kopf und sucht es mit gehobener rechter Hand etwas vorwärts zu ziehen, ohne es anzusehen.

Bei einem heftigen Pferde, das vorwärts eilt, bleibt der Führer an dessen Schulter zurück und sucht es durch sanfte Anzüge der Zügel neben sich zu halten. Wenn das Pferd stark vorwärts drängt, hält der Führer die erhobene linke Hand vor das Gesicht des Pferdes, bis es sich beruhigt.

Schlägt das Pferd mit den Vorder- oder Hinterfüßen nach dem Führer, so hält er sich dicht an die Schulter des

Pferdes und straft es durch einen Stoß der rechten Hand gegen das Kinn.

Auf Kandare.

Alle vier Zügel liegen auf dem Pferdehalse. Die rechte Hand ergreift über den linken Kandarenzügel hinweg die Trensenzügel und teilt sie mit dem Zeige- und Mittelfinger eine Handbreite hinter den Ringen. Im übrigen wird wie auf Trense verfahren.

Mit Lanze.

Der Reiter legt den linken Unterarm von außen um die Lanze herum und den linken Handteller etwa $^1/_2$ m unter dem Ring so auf die Lanze, daß der Daumen von innen, die übrigen vier Finger von außen die Lanze umfassen. Auf diese Weise wird die Lanze auf der linken Schulter so getragen, daß sie durch einen leichten Druck der Hand im Gleichgewicht gehalten wird.

Vorführen eines Pferdes.

In der Höhe des Vorgesetzten angekommen macht der Vorführende Halt, setzt den rechten Fuß einen kleinen Schritt vor und macht auf diesem Fuße rechtsumkehrt gegen das Pferd, wobei er den linken Fuß einen Schritt seitwärts stellt. Die rechte Hand ergreift hierauf den linken, die linke Hand den rechten Trensenzügel, Daumen an den Trensenringen, Zügelenden bei Zäumung auf Trense in der vollen rechten Hand. Die Ellenbogen werden etwas angehoben.

Demnächst wird durch weiches Vorwärtsziehen oder gelinden ein- oder beiderseitigen Druck das Pferd so hingestellt, daß es gerade und gleichmäßig auf allen vier Beinen steht. Der Kopf des Pferdes wird etwas gehoben.

Zum Vorführen des Pferdes tritt der Mann wieder an dessen linke Seite. Auf Trense sind zuvor die Zügel wie zum Führen zu ordnen, und so lang zu nehmen, daß der Gang nicht gestört wird. Zu einem gewandten Vorführen gehört, daß der Kopf des Pferdes in angemessener Höhe gehalten wird und der Reiter mit dem trabenden Pferde gleichen Tritt hält.

9. Aufstellung einer Abteilung in der Reitbahn.

In der Regel werden auf Trense gezäumte Abteilungen geöffnet, auf Kandare gezäumte geschlossen aufgestellt. Die Aufstellung erfolgt in der geöffneten Abteilung gleichlaufend zur langen Wand derart, daß die Pferdeköpfe hinter der Mittellinie der Bahn bleiben, in der geschlossenen Abteilung gleichlaufend zur kurzen Wand so, daß der Mittelreiter etwa auf der Mitte des Zirkels hält. Alle Pferde stehen senkrecht zur Grundlinie.

In der abgesessenen Abteilung berichtigt der Reiter die Stellung seines Pferdes in der beim Vorführen angegebenen Weise. Die hierbei vorgeschriebene Stellung nimmt er auch ein, wenn auf: **Rückwärts Richten!** die ganze Abteilung sich etwas mehr rückwärts aufstellen soll. Das Rückwärtsrichten geschieht Tritt für Tritt unter Beibehaltung der Zwischenräume und wird auf: **Halt!** beendet.

In beiden Fällen treten die Reiter demnächst wieder an die linke Seite des Pferdes, etwa in Höhe der Ohren. Zügelhaltung wie beim Führen. Die linke Hand liegt an der linken Lende. Führt der Reiter die Lanze, so wird sie in Schulterhöhe von der linken Hand derartig umfaßt, daß der Handrücken nach vorn, die Spitzen der geschlossenen Finger nach hinten zeigen. Der Oberarm liegt senkrecht am Leibe herab, der Unterarm, in möglichst spitzem Winkel aufwärts gerichtet, drückt die Lanze so an die linke Körperseite, daß sie dicht neben dem linken Fuße senkrecht steht.

Auf: **Stillgestanden! Richt Euch!** wird nach 241 und 278 Ex. R. f. d. K. verfahren, die Richtung von der

Stirn der Pferde genommen. Lanzenhaltung wie oben beschrieben.

Der richtigen Aufstellung des einzelnen Reiters in der aufgesessenen Abteilung ist als Vorbereitung für die Aufstellung der Eskadron der größte Wert beizulegen. Die Pferde sollen dabei senkrecht zur Grundlinie gleichmäßig auf allen vier Beinen und am Zügel stehen. Den am häufigsten vorkommenden Fehlern, dem Ausfallen der Kruppe nach einer Seite, dem Rückwärtsherausstellen der Hinterfüße, dem Ruhen auf einem Hinterfuß und vor allem dem Zurückkriechen, ist durch verwahrenden Schenkel und durch Heranhalten der Hinterhand entgegenzuwirken. Bei den Reitern ist namentlich auf gleiche Verteilung des Gewichts auf beide Gesäßknochen, gleichmäßig vorgeschobene, nicht auf einer Seite einknickende Hüften und auf zur Grundlinie gleichlaufende Stellung der Schultern zu achten. In der geschlossenen Abteilung ist großer Wert auf genaue Abmessung der Fühlung zu legen.

Die Reiter sind mit Rücksicht auf ihre Verwendung in der Front dahin zu erziehen, daß sie ohne besonderen Befehl, auch im Rühren, stets ihre Pferde in der beschriebenen Weise richtig aufstellen. Zur Erzielung straffer Disziplin sind militärischer Sitz und tadellose Handstellung unter allen Umständen zu fordern.

Der Reitlehrer prüft die Aufstellung einer Abteilung zunächst von vorn, um sich von der Erfüllung der Hauptanforderung, senkrechtem Stehen der Pferde zur Grundlinie und richtiger Fühlung (Zwischenraum) der Reiter, zu überzeugen. Erst in zweiter Linie erfolgt die Prüfung der Seitenrichtung.

10. Aufsitzen und Absitzen.

Das schnelle und geschickte Auf- und Absitzen des Reiters und das unbedingte Stillstehen der Pferde dabei ist für die Verwendung in der Eskadron erforderlich. Das Nichtstillstehen hat abgesehen von ungenügender Erziehung des jungen Pferdes seinen Grund in Belästigungen des Pferdemauls durch die Zügelhand, im Anstoßen der linken Fußspitze an den Pferdeleib, im harten Niedersetzen des Reiters in den Sattel, sowie in der fehlerhaften Neigung der Reiter anzureiten, bevor sie sich zurechtgesetzt und das Pferd an die Zügel gestellt haben. Diese Fehler sowie schnelle und heftige Wendungen und Handgriffe sind von Anfang an zu vermeiden. Einmal verdorbene Pferde sind schwer zu korrigieren.

Ein beim Aufsitzen nicht stillstehendes Pferd ist nicht völlig kriegsbrauchbar.

Um Zeit in der Reitstunde zu sparen und um den Pferden das Stillstehen durch Ungeschicklichkeit der Reiter nicht zu verleiden, ist das Auf- und Absitzen am hochgestellten Übungspferd häufig zu üben.

Bei einer geschlossenen Abteilung geht der Ausführung der unter Auf- und Absitzen beschriebenen Verrichtungen das Bilden zweier Glieder nach 73 Ex. R. f. d. K. voraus. Auf: **Richt — Euch!** wird wieder ein Glied hergestellt.

Die Ausführung des Auf- und Absitzens, wie es nachstehend beschrieben ist, dient nur zur Einübung; später bildet das Kommando: **Aufsitzen! Absitzen!** die Regel.

Auf Trense ohne Bügel.

Auf: **Fertig zum Aufsitzen!** macht der neben dem Pferde still stehende Reiter rechts um. Die linke Hand ergreift die Zügel, die rechte läßt sie los und empfängt, über den Pferdehals hinweggreifend, den ihr von der linken entgegengereichten rechten Zügel. Die linke Hand faßt den linken Zügel zwischen kleinem und Ringfinger so lang, daß sie bis zum Widerrist zurückgehen kann, wirft das Zügelende auf die rechte Halsseite und empfängt von der rechten Hand den rechten Zügel in voller Hand, so daß er über dem linken liegend links herabhängt. Dann tritt der Reiter so weit rechts seitwärts, daß er, mit den Füßen am linken Vorderhuf und dicht an der Schulter des Pferdes stehend, über den Widerrist hinwegsieht. Die linke Hand wird auf den Mähnenkamm vor dem Woilach aufgesetzt, die rechte erfaßt den Vorderzwiesel. Die Zügel stehen nur leicht an, bereit Bewegungen des Pferdes zu verhindern.

Auf das Kommando: **Auf!** springt der Reiter in den Stütz.

Auf: **Gesessen!** wird das rechte Bein gestreckt seitwärts erhoben, worauf der Reiter sich mit einer Vierteldrehung links weich in den Sattel hineingleiten läßt und die Zügel ergreift.

Auf: **Fertig zum Absitzen!** wirft der Reiter mit der linken Hand das links herabhängende Zügelende auf die rechte Seite, legt den rechten Zügel über den linken, das Zügelende auf der linken Seite. Die linke Hand wird auf dem Mähnenkamm, die rechte auf dem Vorderzwiesel wie beim Aufsitzen aufgestützt und gleichzeitig der Sitz ein wenig gelüftet.

Auf: **Ab!** wird das rechte Bein gestreckt hoch über die Kruppe hinweg mit einer gleichzeitigen Vierteldrehung des Körpers nach rechts neben das senkrecht herabhängende linke Bein geführt, die rechte Hand stützt sich auf den Vorderzwiesel. Auf: **Gesessen!** läßt sich der Reiter mit ausgestreckten Fußspitzen an der Schulter des Pferdes auf die Erde herab. Nach einer Linkswendung tritt der Reiter einen Schritt vorwärts, wobei er die Zügel wieder wie zum Führen ordnet.

Auf Trense mit Bügeln.

Zum Aufsitzen tritt der Reiter nach dem Ordnen der Zügel über dem Pferdehalse und der Rechtswendung derart rechts seitwärts und soweit zurück, daß er den linken Fuß in den Bügel setzen kann. Die linke Hand ergreift die Mähne. Hierauf erfaßt er mit der rechten Hand den Steigriemen, setzt den linken Fuß bis hinter den Ballen in den Bügel, indem er sich nach Bedarf dem Pferde nähert, und legt das linke Knie fest an den Sattel, damit die Fußspitze das Pferd nicht berührt. Sodann hebt er sich auf dem Ballen des rechten Fußes und ergreift mit der rechten Hand den Hinterzwiesel. Nun hält sich der Reiter an der Mähne, tritt mit dem linken Fuß in den Bügel, drückt das linke Knie an den Sattel und schnellt sich durch einen kräftigen Abstoß mit dem rechten Fuß unter Vorneigung des Oberleibes in die Höhe. Er bringt dann den rechten Fuß an den linken, die rechte Hand als Stütze des Oberleibes an den Vorderzwiesel, hebt das rechte Bein mit auswärts gehaltenem Sporn hoch über den Hinterzwiesel und läßt sich weich in den Sattel gleiten. Der rechte Fuß wird in den Bügel gesetzt, die Zügel werden geordnet.

Beim Absitzen läßt der Reiter den rechten Bügel los, tritt in den linken Bügel und lüftet den Sitz. Nach dem Herübernehmen des rechten Beines läßt sich der Reiter langsam auf den rechten Fuß nieder, wobei das linke Knie fest am Sattel liegen bleibt. Hierauf wird der linke Fuß aus dem Bügel herausgehoben und neben den rechten gestellt.

Auf Kandare.

Zum Aufsitzen Verfahren wie auf Trense mit Bügeln. Nach dem Schritt rechts seitwärts führt der Reiter jedoch die vier Finger der linken offenen Hand bis an das Ende der Trensenzügel und schiebt den linken Ringfinger zwischen die Kandarenzügel. Die rechte Hand verkürzt sie bis zum leichten Anstehen und legt die Zügelenden auf die rechte Seite.

Beim Absitzen werden die Zügel wie beim Aufsitzen geordnet, sonst wird wie auf Trense verfahren. Auf Befehl kann auch mit durchgezogenen Trensenzügeln aufgesessen werden.

Mit Lanze.

Zum Aufsitzen wird nach dem Schritt rechts die Lanze ungefähr $1/_2$ m hinter dem linken Absatz auf die Erde gestellt und so an das Pferd gelehnt, daß sie vor dem Widerrist an der Mähne liegt. Ohne die Lanze loszulassen, gleitet die Hand hierauf zur Mähne und erfaßt, wie oben beschrieben, die Zügel. Nach dem Aufsitzen ergreift die rechte Hand die Lanze unter der linken, schnellt sie zwischen linkem Arm und Leib soweit gerade in die Höhe, bis das Schuhende über dem Widerrist steht, und nimmt sie dann auf die Lende.

Zum Absitzen schnellt die rechte Hand die Lanze senkrecht durch die hohle Hand in die Höhe, hebt sie mit dem Schuh über den Widerrist und läßt sie zwischen linkem Arm und Leib an der Pferdeschulter zur Erde gleiten. Die linke Hand, die vor dem Widerrist auf der Mähne liegt, ergreift hierauf die Lanze.

11. Abbrechen aus der Abteilung.

Aus der geöffneten Abteilung.

Auf: **Eskadron zu einem rechts (links) brecht ab — Marsch (Gangart)!** reitet der rechte (linke) Flügelmann im lebhaften Schritt geradeaus an; ebenso verfahren alle übrigen Reiter nacheinander, sobald ihr rechter (linker) Nebenmann mit der Kruppe seines Pferdes eine Pferdelänge über den Kopf ihres Pferdes vorgerückt ist; alle Reiter sehen geradeaus. Drei Schritt vor dem Hufschlage wendet jeder Reiter in einer Viertelvolte rechts (links) und folgt auf dem Hufschlage des Vordermannes. Jeder Reiter hat dann den vorgeschriebenen Abstand von zwei Pferdelängen. Die Größenverhältnisse der Bahn können auch kleinere Abstände bedingen. Dem Ankündigungskommando ist dann **„mit x Schritt Abstand“** hinzuzusetzen.

Soll im Trabe oder Galopp abgebrochen werden, so reitet jeder Reiter zunächst eine Pferdelänge im Schritt vor und setzt dann erst sein Pferd in die befohlene Gangart. Durch die Korrektur eines falsch angaloppierenden oder beim Abbrechen im Trabe in den Galopp fallenden Pferdes dürfen Tempo und Abstände in der Abteilung nicht verändert werden.

Jedes Pferd muß unbedingt am Zügel und still stehen, bis der Reiter die Hilfen zum Anreiten gibt.

Aus der geschlossenen Abteilung.

Kommando wie unter „Aus der geöffneten Abteilung“.

Der Flügelmann reitet geradeaus vor, der zweite und dritte Mann schließen nacheinander bis auf die Stelle, wo der Flügelmann gehalten hat, und folgen diesem auf einen Schritt Abstand, bis sie zwei Pferdelängen aus dem Gliede vorgeritten sind. Hier halten sie, nehmen zwei Pferdelängen oder den besonders befohlenen Abstand und folgen dem Flügelmann. Die übrigen Reiter, vom vierten einschließlich an, rücken einer nach dem andern eine Pferdelänge aus dem Gliede vor, wenden rechts (links) und reiten gleichlaufend mit der Frontlinie der Abteilung bis in die Höhe des ursprünglichen rechten (linken) Flügels. Hier machen sie nacheinander links (rechts) um und verfahren weiter, wie es für den zweiten und dritten Mann vorgeschrieben ist. Alle Reiter sehen geradeaus.

Der Tetenreiter wendet drei Schritt vor der der Abteilung gegenüberliegenden Seite sein Pferd rechts (links) auf den Hufschlag der ganzen Bahn.

Wird im Trabe oder Galopp abgebrochen, so erfolgt

der Übergang aus dem Schritt in die befohlene Gangart zwei Pferdelängen vor dem rechten (linken) Flügel und zwar so rechtzeitig, daß die Abteilung im Fluß bleibt.

12. Aufmarschieren zur Abteilung.

Zur geöffneten Abteilung.

Tete rechts (links) dreht, mit Zwischenräumen links (rechts) marschiert auf — Marsch!

Auf: **Marsch!** wendet der Tetenreiter in die Bahn und reitet senkrecht auf die gegenüberliegende Seite los. Die folgenden Reiter reiten eine reichliche Pferdelänge über den Punkt, wo ihr Vordermann in die Bahn abgewendet hat, hinaus und verfahren wie dieser. Auf: **Tete — Halt!** pariert der Tetenreiter sein Pferd und stellt es senkrecht zur gegenüberliegenden Seite hin. Die übrigen Reiter reiten in unverändertem Tempo bis in die Höhe der Kruppe ihres rechten (linken) Nebenpferdes und rücken, aus dem Trabe oder Galopp zum Schritt übergehend, in versammelten Tritten in die Richtung ein. Ein Hinauskommen über die Richtungslinie muß unbedingt vermieden werden, damit ein Rückwärtsrichten nicht nötig ist.

Zur geschlossenen Abteilung.

Auf: **Tete rechts (links) dreht, links (rechts) marschiert auf — Marsch!** verfährt der Tetenreiter wie unter „Zur geöffneten Abteilung". Die anderen Reiter wenden nicht eine Pferdelänge, sondern nur einen Schritt später als ihr Vordermann.

Das Einrücken der einzelnen Reiter hat im versammelten Schritt mit genauer Bemessung der Bügelfühlung zu erfolgen, damit ein Schließen im Gliede vermieden wird.

Ein Aufmarsch nach innen erfolgt bei der geöffneten wie geschlossenen Abteilung nach denselben Grundsätzen.

13. Das Reiten mit Gliederabständen.

Das Reiten in der Abteilung mit 1 (3) Schritt Abstand soll Reiter und Pferd auf die Innehaltung der für das Exerzieren vorgeschriebenen Abstände vorbereiten. Zum Aufrücken aus der Abteilung mit zwei Pferdelängen Abstand erfolgt das Kommando:

Auf einen (drei) Schritt Abstand aufgerückt — (Gangart)!

Soll die Tete die Gangart (Tempo) beibehalten, so erfolgt das Aufrücken in der nächst stärkeren Gangart (Tempo). Soll sie halten oder die Gangart (Tempo) verkürzen, so erfolgt das Kommando: **Tete Halt (Schritt, Trab)!**

Der einzelne Reiter darf den bisherigen Abstand erst aufgeben, wenn sein Vordermann den befohlenen Abstand erreicht hat; er muß das befohlene Tempo bis zum Parieren auf dem neuen Abstande beibehalten.

Wird eine auf Gliederabstand reitende Abteilung auf zwei Pferdelängen auseinandergezogen, so geschieht dies auf: **Vorwärts Abstand genommen — (Gangart)!** Soll ein anderer Abstand genommen werden, so ist dies dem Kommando voranzusetzen.

Das Abstandnehmen nach vorwärts erfolgt stets in einer höheren Gangart (Tempo). Jeder Reiter hat das bisherige Tempo bis zum Abstandnehmen genau festzuhalten und darf nicht nacheilen; anderseits muß er so früh in die neue Gangart (Tempo) eingehen, daß die Abstände und der Fluß der Bewegung von Anfang an gesichert sind.

14. Stillsitzen. Rühren. Ehrenbezeugungen.

Stillgesessen! Die Reiter stellen ihre Pferde an die Zügel und nehmen die vorgeschriebene Haltung an.

Auch im „Stillgesessen“ sind dem Reiter die Bewegungen

gestattet, die erforderlich sind, richtig auf das Pferd einzuwirken. Die Hauptsache ist die gute Haltung des Pferdes.

Auf: **Rührt Euch!** bleibt der Reiter aufrecht sitzen, doch ist ihm freiere Bewegung gestattet; er läßt die Zügel durch die Finger gleiten und gibt dem Pferde zur Erholung volle Zügelfreiheit.

Nähert sich ein besichtigender Vorgesetzter einer Abteilung von vorn, so wird er auf: **Achtung!** von jedem Reiter angesehen. Die Ehrenbezeugung wird auf: **Augen geradeaus!** beendet. Im übrigen s. 566 Ex. R. f. d. K. Ausnahmsweise kann beim Abbrechen befohlen werden, daß der Vorgesetzte angesehen wird.

Der Reitlehrer steht zu Beginn und am Schluß einer Besichtigung einen Schritt rechts (links) seitwärts der Abteilung in Höhe der Reiter. Er gibt das Kommando zum Abreiten vor der Mitte der Abteilung mit der Front dorthin. Im übrigen hält sich der Reitlehrer in der Nähe des besichtigenden Vorgesetzten auf. Nach Beendigung der Besichtigung nimmt er seinen Platz auf dem rechten Flügel der aufmarschierten Abteilung ein.

Ein sein Pferd führender Reiter richtet bei der Ehrenbezeugung den Kopf des Pferdes so in die Höhe, daß sich die rechte Hand etwa in Höhe seiner Schulter befindet.

15. Die Hufschlagsfiguren. Bild 7 und 8.

Ganze Bahn. Halbe Bahn. Anlegen eines Vierecks.

Die Seiten der Reitbahn werden lange und kurze Wand (Bande, Seite) genannt. Die lange Wand muß doppelt so lang sein wie die kurze, die mindestens zwanzig Schritt lang sein soll.

Der Übergang vom Hufschlag der ganzen Bahn auf den der halben Bahn erfolgt auf: **Halbe Bahn!** Soll wieder

Bild 7.

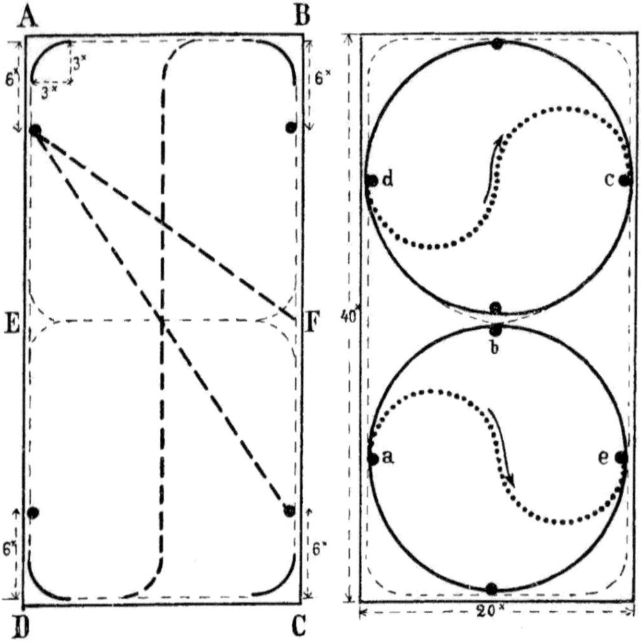

A B C D Ganze Bahn.
A B F E } Halbe Bahn.
D C F E }
● Changierungspunkte.
– – – Changierungslinien (von der linken zur rechten Hand).
◜ Hufschlag der Ecke.

● Paradepunkte der Zirkel.
a b c } Changierungslinien aus den Zirkeln.
d b e }
…… Changierungslinien durch die Zirkel.

der ganze Hufschlag geritten werden, so wird: **Ganze Bahn!** kommandiert, sobald sich die Tete der offenen Seite der halben Bahn nähert.

Will der Reitlehrer auf einem nicht abgesteckten Viereck reiten lassen, so leitet er die Tete durch das wiederholte Kommando: **Tete rechts (links) dreht — Marsch!** auf den gewünschten Hufschlag und läßt die Ankündigung: **Auf dem Viereck geritten!** folgen, sobald der Hufschlag festgelegt ist.

Bild 8.

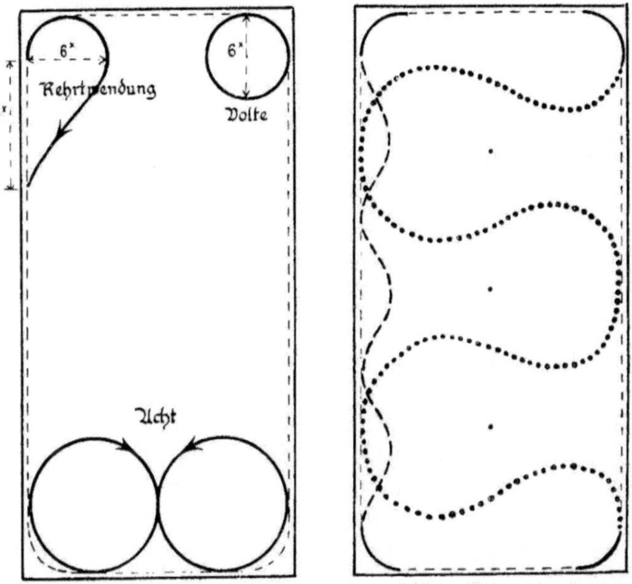

– – – Schlangenlinie an der langen Wand.
...... Schlangenlinie durch die Bahn.

Durchreiten der Ecken.

Der Hufschlag, auf dem bei richtiger Ausführung die Ecke zu durchreiten ist, stellt den Bogen eines mit drei Schritt Halbmesser in die Ecke gelegten Kreises dar.

Changieren durch die Bahn.

Durch die ganze (halbe) Bahn changiert!

Das Kommando erfolgt, bevor der Tetenreiter auf der kurzen Seite an die Ecke kommt.

Das Kommando: **Durch die Länge der Bahn changiert!** erfolgt, wenn der Tetenreiter sich der zweiten Ecke der langen Wand nähert.

Auf den Changierungslinien sind Tempo und Vordermann innezuhalten.

Ein Umstellen des Pferdes erfolgt, wenn die Vorderfüße den inwendigen Rand des Hufschlages auf der anderen Hand erreichen, falls nicht **Ohne Wechsel!** dem Kommando vorangesetzt wird. Im Galopp wird nur im abgekürzten Tempo changiert.

Der Zirkel.

Anlegen des Zirkels.

Auf das Kommando: **Auf dem Zirkel geritten!** geht der Tetenreiter vom nächsten Paradepunkt auf die Zirkellinie über, die übrigen Reiter folgen an derselben Stelle.

Soll gleichzeitig auf zwei Zirkeln geritten werden, — **Auf zwei Zirkeln geritten!** — so muß vorher ein Tetenreiter für den zweiten Zirkel bestimmt sein.

Zur Rückkehr auf den Hufschlag der ganzen Bahn erfolgt das Kommando: **Ganze Bahn!** zwischen den Paradepunkten der kurzen und langen Wand. Der Tetenreiter des zweiten Zirkels führt die ihm folgenden Reiter auf dem kürzesten Wege, ohne das Tempo zu verändern, in das richtige Verhältnis zum ersten Zirkel.

Changieren aus dem Zirkel.

Auf: **Aus dem Zirkel (den Zirkeln) changiert!** geht von der Tete ab jeder Reiter am Paradepunkt der offenen Seite auf die Zirkellinie des anderen Zirkels über.

Beim gleichzeitigen Reiten auf zwei Zirkeln weichen sich die Reiter auf der rechten Hand rechts, auf der linken Hand links aus. Der Stellungswechsel erfolgt am Paradepunkt der offenen Seite, falls nicht „ohne Wechsel!" befohlen wird.

Changieren durch den Zirkel.

Auf: **Durch den (die) Zirkel changiert!** wenden die Reiter von der Tete ab vom Paradepunkt vor der offenen Seite in den Zirkel. Stellungswechsel erfolgt, wenn nicht „ohne Wechsel!" befohlen ist, in der Mitte des Zirkels.

Auf: **Zirkel (auf x Schritt Abstand) verkleinern!** wird der Zirkel in der Bewegung so lange verkleinert, bis sich die Abteilung, gleichmäßig von der Zirkellinie nach innen entfernt, auf einem Schritt Abstand oder dem befohlenen Abstand befindet. Auf: **Zirkel vergrößern!** wird im Vorwärtsreiten der verkleinerte Zirkel wieder zu seiner vollen Größe erweitert. Zirkel verkleinern und vergrößern.

Das Verkleinern und Vergrößern wird von jedem Reiter selbständig gegen den Mittelpunkt und die Kreislinie des Zirkels ausgeführt.

Volten.

Die Volte ist ein Kreis von 6 Schritt Durchmesser. Die Anpassung an diese Kreislinie stellt das höchste Maß von Längsbiegung dar, die das Pferd ohne Beeinträchtigung des Ganges annehmen kann.

Auf: **Volte — Marsch!** wendet der Reiter sein Pferd vom Hufschlag zur Volte ab und kehrt am Punkte des Abwendens auf den Hufschlag zurück.

Volten werden im Trabe und Galopp nur im abgekürzten Tempo geritten. In der Abteilung dürfen sie in der geschlossenen Reitbahn nur im Schritt und im abgekürzten Trabe geritten werden.

Das Ausführungskommando in der Abteilung erfolgt zweckmäßig derart, daß der Tetenreiter die Volte in die erste Ecke der kurzen Seite legen kann.

Kehrtwendungen.

Auf: **Eskadron kehrt — Marsch!** wendet jeder Reiter auf einer halben Volte in die Bahn und reitet dann nach einem Punkt des Hufschlages zurück, der drei Pferdelängen rückwärts des Anfangspunktes der Kehrtwendung liegt. Stellungswechsel erfolgt, wenn nicht „ohne Wechsel!“ dem Kommando vorangesetzt wird, sobald die Vorderfüße den inwendigen Hufschlagsrand erreichen.

Über Tempo und Ausführung gilt das für die Volten Gesagte.

Soll die Kehrtwendung von der Tete ab ausgeführt werden, was zweckmäßig aus der ersten Ecke der kurzen Wand geschieht, so erfolgt das Kommando: **Tete (aus der Ecke) — kehrt!**

Schlangenlinien.

Tete Schlangenlinie an der langen Wand! Tete Schlangenlinie durch die Bahn!

Die Kommandos werden vor der Ecke zur langen Wand gegeben. Der Tetenreiter beginnt die Schlangenlinie nach dem Durchreiten dieser Ecke. Die Übung kann mit und ohne Stellungswechsel ausgeführt werden. Der Wechsel erfolgt beim Eingehen in jeden neuen Bogen. Die Zahl der Bogen richtet sich nach der Größe der Bahn und dem Ausbildungsgrad von Mann und Pferd.

Die Acht.

Die Acht wird aus der zweiten Ecke der kurzen Seite begonnen. Der Stellungswechsel erfolgt auf dem Berührungspunkt der beiden Kreise, wenn nicht „ohne Wechsel" geritten werden soll. Das Reiten der Acht findet nur beim Einzelreiten, im Trabe und Galopp nur im abgekürzten Tempo statt.

II. Teil.

Reitlehre.

16. Sitz und Haltung des Reiters. Bild 9.

Ein sicherer, ruhiger und ungezwungener Sitz, der sich geschmeidig den Bewegungen des Pferdes anpaßt, ist für den Reiter zur Beherrschung des Pferdes und zum Waffengebrauch unerläßlich. Nur aus einem richtigen Sitz können richtige Hilfen gegeben werden. Ihn zu erlangen und zu erhalten ist erstes Erfordernis und Grundlage für

Bild 9.

Richtiger Sitz.

alles Reiten. Daher bleibt es während der gesamten Ausbildung in allen Abteilungen Hauptaufgabe des Lehrers, auf guten Sitz hinzuwirken.

Mit richtigem Sitz muß sich gute militärische Haltung vereinigen, die jede Vernachlässigung der äußeren Form vermeidet. Sie wird bei richtiger Anleitung das Ergebnis des ungezwungenen Sitzes sein.

Dem Sitz des Reiters dienen als Grundlage die beiden Gesäßknochen und der Spalt. Das Gesäß ruht mit losgelassenen Muskeln in voller Breite auf dem Pferderücken. Die Oberschenkel, mit ihrer inneren breiten Fläche anliegend, werden so weit nach innen gedreht, daß das Knie flach am Sattel liegt. Sie werden so weit zurückgenommen, als es mit dem Sitz auf den beiden Gesäßknochen vereinbar ist. Hierdurch wird eine tiefe Lage des Knies erzielt, die von besonderer Wichtigkeit ist, weil sie ein besseres Umfassen des Pferdes ermöglicht und den Reiter tiefer in den Sattel bringt. Ein Verdrehen der Oberschenkel derart, daß die Kniescheibe nach außen zeigt, führt zum hohlen oder offenen Knie, das einen sicheren Sitz nicht gewährleistet. Anderseits wird durch einen übertrieben einwärts gedrehten Oberschenkel mit starr angepreßtem Knie die Losgelassenheit des Reiters gefährdet, der Unterschenkel vom Pferdeleibe abgehoben und damit seine Einwirkung ausgeschaltet.

Der Oberleib, vornehmlich auf den beiden Gesäßknochen ruhend, erhebt sich senkrecht aus den Hüften, die sich gleich hoch über dem Sattel befinden und nicht einseitig eingeknickt werden dürfen (Bild 10). Die Hüften werden vorgeschoben, das Kreuz wird mäßig angezogen. Ein Durchbiegen des Rückens (hohles Kreuz) macht den Sitz steif. Die Schultern sind natürlich fallen zu lassen und zwanglos so zurückzunehmen, daß die Brust sich wölbt. Der Kopf wird, ohne das Kinn nach vorwärts zu strecken,

Bild 10.

Falscher Sitz.

frei und aufrecht getragen, der Blick über den Pferdekopf gerichtet. Die Oberarme hängen aus den lose gehaltenen Schultergelenken herab, ohne angedrückt zu werden. Die Unterarme bilden mit den Oberarmen annähernd einen rechten Winkel; ihr mittlerer Teil lehnt sich mit der inneren Fläche leicht an den Leib. Anklemmen der Ellenbogen hat Hochziehen der Schultern und eine starre Hand zur Folge, ein Abspreizen beeinträchtigt Sitz und Führung. Die Hände werden leicht geschlossen und senkrecht mit dem mäßig gekrümmten Daumen nach oben so getragen, daß die äußere Fläche des Unterarms mit dem Handrücken eine gerade Linie bildet.

Bei der Führung auf Trense stehen die Hände annähernd zwei Handbreiten hoch über dem Widerrist und etwa vier Fingerbreiten voneinander, den Hals mit den Zügeln einschließend. Bei der Führung auf Kandare wird die linke Hand in gleicher Höhe wie auf Trense genau vor der Mitte des Unterleibes senkrecht über dem Widerrist getragen. Über die Höhe der Handstellung und über den Winkel zwischen Ober- und Unterarm lassen sich jedoch bindende Vorschriften nicht geben, da sowohl der Körperbau des Reiters als auch Gebäude und Grad der Rittigkeit des Pferdes von Einfluß sind. Bei losgelassenen oder durchgezogenen Trensenzügeln hängt der rechte Arm, wenn er die Lanze nicht führt, natürlich von der Schulter herab; die Hand liegt hinter dem rechten Oberschenkel, ist leicht und zwanglos geöffnet und zeigt mit der inneren Fläche nach dem Pferdeleib. Die rechte Schulter und Hüfte dürfen nicht zurückgenommen werden. Bei der Führung mit angefaßter Trense steht die rechte Hand etwa zwei Fingerbreiten neben der Kandarenhand.

Die Unterschenkel hängen vom Knie aus je nach der Länge der Beine des Reiters mehr oder minder schräge nach rückwärts am Pferdeleibe herab und halten mit der flachen Wade weiche Fühlung. Eine durch das Schultergelenk gefällte Senkrechte soll etwa die Ferse treffen. Die Haltung der Füße ergibt sich aus der richtigen Lage der Oberschenkel. Die Fußspitzen sind dementsprechend bei natürlich hängendem Unterschenkel in geringem Maße vom Pferde abgewendet. Krampfhaftes Einwärtsdrehen der Fußspitze ist ebenso fehlerhaft, wie ein Verdrehen nach außen. Der Fuß wird mit dem Ballen derart in den Bügel gesetzt, daß bei frei beweglichem Fußgelenk die Sohle mit ihrer ganzen Breite die Trittfläche berührt. Die Absätze werden leicht herabgedrückt.

Die Länge der Bügel hängt von der Beinlänge des Reiters, von der Rippenwölbung und von der Art der Bewegungen des Pferdes ab. Jedenfalls müssen die Bügel so geschnallt sein, daß der Reiter ein tiefes Knie behalten, aber doch noch mit dem oberen Teil des Unterschenkels in Verbindung mit dem Pferde bleiben kann. Falsch ist es, den Schluß des Unterschenkels durch zu kurze Bügel erreichen zu wollen. Diese heben das Knie in fehlerhafter Weise und schieben das Gesäß zu weit nach hinten (Stuhlsitz). Zu lang geschnallte Bügel erschweren die Stetigkeit des Sitzes und die Schenkeleinwirkung. Auch wird der Reiter dadurch leicht veranlaßt, mehr auf dem Spalt als auf dem Gesäßknochen zu sitzen (Spaltsitz).

In dem beschriebenen richtigen Sitz soll der Reiter weich in die Bewegungen des Pferdes eingehen. Hauptsache ist stetes Vorschieben und Mitgehen der Hüften und des Gesäßes. Die Geschmeidigkeit des Körpers in den Hüften ist dafür in erster Linie entscheidend. Der Oberkörper, dessen gute Haltung vornehmlich die militärische Form zum Ausdruck bringt, bleibt im Kreuz stet; Losgelassenheit von Schulter-, Ellenbogen- und Handgelenken bewirkt, daß sich die Bewegungen des Körpers nicht auf die Hand übertragen. Nur hierdurch kann die Hand in weicher Fühlung mit dem Pferdemaul bleiben, ohne starr zu werden oder zu hämmern. Die Unterschenkel müssen im Knie leicht beweglich sein und in weicher Fühlung am Pferde bleiben. Dies erleichtert dem Reiter nicht nur seinen Sitz im Gleichgewicht, sondern befähigt ihn auch, im Verein mit dem Gesäß die Bewegungen der Hinterbeine richtig zu fühlen und die erforderlichen Hilfen rechtzeitig zu geben. Die Kniee behalten ihre tiefe Lage und dürfen nicht hochgezogen werden.

Im Trabe läßt sich der Reiter werfen und gleitet weich wieder nach vorwärts in den ursprünglichen Sitz im Sattel zurück. Jedes harte Hineinfallen in den Sattel erzeugt krampfhafte Bewegungen des Pferdes. Knie- und Fußgelenke gehen in die Auf- und Abwärtsbewegungen des Körpers federnd ein, die Absätze bewegen sich taktmäßig auf und nieder.

Im Galopp schmiegt sich das Gesäß dem Sattel an und gleitet, wenn es durch die Bewegung zurückgeschoben sein sollte, immer wieder gegen den Vorderzwiesel vor; Hüft-, Knie- und Fußgelenke müssen weich bleiben. Ein Klappen oder Fliegen des Gesäßes ist fehlerhaft.

Die Sicherheit des Sitzes beruht in allen Gangarten vornehmlich auf dem Gleichgewicht, nicht auf dem mechanischen Halt; die Unterstützung dieser Sicherheit durch festen Schluß mit Oberschenkeln, Knieen und dem oberen Teil der Unterschenkel ist nur aus besonderer Veranlassung geboten, so vornehmlich bei Paraden aus stärkeren Gangarten, beim

Überwinden von Hindernissen, beim Waffengebrauch und bei Unarten des Pferdes.

Der vorstehend geforderte Sitz hat einen regelmäßigen Körperbau des Reiters und ein in richtiger Form schwunghaft gehendes Pferd zur Voraussetzung. Fehlt diese, so können kleine Abweichungen vom vorschriftsmäßigen Sitz vorübergehend in der Dressur nötig werden, um richtige Einwirkungen zu erzielen. Niemals aber dürfen solche Abweichungen zu einem im reiterlichen Sinne falschen Sitz oder zur Vernachlässigung der Haltung führen. Auch der in seine Arbeit vertiefte Reiter darf nicht vergessen, daß gute militärische Haltung eine notwendige Forderung der Soldatenreiterei ist und daß ein guter Sitz Gang und Form des Pferdes wesentlich fördert. Ebenso muß streng gefordert werden, daß der Reiter den im Reitunterricht erworbenen Sitz bei allen Gelegenheiten, insbesondere wenn er sich selbst überlassen ist, beibehält, und stets eine gute militärische Haltung bewahrt.

17. Hilfen.

Die Einwirkungen des Reiters auf das Pferd, durch die er ihm seinen Willen kundgibt und es beherrscht, nennt man Hilfen. Ihr Erfolg beruht teils auf mechanischem Zwange, teils auf Gewöhnung. Reiter und Pferd müssen die Art der Verständigung erst erlernen. Mit zunehmender Übung und Gewöhnung lernt das Pferd die Hilfen mehr und mehr beachten, fügt sich ihrem Zwange und kommt so bei richtiger Behandlung schließlich zum willigen Gehorsam.

Der Reiter wirkt auf das Pferd mit Schenkeln, Zügeln und Gewicht ein. Ihrer Natur nach sind die Einwirkungen der Schenkel treibende, die der Hände verhaltende Hilfen. Beide werden wirksam unterstützt durch die Gewichtseinwirkungen des Reiters.

Für die Stärke der Hilfen sind die Empfindlichkeit des

Pferdes, der Grad seiner Folgsamkeit und der beabsichtigte Zweck maßgebend. Sie setzen weich ein und steigern sich nach Bedarf. Nach zeitweise kräftigeren Hilfen ist stets wieder Rückkehr zu leichteren Einwirkungen geboten, um das Pferd empfänglich zu erhalten und nicht abzustumpfen. Grobe Hilfen verderben das Pferd.

Richtige, wohlabgemessene Hilfen kann der Reiter nur geben, wenn er seine Muskeln so in der Gewalt hat, daß nicht Teile seines Körpers unbeabsichtigt fehlerhaft mitwirken.

Mit fortschreitender Dressur müssen die Hilfen immer feiner und unauffälliger werden, bis das Pferd schließlich ohne wahrnehmbare Einwirkung des Reiters nur dessen Gedanken zu folgen scheint.

Die Bedeutung der treibenden Hilfen steht hoch über der der verhaltenden. Das Losungswort heißt „Vorwärts".

Schenkelhilfen.

Der Schenkel hat die Aufgabe, auf den gleichseitigen Hinterfuß zu wirken. Die Lage des Unterschenkels bestimmt die Art der Wirkung. Je näher er dem Gurt liegt, desto mehr wird der Hinterfuß zum Vortreten angeregt (vortreibender Schenkel, Bild 11); liegt der Schenkel weiter

Bild 11.

Lage des vortreibenden Schenkels.

Bild 12.

Lage des verwahrenden oder seitwärtstreibenden Schenkels.

zurück, so wird er nach dem Grade der Einwirkung entweder den gleichseitigen Hinterfuß am Verlassen des Hufschlags verhindern (verwahrender Schenkel) oder ihn dazu veranlassen (seitwärts treibender Schenkel). Bild 12.

Die Schenkelhilfen bestehen in einem Drücken oder Klopfen der Unterschenkel bei möglichst unveränderter Lage der Oberschenkel. Die Stärke der Schenkelhilfen richtet sich nach dem Grade der Folgsamkeit des Pferdes; plötzliches Anschlagen oder Anstoßen ist zu vermeiden. Nur bei stärkeren Einwirkungen darf der Fuß etwas nach außen gedreht werden, der Absatz bleibt herabgedrückt.

Grundlage und Vorbedingung für gute Schenkelwirkung ist ein mit den Bewegungen des Pferdes mitgehender Sitz bei elastisch gespanntem Kreuz. Der Schenkeldruck wird nur dann die beabsichtigte Wirkung haben, wenn das Knie dabei nach abwärts strebt, weil nur auf diese Weise das Gesäß tief im Sattel bleibt.

Bei einem durchgearbeiteten, in guter Haltung schwungvoll an die Zügel tretenden Pferde genügt bei richtigem Sitz das weiche Fühlenlassen der Unterschenkel, um es in Form, Gangart und Tempo zu erhalten. Das Pferd holt sich die Anregungen von den Unterschenkeln gewissermaßen selbst, weil die in den Augenblicken des Vortretens des Hinterfußes voller werdende Rumpfseite eine stärkere Fühlung mit der Wade nimmt. Der Schenkel muß aber um so tätiger und der Schenkeldruck um so stärker werden, je mehr es gilt, die Hinterfüße anzuregen oder zu beherrschen.

In der Bewegung wirkt der Schenkel auf den gleichseitigen Hinterfuß nur in dem Augenblick richtig vortreibend ein, wo dieser sich nach dem Abfußen über dem Boden befindet. Auf der Einwirkung mit dem Schenkel in diesen Augenblicken beruht die den betreffenden Hinterfuß anregende Tätigkeit. Es ist daher von großem Wert, daß der Reiter diese Augenblicke, die er an der gleichzeitigen Vorbewegung der entgegengesetzten Schulter erkennen kann, herausfühlen und benutzen lernt.

Neben einer solchen kaum sichtbaren, anregenden Schenkeltätigkeit kann auch vorübergehend ein kräftiges Andrücken beider Waden am Platze sein, um das Pferd zu entschiedenerem Vorwärtsgehen zu bewegen.

Zügelhilfen.

Die durch Zügel und Gebiß dem Pferde übermittelten Einwirkungen der Hände heißen Zügelhilfen. Sie entstehen durch vermehrtes An- oder Abspannen der Zügel und äußern sich in dem hierdurch erzeugten stärkeren oder geringeren Druck des Gebisses auf die Laden. Die Zügelhilfen sind ein wesentliches Mittel zur Beherrschung des Pferdes, denn die verschiedenartige Einwirkung der Hände bestimmt nicht nur Tempo und Gangart, sondern auch die Richtung, in der das Pferd geht. In diesem Sinne bezeichnen wir ihre gesamte Tätigkeit mit Führung. Da die Zügelhilfen ihrer Natur nach vorherrschend verhaltend wirken, so müssen sie stets mit treibenden Hilfen verbunden sein.

Gute Führung ist nur bei unabhängigem und stetem Sitz möglich. Die Zügelhilfen wirken um so sicherer und schneller, je mehr das Pferd die Einwirkungen der Hände auf die Laden durch Genick, Hals und Rücken bis in die Hinterbeine hindurchläßt. Nur das völlig durchlässige Pferd gehorcht sicher der Hand.

Von einem Pferde, das in williger Genick- und Halsbiegung den Einwirkungen der Hand nachgibt, dem Reiter in elastischer Zügelspannung sowohl im Halten wie im Gange das Gefühl einer unbedingt sicheren und weichen Verbindung zwischen Hand und Pferdemaul verleiht, und das auch in den kürzesten Tempos entschlossen vorwärts geht, sagt man, es steht am Zügel. Ein Pferd, das, eine Stütze in den Zügeln suchend, sich unter Steifung von Genick und Hals auf die Hand legt, ist auf dem Zügel; ein Pferd, das unter Verweigerung des entschlossenen Vorwärtstretens das Gebiß nicht annehmen will und die Verbindung zwischen Hand und Pferdemaul durch Ausweichen des Kopfes nach rückwärts aufhebt, ist hinter dem Zügel. Ein Pferd, das sich der Nachgiebigkeit durch Gegendrücken mit Genick- und Halsmuskeln nach vorwärts-aufwärts zu entziehen strebt, geht gegen den Zügel. Nur das am Zügel stehende Pferd kann jederzeit vom Reiter beherrscht werden.

Die Kunst einer guten Führung beruht auf der dauernden Erhaltung der Verbindung zwischen Reiterhand und Pferdemaul, die man Anlehnung nennt. Sie soll sich aus dem natürlichen Streben des Pferdes ergeben, den Hals auszudehnen. Je geringerer Einwirkung der Reiter bedarf, dieses Bestreben auf das gewünschte Maß zu beschränken, desto leichter wird die Anlehnung sein. Sie kann in vielfachen Abstufungen von einer ganz leichten bis zu einer starken wechseln.

Das richtig am Zügel gehende gerittene Pferd gewährt dem Reiter bei steter Zügelspannung das Gefühl einer federnden Anlehnung; es biegt das Genick, kaut auf dem Gebiß und bleibt dadurch weich an der Hand. Diese Anlehnung wird um so leichter sein und in versammelten Gängen um so feiner werden, je mehr das Pferd die Tragkraft der Hinterhand gebraucht. Umgekehrt wird das Pferd die leichte Anlehnung in eine stärkere verwandeln, wenn die Schubkraft der Hinterhand überwiegt, besonders in den freieren Gängen. Wenn das Pferd aus Mangel an Selbsthaltung eine Stütze in den Zügeln sucht oder dem Reiter die Hand nimmt, so wird die Anlehnung fest und fehlerhaft. Anderseits kann es aber auch Absicht des Reiters sein, eine stärkere Anlehnung herbeizuführen, wenn es gilt, die unsicher gewordene Verbindung zwischen Hand und Pferdemaul durch stärkeres Herantreiben an die Zügel unbedingt sicher zu machen. Die Anlehnung dauernd weich zu erhalten oder, falls sie ungewollt fest geworden ist, sie möglichst bald wieder weich zu gestalten, muß stetes Bestreben des Reiters sein.

Das Pferd in weicher Anlehnung zu erhalten vermag nur die Hand, die alles Harte, Starre und Ruckhafte vermeidet und aus einem richtigen Sitz heraus weich, leicht und stet bleibt. Nimmt das Pferd zuviel Anlehnung, so wendet der Reiter zunächst die durchhaltende Zügelhilfe an. Sie besteht darin, daß die auf ihrem Platz verbleibenden Hände fest geschlossen werden und den vermehrten Druck aushalten, bis das Pferd sich wieder am Zügel abstößt und leicht wird. Für diese durchhaltende Zügelhilfe ist das bei vorgeschobenem Gesäß angespannte Kreuz des Reiters Vorbedingung. Nur ein Gegenspannen des ganzen Körpers, namentlich der Kreuzmuskeln, bewahrt den Reiter davor vornüber gezogen zu werden, und gibt ihm genügende Kraft, selbst starken Druck auszuhalten, ohne daß ihm das Pferd die Hand nehmen kann. Man sagt deshalb treffend, wenn das Pferd wieder leicht am Gebiß geworden ist, daß es sich am Kreuz des Reiters abgestoßen hat.

Von entscheidender Wichtigkeit ist es, daß in dem Augenblick, wo das Pferd leicht am Gebiß wird, auch die Hand des Reiters leicht wird und nicht mit schwerem Druck im Pferdemaul hängen bleibt.

Das Bestreben, die zu feste Anlehnung wieder weich zu gestalten, wird bei weniger durchlässigen Pferden den Reiter zwingen, die durchhaltende Zügelhilfe zur annehmenden Zügelhilfe zu steigern, die stets von treibenden

Einwirkungen unterstützt sein muß. Die annehmende Zügelhilfe findet auch überall da Anwendung, wo die Vorwärtsbewegung des Pferdes gemäßigt oder wo belastend auf die Hinterhand eingewirkt werden soll.

Annehmende Zügelhilfen werden bei völliger Rittigkeit des Pferdes durch festeres Schließen und Eindrehen der Hände ausgeführt. Die mittleren Fingergelenke nähern sich hierbei dem Leibe des Reiters, die kleinen Finger steigen nach aufwärts. Bei stärkeren Einwirkungen muß sich der Arm an der verhaltenden Hilfe beteiligen.

Gibt das Pferd dem Anzuge nach, so hört die annehmende Zügelhilfe auf. Hände und Arme gehen wieder in ihre ursprüngliche Haltung zurück. Für die annehmenden Zügelhilfen gilt ganz besonders die Warnung, nicht im Anzuge stecken zu bleiben. Niemals dürfen sie in dauerndes Ziehen ausarten, sondern müssen in lebhaftem Wechsel mit nachgebenden Hilfen erneuert werden, wenn der Erfolg nicht sogleich eintritt. Auch hier ist von entscheidender Bedeutung, daß die Hand die Augenblicke des Nachgebens richtig erfaßt und sie gewissermaßen vorausfühlt. Fährt sie in dem Augenblick, wo das Pferd leicht am Gebiß wird, festbleibend zurück, belohnt sie also das Pferd nicht durch Leichtwerden, so weiß dieses nicht, was der Reiter will.

Bei allen annehmenden Zügelhilfen müssen immer die anregenden und vortreibenden Schenkelhilfen mitwirken. Nur auf den gut untergeschobenen Hinterfuß kann die annehmende gleichseitige Zügelhilfe durch Belastung biegend wirken. Für die Einleitung dieser Hilfe ist der Augenblick der beste, wenn der Hinterfuß, kurz ehe er auffußt, sich über dem Boden befindet.

Die nachgebende Zügelhilfe besteht darin, daß die Hand stehenbleibend den kleinen Finger dem Pferdemaul nähert oder, ohne die Fühlung mit ihm aufzugeben, vorübergehend soviel vorgeht, wie es das Bedürfnis erfordert. Sie wird angewandt, um dem Pferde die nötige Freiheit zum Antreten oder zur Beschleunigung der Bewegung zu geben. Soll mit einer nachgebenden Zügelhilfe dem Pferde ein Längermachen des Halses erlaubt werden, so ist ein Vorgehen des ganzen Armes und selbst ein Durchgleitenlassen der Zügel notwendig.

Die volle Wirkung der beschriebenen Zügelhilfen tritt nur bei beiderseitiger Anwendung ein. Einem einseitigen Zügelanzuge wird das Pferd dadurch Folge leisten, daß es nach der betreffenden Seite Kopf und Hals herumbiegt und wendet. Für die richtige Ausführung der Wendung, wie auch zur Begrenzung der Biegung von Kopf und Hals ist eine Gegenwirkung des äußeren Zügels notwendig, die man verwahrende Zügelhilfe nennt. Sie besteht im leichten Gegenhalten der Hand, kann sich aber auch bis zum Annehmen steigern.

Zur Wendung steigt beim Reiten auf Trense durch eine Eindrehung der inneren Hand der kleine Finger gegen die innere Brust des Reiters; durch die hierdurch bewirkte Verkürzung des inneren Zügels wird das Pferd in die Wendung hineingeführt. Die äußere Hand gibt nur so viel nach, daß das Pferd dem Anzuge folgen kann, und bestimmt durch den am Hals anliegenden verwahrenden äußeren Zügel die Größe der Wendung. Die Hand muß bei allen Hilfen auf ihrer Seite bleiben; ein Hinüberdrücken über den Widerrist ist fehlerhaft.

Beim Reiten auf Kandare mit angefaßter Trense wird die Wendung im allgemeinen nach den gleichen Grundsätzen wie auf Trense ausgeführt.

Bei der Führung mit einer Hand wird die zu Beginn jeder Wendung erforderliche Kopfstellung des Pferdes durch Verkürzung des inneren Zügels erreicht. Zur Stellung rechts (Bild 13a) geschieht dies durch eine Drehung

Bild 13.

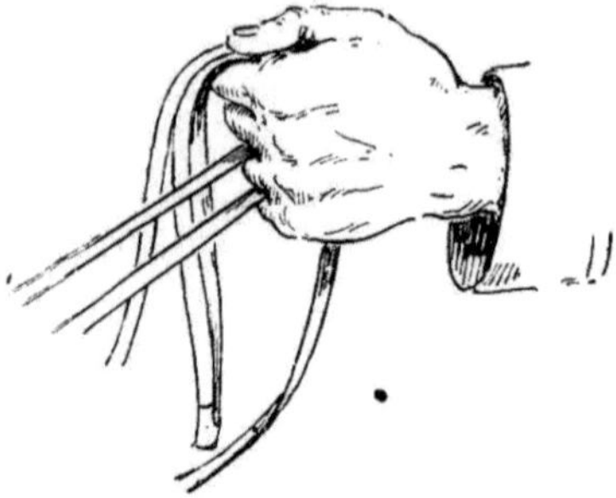

Grundhaltung.

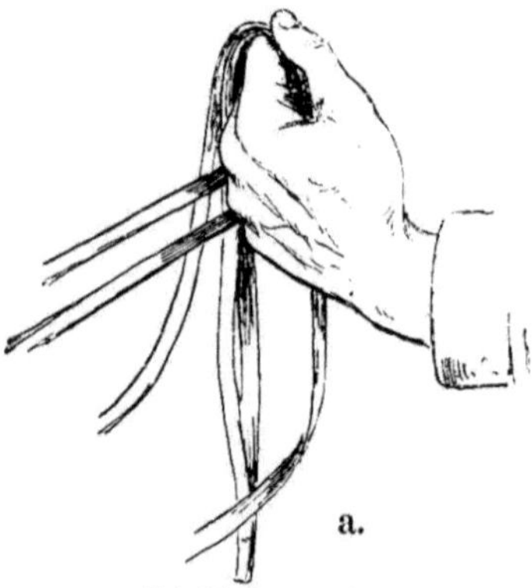

a.

Stellung rechts.

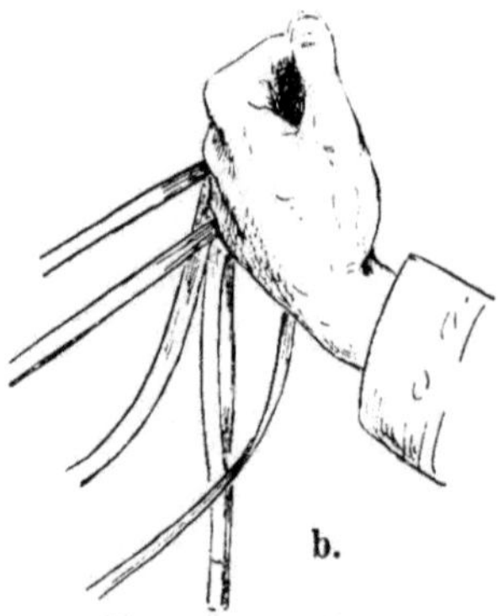

b.

Wendung rechts.

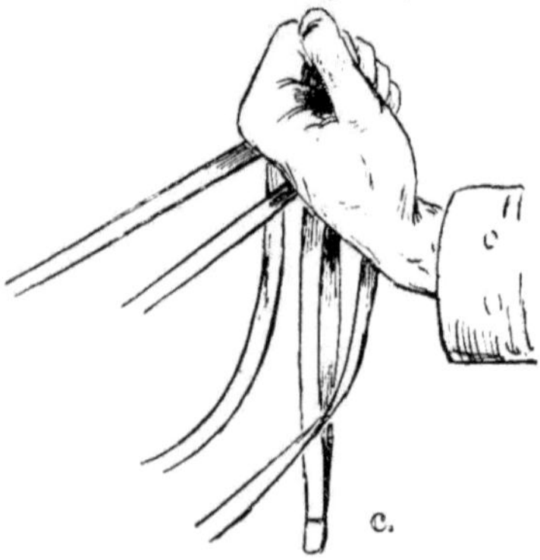

c.

Stellung links.

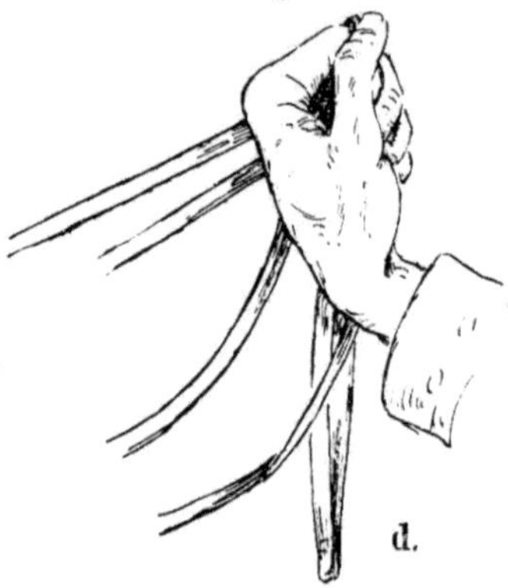

d.

Wendung links.

der Hand nach rückwärts; die mittleren Gelenke der Finger nähern sich der Mitte des Leibes, der kleine Finger steigt nach aufwärts. Zur Stellung links (Bild 13c) wird die Hand derartig gedreht, daß der kleine Finger sich dem Leibe des Reiters nähert und der Daumen nach der linken Pferdeschulter überfällt. Die zur Ausführung der Wendung erforderliche Mitwirkung des äußeren Zügels wird erreicht, indem bei beiden Wendungen die Hand sich zunächst noch stärker eindreht. Dabei steigt unter Beteiligung des Unterarms der kleine Finger zur Rechtswendung in der Richtung gegen die rechte Brust (Bild 13b), zur Linkswendung gegen die linke Brust (Bild 13d). Die Kopfstellung des Pferdes muß während der ganzen Wendung unbedingt beibehalten werden. Erst nach vollendeter Wendung kehrt die Hand in ihre ursprüngliche Stellung zurück. Zum guten Gelingen der Wendung, namentlich nach rechts, ist ein richtiges Zügelmaß notwendig; unter Umständen sind deshalb vor der Wendung die Zügel zu ordnen.

Die Notwendigkeit, rasch zu wenden, veranlaßt den Soldaten oft, durch Verschieben der Hand nach seitwärts somit mit dem äußeren Zügel allein zu wenden. Wenn auch die Pferde diese unrichtige Hilfe verstehen und befolgen lernen, so muß doch stets der Erlernung der richtigen Führung eine besondere Sorgfalt zugewandt werden. Versagt ein Pferd auf dieses fehlerhafte Wenden hin, so kann nur die richtige Führung wieder zum Ziele führen.

Dem bei der Arbeit sich häufig einstellenden Durchgleiten der Zügel darf nicht durch krampfhaftes Zusammenpressen der Hände vorgebeugt werden; der Reiter wird oft nachgreifen müssen, um das richtige Zügelmaß wiederherzustellen. Ein zu langes Zügelmaß verführt leicht zu dem Fehler, sich im Sitz zu weit zurückzulehnen oder auch mit eingezogenem Leib das Gesäß zu lüften. In beiden Fällen bleibt der Reiter hinter der Bewegung des Pferdes zurück.

Bei Führung auf Kandare, besonders mit angefaßter Trense, wird häufig die linke Hand nicht vor der Mitte des Leibes sondern links seitwärts, wie bei der Trensenführung, getragen. Dadurch kommt der rechte Kandarenzügel zunächst zu vermehrtem Anstehen. Eine ungleichmäßige Zügeleinwirkung wird beim Reiten mit angefaßter Trense auch dadurch hervorgerufen, daß der Reiter den rechten Trensenzügel zu viel benutzt. Der rechte Kandarenzügel wird alsdann lockerer, so daß das Pferd vorherrschend auf dem rechten Trensenzügel und linken Kandarenzügel geht. Bei links seitwärts gestellter Kandarenhand wirkt auch ein Annehmen oder Nachgreifen mit dieser vorwiegend verkürzend auf den linken Kandarenzügel und lockernd auf den rechten, so daß auch dann linker Kandarenzügel und rechter Trensenzügel vorherrschen. Eine solche ungleiche Zügeleinwirkung begünstigt ein Steifen gegen den rechten Kandarenzügel, zu dem das Pferd infolge der geringeren Biegsamkeit seines rechten Hinterfußes schon an sich neigt und bildet somit, indem sie die Nase des Pferdes nach links zieht, eine Erschwerung für die Wendung nach rechts.

Besondere Fälle können Abweichungen von der sonst vorgeschriebenen Stellung der Hände bedingen. Ein Höherstellen ist oft dann am Platze, wenn die hebelartige Wirkung der Zügelanzüge auf Rücken und Hinterhand verstärkt werden soll. Ein Tieferstellen kann geboten sein, wenn Hals und Kopf des Pferdes tiefer gestellt werden müssen; hierbei mit der Hand nach unten zu drücken, ist indessen ein grober Fehler, der das Pferd nur zu einem Gegendruck nach oben herausfordert. Ein weiteres Auseinanderstellen der Hände kann angezeigt sein, um ein seitliches Ausweichen der Hinterfüße leichter zu verhindern und Widerstände des Pferdes im Genick besser zu beseitigen.

Zur Erzielung gleichmäßiger Anlehnung an beide

Zügel, zur Überwindung besonderer Schwierigkeiten in Hals und Genick sowie zur Beherrschung widersetzlicher Pferde kann es sich bei der Kandarenführung empfehlen, vorübergehend mit geteilten Zügeln zu reiten.

Die fehlerhafte Neigung der meisten Reiter, zu viel mit den Händen und zu wenig mit Schenkel- und Gewichtshilfen einzuwirken, muß dauernd bekämpft werden.

Gewichtshilfen.

Die als Hilfen sich äußernden Gewichtseinwirkungen des Körpers unterstützen die Schenkel- und Zügelhilfen in hohem Grade, indem sie dem Pferde diese verständlicher machen und ihre Befolgung erleichtern.

Gewichtshilfen werden am vollendetsten wirken, wenn die Schwerlinie des Reiters mit der des Pferdes vorher zusammenfiel. In der Fähigkeit, während aller Bewegungen den eigenen Schwerpunkt mit dem seine Lage wechselnden Schwerpunkt des Pferdes in Übereinstimmung zu erhalten, liegt die Kunst, mit dem Pferde mitzugehen. Bei richtigem Mitgehen hat der Reiter stets das Gefühl, völlig eins mit den Bewegungen des Pferdes zu sein. Sein Gewicht ist so vom Pferde auch am leichtesten zu tragen. Ein Reiter dagegen, der die Fähigkeit des Mitgehens nicht besitzt, stört durch sein unrichtig verlegtes Gewicht Gang und Haltung des Pferdes.

Bei richtig gehendem Pferde fällt die Schwerlinie von Pferd und Reiter zusammen, wenn dieser bei richtigem Sitz den Oberkörper senkrecht hält.*) Jedes bewußte Abweichen aus dieser Richtung bedeutet eine Gewichtshilfe. Indem der Reiter absichtlich den eigenen Schwerpunkt gegen den des Pferdes verlegt, veranlaßt er es, seinen

*) Hier und bei den folgenden Ausführungen ist das Pferd auf der Horizontalen gedacht.

Schwerpunkt ebenfalls zu verlegen, und wirkt hierdurch auf dessen Bewegungen ein. Mit den Gewichtshilfen muß ein Anspannen des Kreuzes verbunden sein.

Ein Zurücknehmen des Oberkörpers hinter die Senkrechte belastet vermehrt Rücken und Hinterhand und wirkt gleichzeitig treibend. Ob die belastende oder die treibende Wirkung mehr in den Vordergrund tritt, hängt davon ab, in welcher Weise gleichzeitig die Zügel einwirken.

Ein Vorneigen des Oberkörpers kann in den Fällen stattfinden, die eine besondere Entlastung des Rückens und der Hinterhand verlangen. Hierdurch kann zugleich verhaltend auf das Vorwärtsdrängen des Pferdes gewirkt werden, da die Vorhand mehr belastet und der Rücken dem vortreibenden Gewicht des Oberkörpers weniger ausgesetzt wird. Ein Vorneigen des Oberkörpers wird aber zum Fehler, wenn Hüften und Gesäß nicht mit nach vorn genommen werden, sondern nach hinten hinausgleiten.

Verlegt der Reiter sein Gewicht nach rechts oder links, so erhält das Pferd den Antrieb, nach dieser Richtung von der bisherigen Linie abzuweichen. Diese Hilfe ist beim Wenden eine stets notwendige Unterstützung der Zügel- und Schenkelhilfen und gelangt beim völlig durchgearbeiteten Pferde so zur Vorherrschaft, daß sie den Hauptantrieb zum Wenden gibt. Diese Gewichtshilfe wird dadurch ausgeführt, daß der betreffende Gesäßknochen mehr belastet wird. Dabei wird sich die Hüfte etwas senken und das Knie eine tiefere Lage erhalten. Fehlerhaft ist es, in der Hüfte einzuknicken, da hierdurch eine Gewichtsverlegung nach der falschen Seite herbeigeführt wird (Bild 10).

Will der Reiter das Widerstreben eines Pferdes in Hals und Rücken überwinden, so muß er seine Wirbelsäule durch vermehrtes Anspannen des Kreuzes so lange feststellen, bis er seinen Zweck erreicht hat. Ein Krümmen des

Rückens kann dabei nötig werden. Die Einwirkungen mit dem Kreuz spielen beim Reiten eine wesentliche Rolle. Nur ein Reiter, der sein Kreuz nach Bedarf anzuspannen vermag, ist imstande, richtig auf sein Pferd einzuwirken.*)

Gebrauch der Sporen.

Die Sporen werden bei Pferden, die die Schenkelwirkung nicht genügend beachten, oder als Aufforderung zu größter Kraftanstrengung oder als Strafe gebraucht.

Soll der Sporn die Schenkelhilfe verstärken, so darf er erst dann mehr oder minder fühlbar angedrückt werden, wenn der Schenkel bereits gewirkt hatte. Die Schenkellage darf dabei nicht verändert werden. Ein Einsetzen des Sporns in die Flanke ist unbedingt zu vermeiden. Dem vortreibenden Schenkel wird dadurch mehr Nachdruck verliehen, daß der Sporn in fühlbarer Weise die Stelle bezeichnet, unter die der gleichseitige Hinterfuß vortreten soll. Die Wirkung des verwahrenden Schenkels kann durch flaches, weiches Anlegen des Sporns ebenfalls gesteigert werden.

Soll der Sporn das Pferd zur größten Kraftanstrengung veranlassen oder als Strafe dienen, so erhält das Pferd dicht hinter dem Gurt, meist mit beiden Sporen, einen oder mehrere Stiche an derselben Stelle. Widersetzt sich das Pferd einem Schenkel, so wird der einseitige Sporn gebraucht.

Beim Strafen muß sich der Reiter darüber klar sein, ob es sich um wirklichen Ungehorsam handelt, oder ob er nicht etwa zu hohe Anforderungen gestellt oder unrichtige Hilfen gegeben hat. Niemals sollte der Reiter im Zorn strafen, denn ein ungerecht und nur aus Ärger gegebener Spornstich stört das Verständnis zwischen Reiter und Pferd

*) Gesäßhilfen als solche gibt es nicht, denn jede vom Reiter als Gesäßhilfe empfundene Hilfe stellt eine Gewichtsverlegung dar, ist somit eine Gewichtshilfe.

und untergräbt das Vertrauen des Pferdes zu seinem Reiter. Ist jedoch eine Strafe nötig, dann muß der Spornstoß deutlich und entschlossen gegeben werden. Halbe Maßregeln verfehlen ihren einschüchternden Eindruck auf das Pferd.

Beim Gebrauch der Sporen darf der Reiter die Haltung seines Oberkörpers nicht verändern, besonders auch nicht sein Pferd durch Reißen mit der Hand im Maul stören. Die Unterschenkel dürfen sich nicht vom Pferdeleibe entfernen, um zum Stoß auszuholen.

Alle Verstärkungen der Schenkelhilfen mit den Sporen erfordern unabhängigen Sitz und feines Reitergefühl.

18. Zusammenwirken und Anwendung der Hilfen. Lektionen.

a. Allgemeines.

Nur durch das Zusammenwirken der verschiedenen Schenkel-, Zügel- und Gewichtshilfen wird die von der Dressur angestrebte Haltung und Gangleistung des Pferdes und seine Beherrschung im Gebrauch erreicht. Nicht im Aufwande starker Kraft, sondern in geschickter Anwendung der Hilfen liegt der Erfolg. Die Fähigkeit, in jedem Augenblick zu erkennen, welche Hilfen erforderlich sind, und diese richtig gegeneinander abgemessen zur Wirkung zu bringen, bildet den Inhalt dessen, was man Reitergefühl nennt. Ein feines Reitergefühl kann nur der haben, der im schmiegsamen Sitz in steter Übereinstimmung mit den Bewegungen des Pferdes bleibt.

Das Gegeneinanderwirken der treibenden und verhaltenden Hilfen schiebt das Pferd zusammen und bewirkt seine Versammlung; die biegenden inneren und die verwahrenden äußeren Hilfen geben ihm die seitliche Biegung, die für die Bearbeitung des ganzen Pferdes unerläßlich ist.

Bei dem Gegeneinanderwirken der treibenden und verhaltenden Hilfen muß unausgesetzt beachtet werden, daß den treibenden der Vorrang gebührt. Das richtige Abwägen beider Arten von Hilfen gegeneinander ist von entscheidender Wichtigkeit für Gang und Gehorsam. Für die gesamte Bearbeitung des Pferdes ist oberster Grundsatz, daß stets, auch in den kürzesten Gängen, der Schwung nach vorwärts erhalten bleiben muß. Immer muß ein entschiedenes Vortreten der Hinterbeine gegen das Gebiß stattfinden. Ein Reiter, der diesen unentbehrlichen Nachschub der Hinterhand durch zu geringes Treiben nicht genügend entwickelt oder durch zu starkes Verhalten erstickt, erreicht niemals Versammlung, sondern stets ein entweder auf der Hand liegendes oder schwunglos hinter dem Zügel gehendes Pferd.

Neben diesem ersten Grundsatz, das Pferd auch in höchster Versammlung stets mit sichtbarem Schwunge vorwärts zu reiten, ist der andere, nicht minder wichtige zu beachten, die Vorhand des Pferdes so auf dessen Hinterhand einzurichten, daß die Hinterfüße den Vorderfüßen in der Bewegungsrichtung genau folgen. Nur dann können die Hinterfüße durch Rücken, Hals und Genick in die Hand des Reiters hinein, und umgekehrt die Hand durch Genick, Hals und Rücken auf die Hinterfüße wirken. Tritt ein Hinterfuß seitwärts der Spur des entsprechenden Vorderfußes, weicht er nach innen aus oder fällt er nach außen aus, so geht die Schub- oder Tragkraft dieses Hinterfußes und somit auch die Durchlässigkeit für die Hilfen ganz oder teilweise verloren.

b. Andiezügelstellen. Beizäumen. Aufrichten.

Andiezügelstellen heißt, das Pferd derartig von hinten nach vorn zusammenschieben, daß im Halten sowohl wie im Gange zwischen Reiterhand und Pferdemaul eine unbe- Andiezügelstellen.

dingt sichere, wenn auch leichte Verbindung hergestellt ist. Nur diese ermöglicht es dem Reiter, in jedem Augenblick auf das Pferd einzuwirken. Sie muß immer federnd bleiben und darf, selbst wenn sie stärker wird, doch nie starr werden.

Die beim Andiezügelstellen vom Pferde zu fordernde Haltung wird sich je nach seinem Dressurgrade sowie nach Gangart und Tempo verschieden gestalten (Bild 14, 15, 16).

Im Halten drückt der Reiter mit beiden Schenkeln bei angespanntem Kreuz das Pferd gegen die leicht aushaltende Hand vor, bis es die Hinterbeine heranstellt und auf dem Gebiß kaut. Gleichzeitig nimmt er, soweit dies der Dressurgrad des Pferdes gestattet, Kopf und Hals bei beigestellter Nase und der dem Gebäude angemessenen Aufrichtung durch weiches Annehmen zurück. Das Pferd darf dabei eher einige kleine Tritte nach vorwärts, als einen einzigen nach rückwärts machen. Die Schenkel liegen verwahrend am Pferdeleibe, bereit, bei einem Ausweichen der Hinterfüße nach seitwärts oder rückwärts den ausweichenden Fuß durch den mehr klopfenden als drückenden gleichseitigen Schenkel zum Vortreten zu bestimmen. Stellt das Pferd einen Vorderfuß vor, so nimmt der Reiter den gleichseitigen Zügel so viel an, daß es den betreffenden Fuß auf den richtigen Platz zurücksetzt. Stellt es die Vorderfüße unter den Leib, so veranlaßt es der Reiter durch drückende Schenkelhilfen am Gurt, sie vorzustellen; die etwas höher gestellten Hände verhindern ein Antreten. Sobald das Pferd in der ihm abverlangten Stellung still stehen bleibt und mit geschlossenem Maule zu kauen beginnt, unterbricht der Reiter das Gegenhalten mit den Händen und läßt sie auf ihrem Platze ruhig stehen.

Zeigt sich das Pferd beim Zurücknehmen von Hals und Kopf nicht durchlässig, so hält der Reiter dieses Widerstreben je nach dem Dressurgrad mit den Händen aus, während die Schenkel die Hinterhand zu weiterem Vor-

Bild 14.

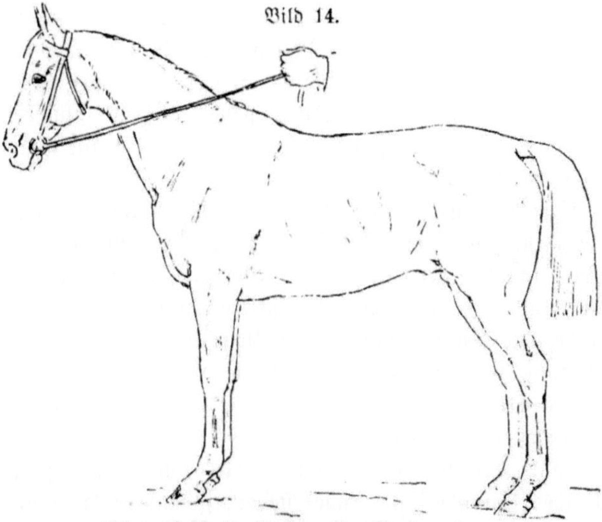

Erstes Andiezügelstellen ohne Versammlung.

Bild 15.

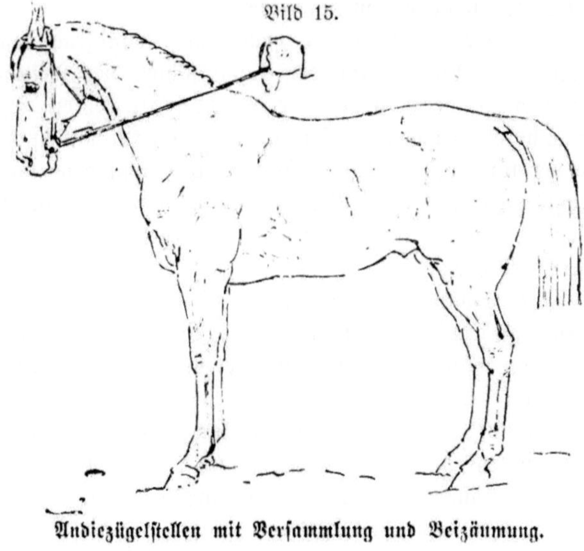

Andiezügelstellen mit Versammlung und Beizäumung.

treten unter den Leib veranlassen. Bei jedem Drängen auf die Hand wird das Pferd dem Zügelanzuge williger nachgeben, sobald es den Hinterfuß auf die Schenkelhilfe vorstellt.

Das richtig an die Zügel gestellte Pferd gibt dem Reiter die Empfindung eines weichen, die vier Beine gleichmäßig belastenden Sitzes.

Im Gange wendet der Reiter die vorbeschriebenen Hilfen an, sobald er fühlt, daß das Pferd nicht mehr am Gebisse kaut, in der entschiedenen Vorwärtsbewegung nachläßt und nicht mehr die genügende Anlehnung nimmt. Pferde, die sich im Gange verhalten oder die Vorwärtsbewegung verweigern, müssen vom Reiter durch lebhaft vortreibende Hilfen bei angespanntem Kreuz wieder an die Zügel gestellt werden.

Will der Reiter ein im Schritt am langen Zügel gehendes Pferd an die Zügel stellen, so hat er die nötige Versammlung so vorsichtig zu gewinnen, daß die Reinheit des Ganges keine Einbuße erleidet.

Da das Andiezügelstellen nach dem Dressurgrad, dem Gebäude des Pferdes und der Geschicklichkeit des Reiters mehr oder minder Zeit erfordert, so muß der Lehrer diese dem Schüler gewähren. Durch eingehende Unterweisung in dieser für jede reiterliche Tätigkeit unbedingt gebotenen Lektion wird auch das Verständnis für das Zusammenwirken der Hilfen und damit das Reitergefühl wesentlich gefördert werden.

Die Gewohnheit unerfahrener Reiter, beim dressierenden Reiten nach dem Aufsitzen, ohne das Pferd an die Hand zu stellen, sofort womöglich in erhöhter Gangart anzureiten, muß streng bekämpft werden. Der Reiter begibt sich hierdurch der richtigen Einwirkung auf das Pferd; dieses verlernt durch solch unreiterliches Verhalten das für seine Verwendung als Soldatenpferd unentbehrliche, ruhige Stehenbleiben nach dem Aufsitzen.

Zum Beizäumen wiederholt der Reiter die beim Andiezügelstellen beschriebenen Hilfen, bis das Pferd die für die Zügelwirkung erforderliche und seinem Gebäude angemessene Hals- und Genickbiegung hergibt (Bild 15). Der Reiter muß dabei immer beherzigen, daß die Hals- und Genickbiegung nicht mit den Zügeln erzwungen werden darf, sondern nur das Ergebnis der an die aushaltende Hand herantreibenden Hilfen sein soll. Beizäumen.

In dem Augenblick, wo das Pferd im Genick nachgibt, muß die Hand leicht werden. Die bloße Genickbiegung allein genügt indessen nicht. Das Nachgeben ist nur dann wirklich willig und vollkommen, wenn das Pferd sich vom Gebiß abstößt und kaut. Der Reiter darf kein Widerstreben gegen das Mundstück spüren, sondern muß das Gefühl haben, daß das Pferd den Zügelanzügen weich Folge gibt. Ein gutes Abkauen bildet also einen vortrefflichen Prüfstein für die willige Hergabe des Genicks.

Steift sich ein der Dressur bereits unterworfen gewesenes Pferd im Halse und Genick gegen die Hand des Reiters, so führt geschicktes Fühlenlassen des Sporns oft am schnellsten zum Ziel. Die vorwärts treibende Wirkung der Hilfen muß bei jeder beizäumenden Tätigkeit bestimmt zum Ausdruck kommen, das Pferd also von hinten nach vorn an die Zügel gebracht werden. Zu schweres Einsitzen ist indessen bei Pferden mit schwachem Rücken und schwacher Hinterhand zu vermeiden. In den meisten Fällen empfiehlt es sich, den Widerstand nicht im Halten überwinden zu wollen, sondern dem Pferde die Nachgiebigkeit zunächst in verkürzten Tritten, dann in einem gemäßigten Trabe abzugewinnen. Bei jedem Widerstreben des Pferdes ist die Vorwärtsbewegung der beste Verbündete des Reiters. Der Reiter muß dabei das Pferd sicher zwischen Schenkel und Zügel halten und das seitliche Ausweichen oder Ausfallen der Hinterfüße verhindern.

Zur vollen Beherrschung eines ausweichenden Hinterfußes wird oft vorübergehend ein weiteres Auseinanderstellen der Hände geboten sein.

Stets wird das Pferd der Aufforderung des Reiters, sich im Genick zu biegen, williger nachkommen, wenn ihm eine geringe Kopfstellung nach einer Seite gegeben wird.

Wenn auch eine tiefere Stellung der Hände von Vorteil sein kann, so muß doch die fehlerhafte Neigung vieler Reiter bekämpft werden, durch Herunterdrücken mit den Händen das Pferd zur Genickbiegung veranlassen zu wollen. Arm und Hand werden hierbei starr, und das Pferd antwortet meist nur mit einem vermehrten Stemmen gegen die Zügel. Oft ist auch mit dem Herunterdrücken der Hände ein Lüften des Gesäßes verbunden.

Selbst in der höchsten Versammlung soll der Reiter die Empfindung haben, daß er das Pferd noch ein wenig mehr beizäumen kann. Nur dann wird das Pferd durchlässig und den Hinterbeinen der Weg zum freien Vortritt und damit zur Entwicklung eines schwungvollen, geräumigen Ganges geebnet sein.

Aufrichten. Aufrichten heißt diejenige Tätigkeit des Reiters, bei der das Genick des beigezäumten Pferdes höher gestellt wird (Bild 16). Es verfolgt den Zweck, das Gewicht von Hals und Kopf mehr der Hinterhand zuzuführen und damit zugleich die Hebelwirkung von Kopf und Hals auf Rücken und Hinterhand zu sichern. Die hierdurch verbesserte Gleichgewichtshaltung des Pferdes ermöglicht freiere und energischere Gänge.

Da man die Aufrichtung durch Biegung der Hinterhand erstreben muß, kann sie nicht durch eine einzelne Einwirkung des Reiters erreicht werden. Sie ist vielmehr hauptsächlich das Ergebnis der gesamten die Hinterhand biegenden Arbeit. Aufrichtende Einwirkungen der

Bild 16.

Andiezügelstellen mit Versammlung, Beizäumung und Aufrichtung.

Hand auf Hals und Kopf sind indessen dabei meist nicht zu entbehren. Sie bestehen in einer höheren Führung entweder mit nur passiv aushaltenden oder bei stärkerer Anwendung mit aufwärts steigenden Händen. Stets muß die aufrichtende Tätigkeit der Hand mit Hilfen verbunden sein, die die Hinterfüße unter den Leib bringen, damit diese, sich in den Gelenken biegend, die ihnen von der Hand zugeschobene Last besser tragen können. Ein Aufrichten bei nach hinten herausgestellten Hinterfüßen führt nur zum Durchbiegen des Rückens.

Beim Aufrichten auf der Stelle müssen die Hinterfüße, damit die Hinterhand richtig belastet werden kann, an eine durch die Hüften gedachte Senkrechte herangestellt und dann die vier Füße auf dem Platze festgehalten werden. Im Gange müssen an den Grad der Aufrichtung geringere

Ansprüche gestellt werden als im Halten. Niemals darf durch das Aufrichten die Reinheit der Tritte und die Gleichmäßigkeit des Tempos leiden.

Zäumt sich das Pferd in geringem Grade zu tief, so wird ein Herantreiben an die aushaltenden und höher gestellten Hände meist genügen. Kräftiges Vorwärtstreiben gegen die höher gestellte Hand zwingt das Pferd zum Vornehmen der Nase vor die Senkrechte und zum Längermachen des krausen Halses. Bei Pferden, die in zu tiefer Stellung von Hals und Kopf gleichzeitig den Rücken krampfhaft spannen und entweder mit der Hinterhand zu stark schieben oder sich im Gange verhalten, vermag der Reiter durch das Längermachen des Halses und das Vorrichten der Nase am besten zugleich auch die falsche Spannung der Rückenmuskeln zu beseitigen. Überzäumt sich aber ein Pferd und widersetzt es sich durch Bohren auf die Hand oder entzieht es sich der Einwirkung, indem es hinter den Zügel geht, so muß der Reiter zuerst die Nase des Pferdes mit beiden Händen gleichzeitig oder auch abwechselnd unter tätiger Mitwirkung der Schenkel gerade nach vorwärts herausheben. Hat er auf diese Weise das Genick des Pferdes höher gestellt, so wird er die regelrechte Aufrichtung dadurch erzielen, daß er die wieder tiefer gestellten Hände so lange weich anstehen läßt, bis das Pferd im Genick nachgibt. Die Zügelanzüge gehen bei einem überzäumten Pferde nicht mehr durch den Rücken zu den Hinterbeinen, sondern schräg aufwärts über den Widerrist hinweg.

Durch richtiges Aufrichten wird der Gang des Pferdes erhabener und elastischer. Der Grad der Aufrichtung, in dem das Pferd stet zu machen ist, muß sich immer nach dem Gebäude des Pferdes richten. Regelmäßigkeit und Schwung des Ganges geben den besten Prüfstein für das Maß der Aufrichtung. Der Reiter muß beizäumende und aufrichtende Hilfen fein gegeneinander ausgleichen.

c. Schritt. Trab. Leichttraben.

Der Übergang zum Schritt erfolgt aus dem Halten auf: **Eskadron — Marsch!**, aus der Bewegung auf: **Eskadron — Schritt!**, der Übergang aus dem Halten oder Schritt zum Trabe auf: **Eskadron im abgekürzten Tempo — Trab!**, **Eskadron im Arbeitstempo — Trab!**, **Eskadron — Mitteltrab!***) Zum Verstärken des Tempos wird: **Arbeitstrab!**, **Mitteltrab!**, **Stärker!**, zum Verkürzen: **Kürzer!**, **Im Arbeitstempo!**, **Im abgekürzten Tempo!** kommandiert.

Schritt. Beim Übergang aus dem Halten zum Schritt schiebt der Reiter das an die Zügel gestellte Pferd mit Kreuz und beiden Schenkeln in die Vorwärtsbewegung hinein. Stand das Pferd in enger Versammlung, so müssen die Zügel so viel nachgeben, daß es frei antreten kann. Die Anlehnung wird hierbei schwächer werden, darf aber nicht verloren gehen. Im Schritt soll das Pferd fleißig und in guter Haltung gehen und sich abkauen. Zu enge Versammlung schädigt die für das Soldatenpferd wichtige Geräumigkeit des Schritts. Zackelnde Pferde müssen durch vortreibende Hilfen an die Zügel gebracht und dann zum Schritt pariert, nicht aber mit der Hand verhalten werden.

Trab. Die Hilfen zum Antraben entsprechen denen zum Anreiten im Schritt. Der Reiter muß vermehrt darauf achten, daß Gesäß und Hand weich in die stärkere Bewegung eingehen, damit das Pferd am Zügel bleibt und nicht aus der Genickbiegung herausschlägt. Stoßweises Anreiten, Vorn- oder Hintenüberfallen des Oberkörpers, nicht genügendes Vorschieben der Hüften und zu festes Gegen-

*) Das Kommando: Eskadron — Trab! gilt nur für den Exerziertrab.

halten der Hand sind die am häufigsten vorkommenden Fehler. Starrer Sitz und harte Hand sowie nicht genügendes Herantreiben an die Hand bringen oft an Stelle des Antrabens ein Angaloppieren hinter dem Zügel hervor. Um das Pferd wieder an die Zügel zu bringen, muß der Reiter mit stark vortreibenden Hilfen zunächst einen schwungvolleren Galopp fordern und erst dann zum Trabe parieren.

Ein gut gerittenes Pferd hat der Reiter im Trabe nur daraufhin zu überwachen, daß es in schwunghaftem Gange das Tempo hält und in richtiger Halsstellung weich und kauend am Zügel steht. Seine Einwirkungen liegen gewissermaßen nur im richtigen Sitz. Sobald er fühlt, daß Haltung und Schwung nachlassen, geht er zu tätigeren Einwirkungen über.

Zum Verstärken des Tempos treiben die Schenkel das Pferd bestimmter vorwärts. Der Übergang muß fließend, die Hilfen dürfen nicht stoßend sein. Die Trabtritte müssen ganz allmählich wachsen, plötzlicher Übergang zum starken Trabe verursacht Übereilung. Die Hand läßt die freieren Tritte heraus, ohne die Verbindung mit dem Pferdemaul aufzugeben. Die Anlehnung wird bestimmter; der Reiter darf aber nicht vermehrten Halt in den Zügeln suchen. Je freier das Tempo, um so mehr muß er mitgehen, er bleibt sonst hinter der Bewegung zurück und hängt in den Zügeln. Das Kauen am Gebiß muß auch hier erhalten bleiben. Im starken Trabe muß die Versammlung des Pferdes zwar etwas vermindert, darf aber nicht ganz aufgegeben werden.

Über Verkürzen des Tempos und Übergang zum Schritt siehe Paraden.

In der Gebrauchshaltung darf der Reiter im Schritt und Trabe nicht dieselbe Versammlung des Pferdes fordern, die er ihm in der Bahn zur Bearbeitung abverlangt. Er muß dem Pferde gestatten, den Bogen des

Halses nach vorwärts etwas flacher zu machen. Aber auch in dieser geringeren Zusammenstellung sorgt der Reiter für gute Folge der Hinterhand und stete Anlehnung am Gebiß. In der Gebrauchshaltung darf das Pferd nicht lang werden und nicht auseinanderfallen.

Leichttraben! Werfenlassen! Das Leichttraben vermindert wesentlich die stoßende Gewichtseinwirkung des Reiters auf den Rücken und die Gelenke des Pferdes; es erleichtert dem Pferde das Atmen sowie das Abschieben und Untersetzen der Hinterbeine. Auch ermüdet es den Reiter weniger als das Werfenlassen. Leichttraben.

Der Reiter läßt sich bei unverändertem Sitz nicht bei jedem Tritt des Pferdes werfen, sondern fängt, auf Kniee und Bügel sich stützend, je einen Tritt ab und sinkt erst wieder nach dem folgenden Tritt mit vorgeschobenem Gesäß weich auf den Sattel nieder. Der Oberkörper hebt sich beim Vorschwingen des einen über Kreuz befindlichen Fußpaares, also des rechten Hinterfußes und linken Vorderfußes oder umgekehrt, und senkt sich beim Fußen desselben Beinpaares. Der Reiter kommt somit jedesmal in den Sattel zurück, wenn entweder der rechte oder der linke Hinterfuß auftritt. Man sagt dementsprechend, daß der Reiter auf dem rechten oder linken Hinterfuße trabt. Das Vorschwingen des Hinterfußes, durch den der Reiter gehoben wird, erkennt er an der gleichzeitigen Vorbewegung der entgegengesetzten Schulter. Beim Reiten in der Bahn wird stets auf dem inwendigen Hinterfuß getrabt, weil nur der durch den inneren Schenkel zum weiten Vortritt veranlaßte innere Hinterfuß beim Wenden in den Ecken die Körperlast richtig zu stützen vermag. Beim Changieren muß der Reiter den Hinterfuß dadurch wechseln, daß er sich einmal oder in ungerader Zahl werfen läßt und sich wieder erhebt, wenn der nunmehrige innere Hinterfuß vortritt.

Auch bei längeren Ritten muß der Hinterfuß gewechselt werden, damit nicht eins der beiden über Kreuz befindlichen Fußpaare mehr als das andere in Anspruch genommen wird. Siehe auch Dauerritte. Den Reiter, der nicht auf den Fußwechsel achtet, pflegt das Pferd beim Antraben fast immer auf denselben Hinterfuß zu setzen.

Bei leichter Stellung des Pferdes nach innen muß der innere Schenkel den gleichseitigen Hinterfuß im Augenblick des Vorschwingens zum weiten Vortreten anregen, während der äußere Schenkel eine verwahrende Lage einnimmt. Der Reiter darf beim Leichttraben das Pferd nicht auseinanderfallen lassen, sondern muß es dauernd am Zügel erhalten. Hierzu hat er bei aufrecht bleibendem Oberkörper Hüften und Gesäß bei jedem Niedersetzen in den Sattel gut nach vorwärts zu schieben und mit den Unterschenkeln bei federndem Kniegelenk dauernd Verbindung mit dem Pferdekörper zu halten.

Häufig wird der Fehler begangen, daß der Reiter die Übereinstimmung mit der Bewegung dadurch gewinnen will, daß er das Gesäß mehr aus dem Sattel hebt, als der Wurf des Pferdes es bedingt. Ungeübte Reiter geben auch leicht die stete Haltung der Hände und die Anlehnung der Arme an die Hüften auf und verdrehen die Schultern, namentlich wenn sie die Zügel in eine Hand nehmen. Auch steifen sie sich leicht im Knie, strecken die Unterschenkel nach vorn und verlieren auf diese Weise jede Einwirkung auf das Pferd.

Nur durch das Bestreben, die Hinterfüße zum weiten Vortritt anzuregen, wird beim Leichttraben der Gang und die Nachgiebigkeit des Pferdes fördernd beeinflußt. Es verschlechtert die Haltung des Pferdes, wenn der Reiter dabei vornüberfällt, das Gesäß mit losem Kreuz nach hinten herausschiebt, die Zügel hängen läßt und die Schenkel mit starren Knie- und Fußgelenken absperrt.

Der Reiter muß im Leichttraben gründlich unterwiesen und geübt werden; die vortreibende Wirkung des beim Werfenlassen in den Sattel fallenden Reitergewichts kann nur durch rege Tätigkeit der Unterschenkel und durch gute Haltung des Oberkörpers ersetzt werden.

Ein gleichmäßig bequemes Gefühl beim Traben auf dem rechten wie dem linken Hinterfuße gibt dem Reiter den Beweis für die gleichmäßige Ausbildung beider Seiten des Pferdes.

d. Paraden.

Die halben Paraden haben den Zweck, das Pferd in eine kürzere Gangart zu versetzen, Versammlung und Haltung des Pferdes während des Ganges zu verbessern, verloren gegangene Haltung wieder zu gewinnen, dem Drücken auf das Mundstück und dem Eilen im Gange zu begegnen.

Bei den halben Paraden umfaßt der Reiter das Pferd erneut mit den Schenkeln und nimmt gleichzeitig die Zügel an, gleichsam als ob er es zum Stehen bringen wollte. Er muß aber durch tätige Schenkelwirkung bei angespanntem Kreuz die Hinterbeine derart heranhalten, daß trotz der verhaltenden Zügelhilfen ihr gutes Untertreten gewahrt bleibt. Nur dadurch wird verhindert, daß das Pferd unter der Einwirkung der Hand den Schub der Hinterfüße aufgibt und auseinanderfällt. Soll lediglich eine Verbesserung der Haltung erzielt werden, so können diese Hilfen, auch schon in vermindertem Grade angewendet, von Erfolg sein. Häufig genügt ein Anziehen des Kreuzes.

Den ganzen Paraden, besonders aus stärkeren Gangarten, wird durch halbe Paraden vorgearbeitet.

Kommando: **Eskadron — Halt!**

Die ganze Parade muß in der Bewegungsrichtung erfolgen, die Haltung des Pferdes darf dabei nicht verloren gehen, Kopf und Hals müssen in der richtigen

Stellung verbleiben, die Hinterfüße untertreten und dadurch die Gelenke der hinteren Gliedmaßen sich biegen. Nur auf diese Weise kann ein Teil der Last von der Vorhand auf die Hinterhand übertragen werden. Um die Hinterfüße nicht am Untertreten zu hindern, muß sich der Reiter besonders hüten, die verhaltenden Zügelhilfen in ein Ziehen ausarten zu lassen. Sie sind vielmehr in lebhaftem Wechsel von Annehmen, Nachgeben und Wiederannehmen so oft zu wiederholen, bis das Pferd steht. Jede dieser annehmenden Zügelhilfen wird durch die die Hinterhand heranholenden Schenkel- und Gewichtshilfen begleitet, wodurch das Pferd von hinten nach vorn zusammengeschoben wird. Hierzu muß der Reiter, je nach der Stärke des Tempos, aus dem pariert werden soll, den Oberkörper mit angespanntem Kreuz etwas zurückhalten. Bei Pferden mit weichem Rücken hingegen ist zur Parade ein leichterer Sitz mit gut gegenhaltendem Kreuz geboten. Die Hände dürfen beim Zügelanzuge nicht steigen, weil sonst das Pferd die Hinterfüße nicht genügend untersetzen kann. Nur bei Pferden, die bei hohem Rücken nach unten bohren, ist ein Höherstellen der Hände angezeigt. Sobald das Pferd still steht, muß der Reiter nachgeben und darf nicht in der Zügelwirkung verharren; längeres Andauern dieser stärkeren Versammlung hat unrichtiges Stellen der Füße oder Zurückkriechen zur Folge.. Dem letzteren Fehler muß auch durch energisch vortreibende Hilfen bei angespanntem Kreuz begegnet werden.

Je schneller die Gangart ist und je rascher halbe und ganze Paraden wirken sollen, um so ausgiebiger müssen in Anbetracht der stärker durchgreifenden Zügelanzüge die die Hinterhand vorholenden Einwirkungen sein; die Paraden erfolgen sonst auf der Vorhand, wodurch Beinschäden und vorzeitige Abnützung des Pferdes verursacht werden können.

Aus der guten Übereinstimmung von treibenden und

verhaltenden Einwirkungen ergibt sich die fließende Ausführung der Paraden. Zu starke und ungeschickte Einwirkungen der Hand, die die Vorhand zu plötzlich verhalten und ein Herausschlagen des Kopfes zur Folge haben können, nicht genügendes Heranhalten der Hinterfüße, Vornüberfallen des Oberkörpers oder nicht rechtzeitiges Nachgeben der Hand sind die häufigsten Fehler.

Um vom Galopp sicher und fließend zum Trabe übergehen zu können, muß der Reiter sein Pferd während und nach der Parade bestimmt am Zügel haben und erneut geraderichten, es mit beiden Schenkeln in den Trab hineinschieben und bei gespanntem Kreuz mit dem Oberkörper in die Bewegung eingehen. Unruhiger Sitz, Festwerden der Hand sowie jede einseitige oder klopfende Schenkelwirkung veranlassen häufig erneutes Angaloppieren. Um diesem Fehler, der sich namentlich bei lebhaften Pferden zeigt, vorzubeugen, kann es sich empfehlen, dem Pferde bei der Parade eine ganz geringe Schulterhereinstellung zu geben und diese bei den ersten Trabtritten beizubehalten.

Ist es dem Reiter überlassen, innerhalb welchen Raumes er sein Pferd durchparieren will, so muß er die Bewegung um so mehr auslaufen lassen, je stärker Gangart und Tempo waren. Die im geräumigen Galopp, besonders beim vollen Lauf durch die naturgemäße Richtung auf die Schultern bedingte Mehrbelastung der Vorhand muß ganz allmählich unter Beibehaltung weicher, elastischer Sprünge durch halbe Paraden auf die Hinterhand übertragen werden. Jeder eigenmächtigen Parade des Pferdes, die stets die Vorderbeine überlastet und verprellt, muß der Reiter mit kräftig vortreibenden, die Hinterhand unterschiebenden Hilfen begegnen. Die Neigung laueriger Pferde, sich bei den Einwirkungen zur Parade plötzlich zu verhalten, muß der Reiter mit den gleichen Hilfen bekämpfen.

c. Geraderichten des Pferdes. Bild 17.

Der Schub der Hinterhand wirkt nur dann in gerader Richtung und voll gegen die Vorhand, wenn die Hinterfüße dem Hufschlage der Vorderfüße folgen. Umgekehrt kann auch nur dann der Reiter die Hinterbeine durch die gleichseitige Zügelwirkung belasten und biegen. Vorhand und Hinterhand des Pferdes müssen also stets richtig aufeinander eingerichtet sein.

Bild 17.

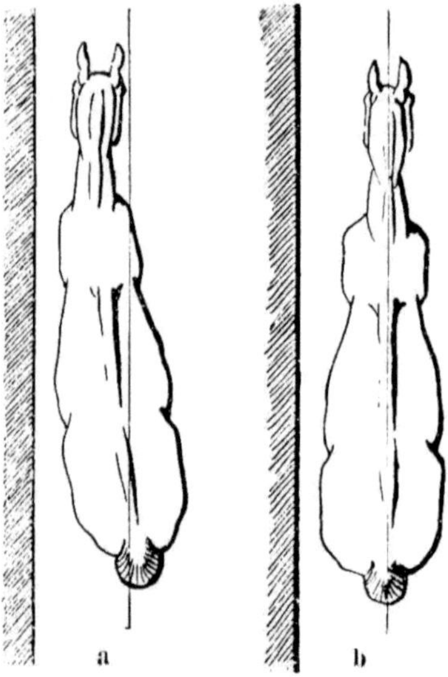

a. Schiefgehendes Pferd.
b. Geradegerichtetes Pferd.

Der Erfüllung dieser Forderung setzt die den meisten Pferden eigentümliche Neigung zu schiefer Körperhaltung Schwierigkeiten entgegen. Das aus dieser Schiefe folgende Nichtspuren der Vorder- und Hinterfüße wird noch dadurch begünstigt, daß das Pferd in der Vorhand schmaler ist, als in der Hinterhand.

Mit seltenen Ausnahmen ist es der rechte Hinterfuß, den das Pferd schwerer in gerader Richtung vorwärts unter den Leib zu setzen vermag. Der ihm unbequemen Biegung dieses Hinterfußes entzieht es sich dadurch, daß es ihn mehr oder minder stark nach rechts seitwärts setzt. Hiermit ist die Neigung zum Ausfallen mit der linken Schulter und zum Ausbuchten der linken Halsseite verbunden. Das Pferd geht in dieser Form gegen den rechten

Schenkel und linken Zügel; es nimmt in geringem Grade eine falsche Rechts-Traversstellung an. In weiterer Folge dieser Schiefe ist das Pferd nicht auf beiden Seiten gleich biegsam; fast alle Pferde haben eine mehr weiche und hohle rechte, eine mehr straffe und gewölbte linke Seite.

Die Einwirkungen, deren sich der Reiter bedient, um die Vorhand auf die Hinterhand einzurichten, nennt man Geraderichten. Das so geradegerichtete, auf einem Hufschlag gehende Pferd soll sich stets mit der Längsachse seines Körpers der Hufschlagslinie anpassen, gleichviel ob sie gerade oder gebogen ist.

Bei Schiefe z. B. nach rechts verhindert der Reiter mit dem rechten Schenkel und Zügel ein weiteres Seitwärtstreten des rechten Hinterfußes und gebraucht den linken Schenkel näher am Gurt, um den gleichseitigen Hinterfuß zu vermehrtem Vortreten zu veranlassen. Die linke Schulter des Pferdes wird mit dem tief gehaltenen linken Zügel verwahrt und die Vorhand mit dem rechten Zügel soweit nach innen geführt, bis der rechte Vorderfuß auf den rechten Hinterfuß eingerichtet ist.

An der schiefen Körperhaltung sind vielfach auch fehlerhafte Einwirkungen des Reiters schuld. Gebraucht er den inneren Zügel zu stark, so erschwert er dadurch dem inneren Hinterfuße das Untertreten oder stellt er an dessen Biegung zu hohe Anforderungen, so entzieht sich das Pferd der Zügeleinwirkung häufig dadurch, daß es die Hinterhand nach innen stellt, den Hals am Widerrist verbiegt und mit der äußeren Schulter gegen die Bande ausfällt. Dieser Fehler tritt infolge der Neigung der meisten Reiter, mit der rechten Hand kräftiger einzuwirken und dem Pferde rechts eine stärkere Stellung abzuverlangen, vermehrt auf der rechten Hand hervor.

Schiefe des Pferdes, gleichviel durch welche Umstände sie hervorgerufen ist, hat infolge des ungleichmäßigen

Schubes der Hinterbeine stets ungleichmäßige Anlehnung an die Zügel zur Folge. Ein schiefes Pferd ist deshalb nicht im sicheren Gehorsam.

Die geraderichtende Arbeit muß im entschiedenen Vorwärtsreiten geschehen. Starke Biegungen und einseitige Bearbeitung des Genicks in matten Gängen machen das Pferd in der Regel nur noch schiefer.

f. Biegen. Reiten in Stellung. Abbrechen. Biegen und Abbrechen auf Kandare.

Biegen. Mit dem Biegen verfolgt der Reiter den Zweck, die Folgsamkeit des Pferdes auf die mehr seitlich wirkenden Zügelanzüge zu erhöhen. Er erreicht durch diese Lektion schließlich Durchlässigkeit, Nachgiebigkeit auf die inneren und Herangehen an die äußeren Hilfen, sowie Verbesserung der Haltung und des Ganges. Richtige Ganaschenbiegung bahnt ferner dem Reiter den Weg durch das Genick zur Biegung des inneren Hinterfußes.

Das Pferd wird hierdurch zum Reiten in Stellung und damit zur Ausführung aller Wendungen und für die Lektionen auf zwei Hufschlägen geschickt gemacht.

Alle Übungen zur Erreichung dieses für eine erfolgreiche Bearbeitung des Pferdes so wichtigen Zieles sind aber von geringem Werte, meist sogar nachteilig, wenn Hals und Kopf zuviel auf der Stelle und nicht das ganze Pferd im Gange, vorwiegend im Trabe, gearbeitet wird. Auf der Stelle und im Schritt vermag das Pferd leicht einen seiner Füße zu entlasten und sich dadurch den Anforderungen zu entziehen; im Trabe hingegen muß es vermehrt vorwärts gehen und unterstützt den Reiter von selbst durch die Schubkraft und durch das Bedürfnis, sich im Gleichgewicht zu halten. Auch ist im Trabe die Schenkelwirkung besser; der innere Hinterfuß kann mehr in Anspruch genommen werden. Der Trab ist deshalb das beste Mittel gegen alle Ausflüchte des Pferdes. Frische und Regelmäßigkeit des Trabes sind ein Maßstab dafür, ob richtig gearbeitet wird.

Mit dem Biegen ist nicht eher zu beginnen, als bis das Pferd geradegerichtet ist und eine gleichmäßige Anlehnung an die Zügel gewonnen hat, der Hals am Widerrist feststeht und die dem Dressurgrad entsprechende Beizäumung und Aufrichtung erreicht ist. Beim Biegen auf der Stelle ist auf unbedingtes Festhalten der vier Füße, in der Bewegung auf taktmäßigen Gang Bedacht zu nehmen.

Das Pferd soll auf den einseitigen Zügelanzug hin seinen Kopf willig wenden und sein Genick seitlich biegen, somit den inneren Ganaschenrand unter, in selteneren Fällen über die Ohrspeicheldrüse an die Halsmuskeln anlegen. Der Mähnenkamm soll stets nach der inneren Seite überkippen. Die Muskeln werden auf dieser Seite flach und wölben sich auf der äußeren (Bild 18a). Das Maß der Teilnahme des Halses an dieser Biegung regelt der äußere Zügel. Die seitliche Beweglichkeit des Halses, ob starr oder mehr lose, wird für den Grad der Halsbiegung bestimmend sein. Der Reiter kann den inneren Hinterfuß zu vermehrter Biegung aber nur dann zwingen, wenn der Hals an der Biegung möglichst wenig teilnimmt. Er darf auch auf der weichen Seite nie mehr Biegung fordern, als er auf der festen zu nehmen vermag.

Bild 18a.

Ein Biegen auf der Stelle und im Schritt darf nur zur Belehrung des Reiters und des jungen Pferdes stattfinden. Es bietet Gelegenheit, dem Schüler die Richtung und Wirkung der Zügelanzüge zu zeigen, die das Pferd ohne Gewalt zum Nachgeben veranlassen sollen. Ehe deshalb der Lehrer zum Biegen im Schritt und Trab übergeht, müssen die Reiter mit dem Biegen auf der Stelle vertraut gemacht sein.

Die Pferde rechts (links) biegen! Die Pferde geradeaus stellen!

Biegen auf der Stelle.

Beim Biegen auf der Stelle läßt der Reiter das geradegestellte Pferd zunächst abkauen; dann berichtigt er allmählich Hals- und Kopfstellung. Das Pferd nimmt die beste Stellung zum Biegen ein, wenn es seinen Hals so vom Widerrist aufwärts vorwärts gebogen trägt, daß das Genick den höchsten Punkt bildet und die Nase etwas vor der Senkrechten steht. Trägt das Pferd die Nase schon vor dem Biegen senkrecht, so besteht die Gefahr, daß es sich beim Nachgeben sowohl auf einen beizäumenden, als auch auf einen seitwärts stellenden Zügelanzug überzäumt und somit den Zügelanzügen durch falsche Biegung zwischen dem dritten und vierten Halswirbel ausweicht. Trägt das Pferd schon vor dem Biegen den Kopf zu tief, so muß der Reiter durch Vordrücken mit den Schenkeln am Gurt und durch gleichzeitige oder abwechselnde Zügelhilfen den Pferdekopf in gerader Richtung nach vorwärts herausheben, so daß die Nase vor die Senkrechte kommt. Ist dies dem Reiter gelungen, so wird er durch Tieferstellen der Hände und mehr wagerechte Zügelanzüge auch die für ein erfolgreiches Biegen nötige Beizäumung gewinnen. Jede gewaltsame Einwirkung ist zu vermeiden.

Zum Biegen auf der Stelle setzt sich der Reiter etwas

nach innen, um das Verlegen des Gewichts der Vorhand des Pferdes auf den äußeren Vorderfuß zu verhindern. Der innere Schenkel liegt am Gurt, um den gleichseitigen Hinterfuß auf dem Platze zu halten, der äußere verwahrend hinter dem Gurt.

Der Reiter verkürzt den inneren Zügel, dreht die biegende Hand wie zur Wendung ein und veranlaßt das Pferd, seinen Kopf bei gleich hoch stehenden Ohren nach dieser Seite zu wenden. Mit zunehmender Nachgiebigkeit des Pferdes muß der innere Zügel noch mehr verkürzt werden. Die äußere Hand gibt anfangs nach, spannt aber, nachdem die Biegung erlangt ist, den Zügel, um ein zu starkes Nachgeben auf den inneren Zügel zu verhindern.

Der äußere Zügel hat auch die Aufgabe, die Kopf- und Halsstellung zu vervollkommnen, somit den Hals wieder gerade zu stellen und aufzurichten. Der Grad der Aufrichtung beim Biegen richtet sich nach dem Gebäude des Pferdes, besonders nach der Beschaffenheit des Rückens und nach der Rittigkeit.

Wird vom Biegen der einen Seite zu dem der anderen übergegangen, so muß das Pferd allmählich geradeaus gestellt und sein Kopf unter Beibehaltung der hierdurch gewonnenen Tiefstellung mit tief gestellter äußerer Hand herumgenommen werden. Läßt das Pferd seinen Kopf von einer Stellung in die andere nehmen, ohne sich von einem Zügel loszumachen, folgt es somit beiden Zügeln gleichmäßig, dann erst kann der Reiter das Pferd im Halse mehr zusammenschieben und die Aufrichtung vervollkommnen.

Während bei Pferden mit starren, wenig beweglichen Hälsen anfangs eine Teilnahme des ganzen Halses an der Biegung zugestanden werden darf, sollen lose, bewegliche Hälse grundsätzlich nur wenig gebogen werden. Biegt sich ein Pferd bei sonst steifem Halse nur am Widerrist, so muß der äußere Zügel die falsche Biegung verhindern.

Verwirft sich das Pferd im Genick (Bild 18b und c), was daran zu erkennen ist, daß das eine Ohr tiefer steht als das andere, so muß der Reiter das tiefere Ohr höher stellen und den verkürzten Zügel da an den Hals legen, wo die Muskeln heraustreten. Hat das Pferd nachgegeben, dann geht die Hand wieder in die tiefere Stellung und überträgt die Gebißwirkung von der Maulspalte auf die Lade. Dabei hält der äußere Zügel in tiefer Stellung spannend gegen.

Bild 18b.

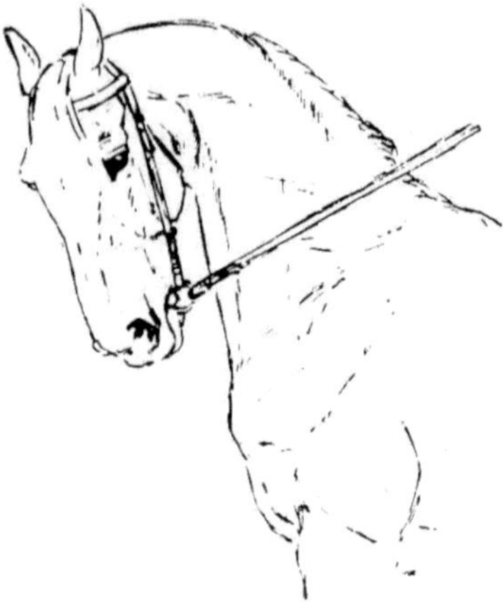

Bild 18c.

Weder beim Biegen auf der Stelle noch bei dem im Gange darf der Reiter mit der inneren Hand über den Widerrist drücken, weil er dadurch das Pferd veranlaßt, sich auf die äußere Schulter zu legen. Meist ruft ein zu langer Zügel diese fehlerhafte Verschiebung der Hand hervor.

Sehr zweckmäßig ist es, daß der Lehrer selbst

das Pferd unter dem Reiter an der Hand biegt und erst, wenn es sich willfährig zeigt, die Hilfen des Reiters in Wirkung treten läßt. Hierdurch wird sich der Reiter am leichtesten das Gefühl für die richtige Nachgiebigkeit des Pferdes aneignen.

Das Biegen im Gange läßt der Lehrer zum besseren Verständnis zuerst im Schritt ausführen; doch ist es auch in dieser Gangart zu beschränken, da die Pferde sich leicht hinter den Zügel verkriechen und den freien Vortritt verlieren. Den besten Erfolg hat das Biegen im Arbeitstrabe und später im Mitteltrabe. Biegen im Gange.

Die Zügelhilfen zum Biegen im Gange sind dieselben wie beim Biegen auf der Stelle. Der innere Schenkel muß den inneren Hinterfuß zum weiten Vortreten unter den Schwerpunkt anregen und zusammen mit dem inneren Zügel Nachgiebigkeit der inneren Seite fordern. Sobald das Pferd auf den inneren Zügel nachgibt, tritt der äußere in Wirkung. Äußerer Schenkel und Zügel verwahren Hinterhand und Schulter und sorgen vereint dafür, daß die Biegung um den inneren Schenkel gleichmäßig durch das ganze Pferd geht.

Biegt das Pferd den Hals hauptsächlich am Widerrist, so muß die Biegung, bis die richtige Stellung wieder erlangt ist, verringert werden.

Der Hals soll im allgemeinen keine stärkere seitliche Biegung erfahren, als sie das Pferd in den Lendenwirbeln zu leisten vermag. Nur wenn der Reiter die Pferdenase tiefer stellen will, darf er vorübergehend eine höhere Anforderung an die Biegung des Halses als an die des Rückgrats stellen. Das Höchstmaß der im Gange zu fordernden Längsbiegung ist erreicht, wenn beim Reiten auf gerader Linie der äußere Hinterfuß in die Richtung zwischen die beiden Vorderfüße tritt, der innere Hinterfuß auf den gleichseitigen Vorderfuß spurt oder doch der Spur folgt. Der Grad der Biegung muß häufig wechseln und das Biegen durch Geradeausstellen unterbrochen werden; auch darf man nicht zu lange auf derselben Hand biegen.

Um die Reiter zu einem tätigen Einwirken mit beiden Schenkeln zu bestimmen, empfiehlt es sich, die Biegung auch nach der Wand vornehmen zu lassen, weil sie dabei ihre Pferde mit Schenkel- und Zügelhilfen auf einer bestimmten Linie halten müssen, während bei den Biegungen nach innen die Wand die Reiter dazu veranlaßt, äußeren Schenkel und Zügel weniger zu gebrauchen.

Leidet der Gang, so ist das ein Zeichen dafür, daß nicht richtig gebogen oder die Anforderung zu hoch gestellt worden ist.

Reiten in Stellung.

Die Pferde rechts (links) stellen! Die Pferde geradeaus stellen!

Das Pferd geht in Stellung, wenn der Reiter imstande ist, es im Gange in dem vorbeschriebenen Höchstmaß von Längsbiegung zu erhalten (Bild 19). Dabei sind Hilfen und Fußsetzung die gleichen wie beim Biegen. Die verwahrende Einwirkung auf den auswendigen Hinterfuß darf nicht zu einem traversartigen Gehen führen.

Zur Versammlung, zum Durchreiten der Ecken, zu den Wendungen, den Hufschlagsfiguren, dem Galopp und zu den Seitengängen ist der beschriebene oder ein geringerer Grad von Stellung erforderlich. Die Biegung der Hufschlagslinie, das Maß der Versammlung und das Tempo sind für den Grad der Stellung maßgebend. Bei geradem Sitz wird der Reiter inneres Auge und Nüster sehen können. Jeder Reiter muß dabei selbständig auch ohne Kommando sein Pferd rechtzeitig stellen. Das Kommando ist stets erforderlich, wenn das Reiten in Stellung als Lektion geübt werden soll.

Zur Erlangung gleichmäßiger Weichheit auf beiden Seiten muß die Stellung entsprechend oft gewechselt werden. Fortgesetztes Reiten mit ein und derselben Stellung hat häufig ungleiches Treten zur Folge. Der Stellungswechsel muß so fließend geschehen, daß das Pferd, ohne zu stutzen oder zu eilen, aus der einen Stellung in die andere übergeht. Neigt das Pferd zu verhaltenen Tritten, so ist, ehe man in die neue Stellung übergeht, zunächst frisches Vorwärtsreiten in der Geradeausstellung empfehlenswert.

Bild 19.

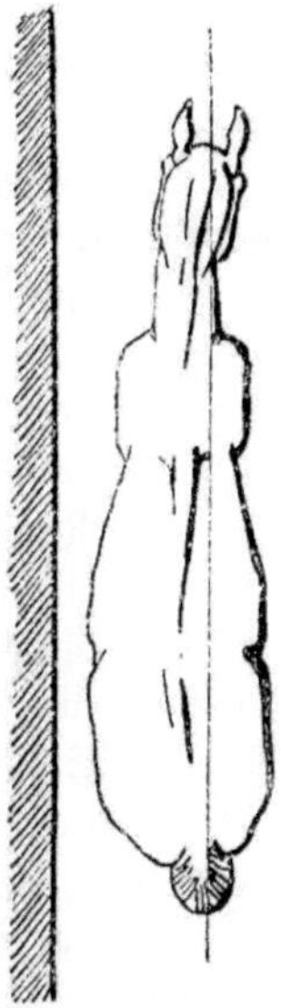

Rechts gestelltes Pferd.

Wird auf Kandare mit losgelassener Trense geritten, so ist darauf zu achten, daß bei entsprechender Verkürzung des inwendigen Kandarenzügels der äußere die Stellung ermöglicht. Die beim Wenden und Biegen auf Kandare erwähnten Zügelhilfen werden sinngemäß angewendet.

Der häufigste und folgenschwerste Fehler beim Reiten in Stellung besteht darin, daß die Kopfstellung durch zu festes Halten oder Ziehen am inneren Zügel gefordert und hierdurch dem Pferde ein richtiges Vor- und Untertreten des inneren Hinterfußes unmöglich gemacht wird. Es entzieht sich notgedrungen der allzu starken Belastung dieses Fußes durch den inneren Zügel dadurch, daß es die Hinterhand nach innen stellt. Die Hand darf nur andeutend wirken, die willige seitliche Genickbiegung muß dem Reiter als Ergebnis seiner Schenkelwirkung von selbst zufallen. Zu starke Stellung behindert das Pferd auch in der regelrechten Fußsetzung und stört damit den sicheren, gleichmäßigen Gang. Als Lektion darf das Reiten in Stellung nur im Schritt und im abgekürzten Trabe geübt werden.

Abbrechen. Gibt das Pferd die beim Biegen geforderte geringere Ganaschenbiegung willig her, so kann man sie, um die Stellung zu verbessern und eine größere Durchlässigkeit sicherzustellen, ohne Verstärkung der Halsbiegung nach und nach bis zu dem dem einzelnen Pferde möglichen Maße steigern.

Die Pferde rechts (links) abbrechen! Die Pferde geradeaus stellen!

Die unbedingte Durchlässigkeit des Genicks, wie sie durch das Abbrechen erstrebt wird, ist für die Bearbeitung des Pferdes von großer Wichtigkeit und entscheidendem Einflusse auf den Grad seiner Brauchbarkeit. Solange es dem Reiter gelingt, zu jeder Kopfstellung, somit auch zu jeder Wendung eine Ganaschenbiegung zu erzielen, hat er das Pferd in seiner Gewalt. Es empfiehlt sich, auf diese Lektion zurückzugreifen, sobald ein Pferd während der Dressur Schwierigkeiten bei Hergabe der Stellung zeigt. Das Abbrechen muß aber stets mit Vorsicht und Geduld betrieben werden, weil Übereilung und zu hohe Anforderungen großen Schaden verursachen können.

Das Abbrechen darf nur auf der Stelle vorgenommen werden, da die dabei zu fordernde vermehrte Stellung des Kopfes zu dem möglichst gerade gestellten Halse dem Pferde die regelmäßige Fußsetzung erschwert und somit die Reinheit des Ganges gefährdet. Man beginnt damit, wenn die Pferde nicht nur im Gange am Zügel stehen, sondern sich auch im Halten mit den Schenkelhilfen in einer gewissen Versammlung am Zügel erhalten lassen.

Je breiter und kürzer das Genick, je breiter die Ganaschenränder, desto schwerer fällt dem Pferde das Abbrechen, desto geringere Anforderungen müssen gestellt und um so öfter muß diese vermehrte seitliche Genickbiegung geübt werden. Wie beim Biegen beginnt man auch das Abbrechen bei weniger erhabener Stellung von

Hals und Kopf und gestattet, daß das Pferd den Hals anfänglich ein wenig mitbiegt. Nach und nach vermindert man die Biegung des Halses, vermehrt dagegen bei richtiger Aufrichtung die des Genicks.

Wie dem Biegen auf der Stelle, so hat auch dem Abbrechen ein Geraderichten und Andiezügelstellen des Pferdes mit der gebotenen Beizäumung und Aufrichtung vorauszugehen.

Sitz und Hilfen des Reiters sind die gleichen, wie beim Biegen auf der Stelle, nur wird eine vermehrte Einwirkung eintreten müssen. Sobald das Pferd in der richtigen Stellung nachgibt, bleiben beide Hände ruhig stehen; der Reiter sucht das Pferd kurze Zeit in dieser Stellung zu erhalten.

Verbiegt das Pferd den Hals am Widerrist, während es sich an den Ganaschen nicht biegt, so muß mit dem Abbrechen aufgehört, das Pferd in der Vorwärtsbewegung mehr an die Zügel gebracht und der Hals an den Schultern festgestellt werden.

Um ein Pferd, dessen Hals am Widerrist lose ist, richtig abbrechen zu können, stellt man den Hals an den Schultern fest und nimmt mit dem inneren Zügel den Kopf herum, während der äußere nur wenig nachgibt, so daß der Hals möglichst gerade bleibt.

Allen, zumeist durch harte Einwirkung mit den Händen veranlaßten Fehlern beim Biegen und Abbrechen begegnet der Reiter am erfolgreichsten durch energisches Vorwärtsreiten mit geradeaus gestelltem Pferde.

Biegen und Abbrechen auf Kandare.

Beim Biegen und Abbrechen auf Kandare, das nur mit angefaßter Trense vorzunehmen ist, leitet stets der inwendige Trensenzügel die Biegung ein, während der auswendige Kandarenzügel nachgibt. Der inwendige Kandarenzügel, entsprechend verkürzt, sucht die Biegung zu er=

halten. Der auswendige Trensenzügel regelt den Grad der Biegung und richtet den Hals gerade.

Beim Biegen und Abbrechen nach rechts nimmt die rechte Hand mit der Trense die Biegung. Die linke Hand verkürzt durch eine Drehung wie zur Wendung nach rechts den rechten Kandarenzügel und bringt durch einen Anzug gegen die auswendige Hüfte auch den auswendigen Kandarenzügel in Wirkung. Der inwendige Kandarenzügel bleibt in vorherrschender Wirkung, der Ellenbogen darf am Leibe ein wenig zurückgehen. Ist die Biegung erreicht, so werden die Hände nach Umständen etwas erhoben, um eine höhere Hals- und Kopfstellung herbeizuführen. Gibt das Pferd auf den Anzug des rechten Kandarenzügels nicht willig nach, so kann der Reiter diesen entweder durch Unterschieben des linken Zeigefingers oder mit drei Fingern der rechten Hand verkürzen. Durch wiederholte leichte Anzüge wird er so die verlangte Biegung gewinnen. Die auswendige Hand hat alsdann nur leicht gegenzuhalten und das Zurückarbeiten des Halses zu besorgen.

Das Biegen und Abbrechen nach links leitet der linke Trensenzügel ein, wobei der rechte Kandarenzügel entsprechend nachgibt; dann macht die linke Hand eine Drehung wie zur Linkswendung und sucht durch sanfte Anzüge mit stark eingerundetem Gelenk die Biegung mit dem linken Kandarenzügel zu erhalten, während der rechte Trensenzügel gegenhält. Wird das Pferd weich, so hören die weiteren Hilfen zur Biegung auf, die linke Hand wird in der Richtung nach der auswendigen Hüfte noch mehr zurückgenommen und dort festgestellt, damit auch der rechte Kandarenzügel wirksam wird. Wenn erforderlich, wird die rechte Hand gegen die Schulter angenommen, um eine höhere Stellung zu erlangen und den Hals zurückzuarbeiten. Reicht die Drehung der linken Hand nicht aus, die beabsichtigte Biegung herbeizuführen, so kann der linke

Kandarenzügel gleichfalls mit drei Fingern der rechten Hand entsprechend verkürzt werden.

g. Versammeln im Gange.

Ein Pferd im Gange versammeln heißt, es bei entsprechender Aufrichtung zusammenschieben und die Hinterbeine derart zum Vortritt anregen, daß sie die Körperlast vermehrt aufnehmen und kraftvoll wieder abschnellen. Bei einem gut versammelten Pferde ist der Schwerpunkt mehr nach rückwärts verlegt; es richtet sich als Folge der Mehrbelastung seiner Hinterhand in der Vorhand auf, nimmt also im Halse eine höhere Stellung an und macht erhabenere Tritte oder Sprünge. Die Schubkraft wird beschränkt, weil die in den Gelenken sich biegenden Hinterbeine die Last vermehrt aufnehmen. Um eine gute Versammlung zu erzielen, muß der Reiter das Pferd zunächst geraderichten und stellen. Vorbedingung ist vorherige Losgelassenheit des Pferdes. Krampfhaft gespannte Bewegungen dürfen nicht für Versammlung gehalten werden. Das Kennzeichen der Versammlung liegt nicht in der Kürze, sondern in der Erhabenheit und im Schwunge des Ganges. Sie ist deshalb niemals dadurch zu erreichen, daß der Gang lediglich durch die Einwirkung der Hände verkürzt wird. Die Hauptsache bleibt immer die vermehrte Inanspruchnahme der Hinterhand.

Die treibenden Hilfen regen die Hinterbeine zu lebhaften, schwungvollen Tritten an. Die Hände lassen nur so viel Freiheit, daß die Hinterbeine genügend weit unter den Leib treten können. Um den so vermehrt angeregten Schub der Hinterhand nicht in einem freieren Tempo sich äußern zu lassen, muß die Hand den stärkeren Schwung in elastischer Zügelspannung aushalten. Das Pferd wird alsdann nach dem Grade seiner Rittigkeit mehr oder weniger leicht diesen gleichzeitig treibenden und verhaltenden Hilfen dadurch nachgeben, daß es sich zusammenschiebt, indem es die Hinterfüße vermehrt biegt, sich am Gebiß abstößt und den Hals höher aus dem Widerrist herausrichtet. Dieses Zusammenschieben des Pferdes darf nicht auf Kosten des Vorwärtsschwunges, also nicht allein von vorn nach hinten geschehen. Nur wenn der Reiter die Hinterbeine fortgesetzt in energischem, lebhaftem Vortreten erhält, arbeitet sich das Pferd gewissermaßen selbst an der ruhig aushaltenden Hand des Reiters.

Soll die versammelnde Arbeit gesteigert werden, so müssen die bisher aushaltenden Hände zu leicht annehmenden Zügelhilfen übergehen, um die mit der Versammlung angestrebte größere Biegung der Hinterbeine zu erreichen. Die Hand soll einen Teil des Gewichts, das die Hinterbeine in sie hineinschwingen, durch Genick, Hals und Rücken hindurch wieder an die Hinterhand zurückgeben und diese dadurch belasten und biegen. Nur ein in seinen Gelenken gebogener Hinterfuß vermag die Körperlast vermehrt auf sich zu nehmen.

Die beschriebenen Hilfen werden auch überall da angewandt, wo der Reiter für bestimmte Augenblicke Gang und Form des Pferdes durch halbe Paraden versammelnd beeinflussen will. Das Kreuz spielt dabei eine besonders wirkungsvolle Rolle. Sache der richtigen Übereinstimmung zwischen treibenden und verhaltenden Einwirkungen ist es, daß die halben Paraden nicht zu einem Stutzen im Gange führen.

Der Reiter darf nicht vergessen, daß eine zu tätigen Einwirkungen übergehende Hand eine um so bestimmtere Betonung der treibenden Hilfen verlangt.

Durch die Versammlung soll die Reinheit des Ganges keine Einbuße erfahren. Dem Pferde ist selbst in der höchsten Versammlung ein gewisser Spielraum zu geben; auch darf es nicht lange in hoher Versammlung geritten werden.

h. Wendungen im Halten.

Wendungen auf der Stelle können auf der Vorhand oder auf der Hinterhand ausgeführt werden. Den Drehpunkt bildet bei der Wendung auf der Vorhand der innere Vorderfuß, bei der Wendung auf der Hinterhand der innere Hinterfuß des Pferdes.

Die Wendung auf der Vorhand ist keine schulgerechte Lektion, weil sie die Hinterhand entlastet und das Pferd auf die Vorhand bringt. Aus diesen Gründen ist sie nicht oft hintereinander zu üben.

Bild 20.

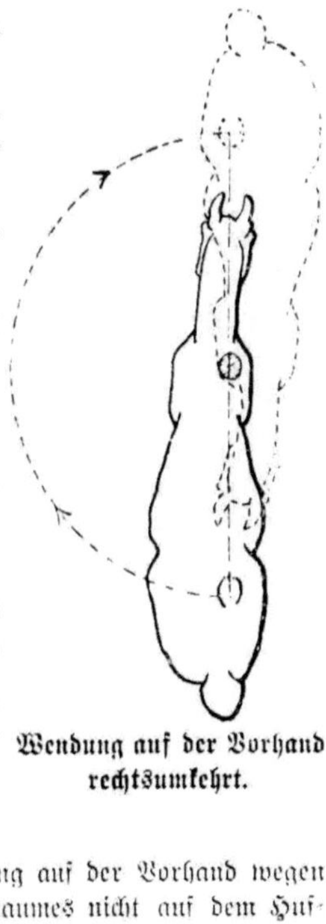

Wendung auf der Vorhand rechtsumkehrt.

Wendungen auf der Vorhand werden im allgemeinen nur bei der ersten Bearbeitung des jungen Pferdes angewandt. Sie dienen außerdem dazu, dem jungen Reiter die Tätigkeit des seitwärts treibenden inneren Schenkels, des inneren Zügels und des äußeren verwahrenden Schenkels und Zügels zu lehren. Auch gewinnt der Reiter in der durch den Hals gegen den übrigen Pferdekörper geschaffenen Hebelwirkung ein natürliches, sicher und schnell wirkendes Mittel zur Bekämpfung des Ungehorsams gegen den wendenden Zügel.

Auf der Vorhand rechts (links) um (umkehrt) — Marsch! (Bild 20.) **Mit entgegengesetzter Kopfstellung auf der Vorhand rechts (links) um — Marsch!***)

*) An der Bande kann die Wendung auf der Vorhand wegen des für Hals und Kopf erforderlichen Raumes nicht auf dem Hufschlag ausgeführt werden.

Der Reiter stellt das Pferd zunächst an die Zügel und nimmt leichte Kopfstellung nach der Seite der Wendung. Der innere Schenkel hinter dem Gurt drückt, wenn nötig unter Mitwirkung des inneren Zügels, alsdann die Hinterhand Tritt für Tritt um die Vorhand herum, bis die Wendung vollendet ist. Jeden Tritt der Hinterhand fängt der äußere, verwahrend hinter dem Gurt liegende Schenkel bestimmt auf, so daß jedesmal eine Pause entsteht und ein Herumeilen der Hinterhand vermieden wird. Während und nach der Wendung sorgen Schenkel und Kreuz dafür, daß das Pferd am Zügel bleibt und nicht zurückkriecht. Ein Vortreten, das in der Regel ein Ausfallen der äußeren Schulter im Gefolge hat, muß durch Gegenwirken des auswendigen Zügels verhindert werden. Ein Zurücktreten ist der geringere Fehler. Nur wenn das rohe Pferd den seitwärts treibenden Schenkel noch nicht kennen gelernt hat oder das gerittene Pferd sich seiner Einwirkung widersetzt, darf der innere Zügel durch stärkeres, seitliches Biegen des Halses unterstützend eingreifen.

Zur Wendung auf der Vorhand mit entgegengesetzter Kopfstellung, z. B. links um! veranlaßt der Reiter durch den hinter dem Gurt liegenden äußeren (linken) Schenkel, unterstützt durch sanfte Anzüge mit dem äußeren (linken) Zügel gegen den linken Hinterfuß das Herumtreten der Hinterhand. Mit dem inneren (rechten) Schenkel fängt er die Hinterhand nach jedem Tritt auf. Damit sich das Pferd nicht auf die äußere (linke) Schulter legt, muß der äußere Zügel gut gegenhalten. Energisches Heranhalten an die Zügel ist hier besonders geboten, damit das Pferd keinesfalls zurücktritt. Diese Wendung wird nur zur Beendigung des Schließens gebraucht.

Zur Wendung auf der Hinterhand (Bild 21) — **Rechts (links) um (umkehrt) — Marsch!** — stellt der Reiter das Pferd zunächst an die Zügel und nach der Seite der

Wendung. Der inwendige Zügel leitet die Wendung ein und führt die Vorhand Tritt für Tritt um die Hinterhand herum. Der inwendige Hinterfuß muß während der Wendung festgestellt werden. Hierzu ist ein Annehmen des auswendigen Zügels in Richtung auf diesen Hinterfuß erforderlich. Der auswendige Hinterfuß wird durch den auswendigen Schenkel am Ausfallen verhindert. Beide Schenkel, vornehmlich der innere, verhindern ein Zurückkriechen des Pferdes während der Wendung. Ein Vortreten ist der geringere Fehler. Die Schwere seines Oberleibs läßt der Reiter mehr auf den inneren Gesäßknochen wirken.

Bild 21.

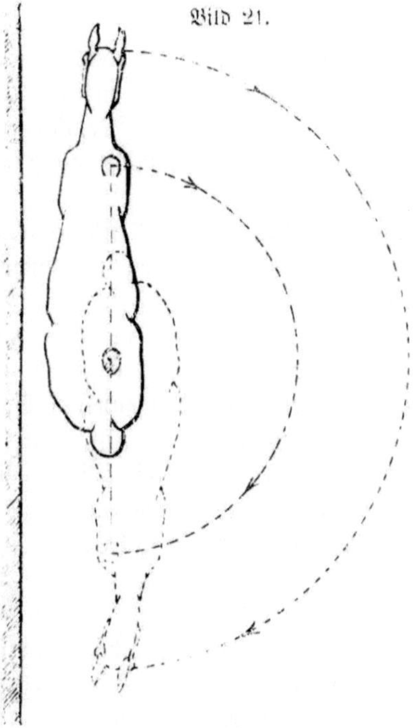

Wendung auf der Hinterhand rechtsumkehrt.

Wird die Kehrtwendung an der Bande gemacht, so muß das Pferd, das während der Wendung etwa um seine Breite von der Bande abgekommen ist, nach Vollendung der Wendung wieder auf den Hufschlag geführt werden.

Nach Ausführung von Wendungen werden die Pferde geradeaus gestellt. Wurde vorher mit Stellung geritten, so wird auf der neuen Hand die dieser entsprechende Stellung von jedem Reiter ohne Kommando angenommen.

i. Wendungen im Gange.

Allgemeines. Genaue und enge Wendungen im Gange kann der Reiter nur dann richtig ausführen, wenn er dem Pferde eine dem Bogen der Wendung entsprechende, gleichmäßig verlaufende Längsbiegung zu geben und dadurch die Hinterhand zu zwingen vermag, in der Wendung genau dem Hufschlage der Vorhand zu folgen. Die engste Wendung, die das Pferd noch auf einem Hufschlage ausführen kann, bildet der Kreisbogen der Volte.

Richtiges Wenden verlangt vom Pferde vermehrtes Stützen der Körperlast durch den inneren Hinterfuß. Nur wenn dieser durch den inneren Schenkel gut zum Untertreten veranlaßt worden ist, wird es dem Pferde möglich, sich unter dem Reiter im Gleichgewicht zu erhalten.

Vor jeder Wendung im Gange versammelt der Reiter das Pferd durch eine halbe Parade und verlegt sein Gewicht ein wenig nach der Seite, wohin er wenden will. Je enger die Wendung und je stärker die Gangart ist, in der gewendet wird, desto höher muß die vor der Wendung durch die halbe Parade erzielte Versammlung des Pferdes sein. In freieren Gängen, in denen sich das Pferd mehr streckt und deshalb weniger biegsam ist, muß der Bogen der Wendung entsprechend größer bemessen werden.

Rechts (links) um — Marsch!

Das Pferd wird nach der Seite der Wendung gestellt. Der innere Zügel führt das Pferd in die Wendung hinein, der innere Schenkel am Gurt treibt den gleichseitigen Hinterfuß vor. Der äußere Zügel regelt durch Gegenhalten die Kopfstellung, bestimmt das Maß der Wendung und verhindert zusammen mit dem zurückgreifenden äußeren Schenkel das Ausfallen des äußeren Hinterfußes. Je mehr es dem Reiter gelingt, während der Wendung den inneren Hinterfuß zum richtigen Stützen zu zwingen und den äußeren Hinterfuß zum Vorschreiten in Richtung zwischen die Vorderfüße zu bestimmen, somit das Ausfallen des äußeren Hinterfußes zu verhindern, um so enger und schneller kann er sein Pferd wenden.

Ist die Vorhand in die beabsichtigte Richtung geführt, so vermindert der Reiter die Wirkung des inneren Zügels, stellt den Kopf des Pferdes mit dem äußeren Zügel wieder geradeaus und führt und erhält es so auf der neuen Linie.

Da fast alle Pferde Schwierigkeiten im Untersetzen und Biegen des rechten Hinterfußes haben, ist ihnen die Rechtswendung unbequemer. Der Reiter muß daher bei der Rechtswendung den inneren Hinterfuß besonders gut heranhalten. Da ferner bei fast allen Pferden die linke Seite weniger biegsam ist, so wird die Linkswendung vielfach nicht mit hohler, sondern mit gewölbter innerer Seite ausgeführt. Deshalb ist in der Linkswendung unter bestimmtem Verwahren des rechten Hinterfußes vermehrt auf die Biegsamkeit und Nachgiebigkeit der linken Seite hinzuwirken.

Bei allen Wendungen ist richtige Gewichtsverteilung geboten. Nur wenn der Reiter die innere Hüfte bei tiefem Knie vorschiebt und die äußere Schulter nicht zurückläßt, wird er in der Lage sein, mit den Zügeln die Vorhand des Pferdes richtig zu führen und ein Ausfallen der Hinterhand zu verhindern. Auf diese Weise wird der Reiter auch den Fehler vermeiden, daß er, in dem Bestreben, sein Gewicht nach innen zu verlegen, mit der inneren Hüfte einknickt und das Gesäß nach außen verschiebt.

Fehlerhaft beim Wenden im Gange ist auf Trense der übermäßige Gebrauch des inneren Zügels, weil er meist ein Ausfallen der Hinterhand im Gefolge hat. Auf Kandare ist der Hauptfehler das Hinüberdrücken der linken Hand nach innen, da hierdurch der äußere Kandarenzügel verkürzt und den Pferden das Eingehen in die Wendung erschwert wird.

Nach Vollendung aller Wendungen werden die Pferde geradeaus gestellt. Wurde vorher mit Stellung geritten, so wird auf der neuen Hand die dieser entsprechende Stellung von jedem Reiter ohne Kommando angenommen.

Durchreiten der Ecken.

Die Wendungen beim Durchreiten der Ecken müssen fließend und ohne jedes Stocken des Ganges ausgeführt werden.

Zum genauen Durchreiten der Ecken (Bild 22) gibt der Reiter drei Schritte vor der Ecke, also vor Beginn der Wendung, dem Pferde eine halbe Parade, vornehmlich mit dem äußeren Zügel, und wirkt mit dem am Gurt liegenden inneren Schenkel so ein, als ob das Pferd geradeaus fortgehen sollte. Gleichzeitig gibt er ihm die Stellung und wendet mit dem inneren Zügel auf dem Kreisbogen einer Volte durch die Ecke. Je nach Dressurgrad, Gangart und Tempo des Pferdes und nach der Geschicklichkeit des Reiters kann der Kreisbogen entsprechend flacher geritten werden. Der äußere Schenkel wird etwas zurückgenommen, um die Hinterhand zu verwahren, während der äußere Zügel etwas nachgibt, aber das Pferd in richtiger Haltung und Stellung erhält und das Ausfallen der Hinterhand verhindert. Mit vermehrtem Eintreten der Weichheit auf den inneren Zügel gibt jedoch der auswendige Zügel nicht mehr nach. Beide Schenkel sorgen für gleichmäßige Fortbewegung, so daß weder durch die halbe Parade, noch durch die Wendung selbst das Tempo verändert wird. Sobald das Pferd drei Schritte nach der Ecke wieder auf die gerade Linie kommt, läßt der Reiter

Bild 22.

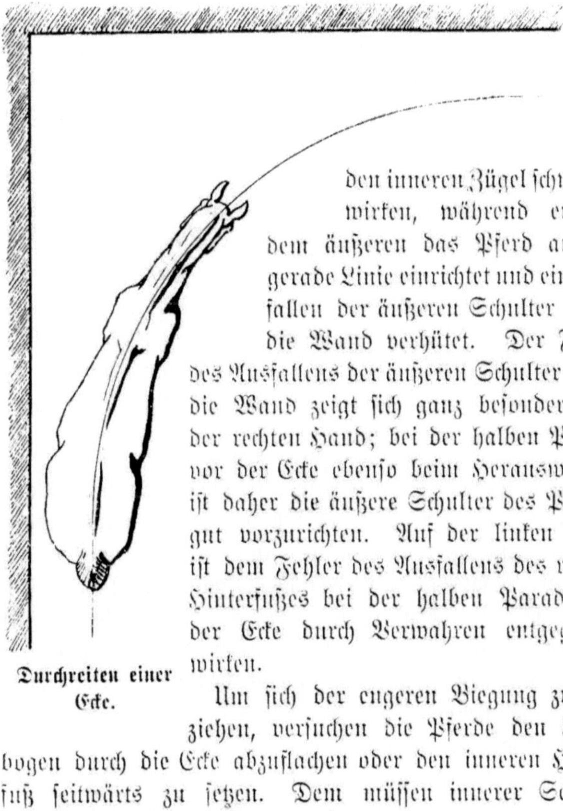

Durchreiten einer Ecke.

den inneren Zügel schwächer wirken, während er mit dem äußeren das Pferd auf die gerade Linie einrichtet und ein Ausfallen der äußeren Schulter gegen die Wand verhütet. Der Fehler des Ausfallens der äußeren Schulter gegen die Wand zeigt sich ganz besonders auf der rechten Hand; bei der halben Parade vor der Ecke ebenso beim Herauswenden ist daher die äußere Schulter des Pferdes gut vorzurichten. Auf der linken Hand ist dem Fehler des Ausfallens des rechten Hinterfußes bei der halben Parade vor der Ecke durch Verwahren entgegenzuwirken.

Um sich der engeren Biegung zu entziehen, versuchen die Pferde den Kreisbogen durch die Ecke abzuflachen oder den inneren Hinterfuß seitwärts zu setzen. Dem müssen innerer Schenkel und äußerer Zügel entgegenwirken.

Will der Reiter ein widerstrebendes Pferd zum genauen Einhalten des geforderten Kreisbogens zwingen, so muß er die Übung zunächst in versammeltem Schritt vornehmen und die Hilfen mehr einzeln aneinander reihen. Viele Reiter begehen hierbei den Fehler, daß sie die Pferde zu tief in die Ecke hineinreiten und dann die Vorhand mit über den Widerrist nach innen gedrückter äußerer

Hand, also mit Konterstellung wieder herauszuwenden versuchen.

Fehlerhaft ist es auch, ein tiefes Hineinreiten in die Ecke mit dem nach außen drückenden inneren Zügel erzwingen zu wollen, da dies ein Ausfallen der äußeren Schulter hervorruft.

Das Durcheilen der Ecken ist meist eine Folge des zu starken Gebrauchs des inneren Zügels. Halbe Paraden mit vorherrschendem äußeren Zügel und Verkürzen des Tempos vor der Ecke sind hier besonders am Platze.

Bei fehlender Bande suchen sich die Pferde häufig der schärferen Biegung während der Wendung dadurch zu entziehen, daß sie vor der Ecke nach außen ausbiegen. Hier müssen die verwahrenden äußeren Hilfen das Pferd auf dem Hufschlage erhalten.

Changieren und Wendungen durch die Bahn.

Bei den Wendungen zum Changieren durch die Bahn ist bei unbedingter Beibehaltung der Stellung nach innen mit tätigem innerem Schenkel und durch Vorwirken des äußeren Zügels darauf zu achten, daß das Pferd nicht, um den Weg abzukürzen, schon aus der Ecke heraus, sondern erst am Changierungspunkt in die Wendung eingeht. Nach dem Abwenden ist eine bestimmt vorschiebende Einwirkung geboten, um das Pferd gerade auf die Changierungslinie einzurichten.

Der Neigung des Pferdes, den Bogen der Wendung entweder nach innen abzuflachen oder ihn bei fehlender Bande nach außen auszubuchten, muß der Reiter auch bei allen Wendungen durch die Bahn, vom Hufschlage ab und nach dem Hufschlage zu, mit entsprechenden Hilfen entgegenwirken. Dasselbe gilt beim Übergang auf den Hufschlag nach dem Abreiten zu Einem.

Reiten auf dem Zirkel.

Durch das Reiten auf dem Zirkel wird der innere Hinterfuß des Pferdes vermehrt zum Stützen der Körperlast gezwungen, mithin auch in höherem Maße als auf gerader Linie gebogen. Es bereitet somit das Pferd zu den Wendungen, dem Galopp und zu den Seitengängen vor.

Genaues Reiten auf dem Zirkel verlangt fortgesetztes Wenden des Pferdes, dem eine der Kreislinie des Zirkels entsprechende Längsbiegung zu geben ist. Hierbei ist es besonders wichtig, den Hals an den Schultern festzustellen. Der innere Hinterfuß des Pferdes soll bei richtiger Biegung auf dem Zirkel im Schritt und Trabe in die Spur des gleichseitigen Vorderfußes treten, der äußere Hinterfuß muß auf dem Hufschlage des äußeren Vorderfußes gehen.

Beim Übergang auf den Zirkel gibt der Reiter dem Pferde eine halbe Parade und verlegt sein Gewicht etwas nach innen. Der nahe am Gurt befindliche innere Schenkel treibt den gleichseitigen Hinterfuß vor, der innere Zügel stellt das Pferd und wendet es am Paradepunkt auf die Zirkellinie. Der äußere Schenkel hinter dem Gurt verhindert ein Ausfallen der Hinterhand. Der äußere Zügel unterstützt den äußeren Schenkel und regelt die Stellung.

Biegt sich ein Pferd mit Kopf und Hals auf den stellenden Zügel zu viel, so daß es nach außen drängt und den Zirkel erweitert, also mit der Schulter ausfällt, so muß der äußere Zügel bei tiefgestellter Hand die seitliche Biegung einschränken, während der äußere Schenkel, mehr am Gurt angelegt, den gleichseitigen Hinterfuß zu vermehrtem Vortritt anzuregen hat.

Versagt hingegen ein Pferd die Biegung und tritt auf die Einwirkung des inneren Schenkels mit dem gleichseitigen Hinterfuß nicht in Richtung des inneren, sondern des äußeren Vorderfußes, so daß es mit der Schulter nach innen drängt und somit auch mit der Hinterhand etwas ausfällt, so muß der innere Schenkel durch regere Tätigkeit am Gurt den inneren Hinterfuß zu vermehrtem Vortritt nach innen veranlassen, während die innere tiefer gehaltene Hand eine stärkere Kopfstellung zu fordern hat. Der äußere Zügel hat zusammen mit dem zurückgenommenen äußeren Schenkel das Ausfallen der Hinterhand zu verhindern.

Als Vorübung zu engeren Wendungen dient die Lektion „Zirkel verkleinern" (Bild 23). Auch zwingt der Reiter dadurch das Pferd, in erhöhtem Grade die verengernden Hilfen zu beachten. Unter vermehrter Gewichtsverlegung nach innen führt er das Pferd mit dem inneren Zügel, unterstützt durch den äußeren Schenkel, von außen her seitwärts nach dem Mittelpunkte des Zirkels (traversartige Hilfen). Die Reiter erreichen dabei nicht nacheinander

Bild 23.

Zirkel verkleinern.

auf einer sich allmählich verengernden Kreislinie den kleineren Zirkel, sondern sie nehmen jeder für sich Vorhand und Hinterhand gleichzeitig mit nach innen; die Vorhand muß dabei stets der Hinterhand etwas vorausgerichtet bleiben. Mit der dem kleineren Zirkel entsprechenden Verstärkung der Biegung steigert der Reiter auch gleichzeitig die Versammlung des Pferdes. Es darf nie lange auf dem verkleinerten Zirkel geblieben werden, vielmehr muß ein angemessener Wechsel zwischen dem Verkleinern und Vergrößern des Zirkels stattfinden. Weicht das Pferd mit der Schulter nach außen aus und stellt die Kruppe nach innen, so müssen äußerer Zügel und innerer Schenkel vermehrt angewandt werden.

Gelangt die Abteilung durch Verkleinern des Zirkels

Bild 21.

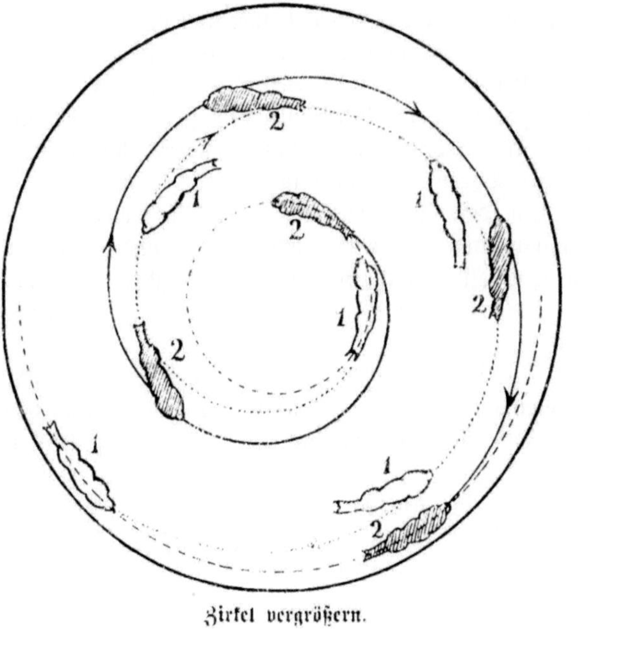

Zirkel vergrößern.

auf einen Schritt Abstand, so müssen die Reiter, um das Stutzen der Pferde im Gange zu vermeiden, nach der äußeren Hüfte des Vorderpferdes zu reiten, ohne die Stellung und Biegung der inneren Seite aufzugeben.

Beim „Zirkel vergrößern" (Bild 24) erweitern äußerer Zügel und innerer Schenkel allmählich den Bogen des verengerten Zirkels und bringen das Pferd vermehrt an die äußeren Hilfen heran (schulterhereinartige Hilfen). Fehlerhaft ist es, wenn der Reiter zum Vergrößern des Zirkels mit dem inneren Zügel über den Widerrist des Pferdes nach außen drückt.

Beim Changieren aus dem Zirkel sind, wenn nicht beim gleichzeitigen Reiten auf zwei Zirkeln die Reiter sich ausweichen müssen, die Bogen vor und nach dem Paradepunkt der offenen Seite genau mit dem äußeren Zügel und inneren Schenkel auszureiten.

Beim Changieren durch den Zirkel ist darauf zu halten, daß der erste Bogen nicht zu groß bemessen wird, damit der Mittelpunkt des Zirkels auch wirklich durchritten werden kann und genügend Raum für den zweiten Bogen vorhanden ist.

In dem sich fortwährend erneuernden Wechsel und Zusammenwirken von biegenden inneren und verwahrenden äußeren Hilfen und Gewichtshilfen liegt für den Reiter das Lehrreiche eines richtigen Reitens auf dem Zirkel.

Volten. Kehrtwendungen. Schlangenlinien. Acht.

Die Volten haben den Zweck, das Pferd in engeren Wendungen bei richtiger Biegung zu üben. Das Reiten der Volte stellt mit Rücksicht auf die Enge des Kreises und die diesem entsprechende höchste Längsbiegung des Pferdes gesteigerte Anforderungen an die Einwirkungen des Reiters.

Die Hilfen zur Ausführung der Volte sind dieselben wie bei den Wendungen und beim Reiten auf dem Zirkel.

Der Reiter steigert die Versammlung seines Pferdes durch eine halbe Parade wie zur Wendung und führt es alsdann unter Verlegung seines Körpergewichts nach innen mit dem inneren Zügel auf den Kreisbogen der Volte. Der innere Schenkel am Gurt holt den gleichseitigen Hinterfuß entsprechend vor, während der äußere Zügel und äußere Schenkel die Hinterhand verwahren.

Zur Vervollkommnung der Volten ist es vorteilhaft, an der gleichen Stelle mehrere Volten hintereinander zu reiten.

In dem Bestreben, die Volten nicht zu groß zu reiten, gebrauchen die Reiter häufig den inneren Zügel zu viel und werfen damit die Hinterhand nach außen. Dieses fehlerhafte enge Wenden führt auch dazu, daß die Reiter mit dem Oberkörper in die Wendung vorausgehen und damit ihre Hilfen nicht mehr richtig wirken lassen.

Bei Pferden, die sich steifen und die Kruppe in die Wendung stellen, müssen äußerer Zügel und innerer Schenkel vermehrt gebraucht und die innere Hand tiefer gestellt werden.

Das häufig zu beobachtende Eilen in die Volte hat meist seine Ursache in dem vorherrschenden Gebrauch des inneren Zügels, weil hierdurch die Hinterhand nach außen geworfen wird. Durch die außerhalb des Hufschlages der Vorderbeine fußenden Hinterbeine wird das Pferd nicht mehr genügend unterstützt. Durch Verringern der Stellung und halbe Paraden mit dem äußeren Zügel wird der Reiter diesen Fehler vermeiden.

In der ersten Hälfte der Kehrtwendung gelten dieselben Hilfen wie bei der Volte. Hat das Pferd den ersten Halbkreis der Volte vollendet, so führt es der Reiter in schräger Richtung auf den Punkt des Hufschlages, wo die Kehrtwendung zu beenden ist.

Bei den Schlangenlinien, die dem Reiter ein

gutes Mittel bieten, das Pferd zum Gehorsam auf seine wendenden Einwirkungen zu erziehen, müssen vornehmlich die Gewichtshilfen den Antrieb zur Richtungsveränderung geben. Weiches Umsitzen und weicher Wechsel der inneren und äußeren Hilfen müssen, wenn mit Stellungswechsel geritten wird, dafür sorgen, daß die Hufschlagslinie stets bogenförmig verläuft und keine Ecken aufweist, die ein Stutzen im Gange herbeiführen. Dauerndes Geraderichten des Pferdes ist auch hier geboten.

Das Reiten der Acht geschieht in ähnlicher Weise wie das Changieren durch den Zirkel. Hier ist es der Bogen vor und nach dem Berührungspunkt der beiden Kreise, bei dem das Zusammenwirken des äußeren Zügels und inneren Schenkels besonders zum Ausdruck kommen muß. Der Stellungswechsel am Berührungspunkt soll sich in geschmeidiger Weise vollziehen. In dem häufigen Wechsel der Biegung liegt für Reiter und Pferd eine vortreffliche Belehrung.

Kurzkehrtwendungen.

Kurz Kehrt — Marsch!

Die Kurzkehrtwendung ist eine Kehrtwendung auf der Hinterhand während der Bewegung. Sie wird nur aus versammelten Gängen ausgeführt. Das Pferd soll sich dabei in der bisherigen Gangart in einigen Tritten oder Galoppsprüngen bei leicht erhobener Vorhand auf dem inneren Hinterfuß herumdrehen. Nach Beendigung der Wendung wird in der früheren Gangart weitergeritten. Eine vollendete Ausführung wird nur von wenigen Reitern gefordert werden können.

Der Reiter gibt erst auf: Marsch! dem Pferde mit dem äußeren Zügel in der Richtung auf den inneren Hinterfuß eine entschiedene Parade. Die Parade darf nur ein Aufhalten im Gange zur Feststellung des inneren Hinterfußes und damit erhöhte Versammlung, aber nicht ein vollkommenes Stillstehen hervorrufen. Die Unterbrechung der Vorwärtsbewegung und das Herumführen des Pferdes in die Wendung müssen sich deshalb unmittelbar aneinander anschließen. Durch eine längere Pause nach der Parade würde der Reiter die erlangte Versammlung wieder aufgeben. Die Vorhand wird um die Hinterhand herumgeführt, wobei der inwendige Schenkel den inwendigen Hinterfuß am Zurücktreten verhindern muß.

Da das Pferd die Wendung um den inneren Hinterfuß ausführt, ist es nach der Wendung etwa um seine eigene Breite vom bisherigen Hufschlage entfernt und muß deshalb in der Vorwärtsbewegung wieder auf den Hufschlag geführt werden. Dort angelangt, wechselt der Reiter den Sitz, stellt das Pferd um und reitet in der bisherigen Gangart weiter. Soll die Wendung ohne Wechsel ausgeführt werden, so geschieht dies auf: **Ohne Wechsel kurz Kehrt — Marsch!** Je stärker das Tempo vor Ausführung der Kurzkehrtwendung ist, desto mehr muß dem Reiter durch Dehnung des Ankündigungskommandos Zeit zur nötigen Versammlung gewährt werden.

Zur Vorübung begnügt man sich mit einer traversartig gerittenen, allmählich zu verengernden Kehrtwendung. Pferde, die die Hinterhand nicht gern unterschieben, versammelt man auf der Stelle, um die Hinterfüße mehr zu biegen. In dem Augenblick, in dem die Hinterbeine gut untergeschoben sind, hält der Reiter die Hinterfüße fest und führt dann die Wendung aus.

In dem Bestreben die Wendung rasch auszuführen, verfallen die Reiter vielfach in den Fehler, zu viel mit dem inneren Zügel zu ziehen und werfen dadurch die Hinterhand des Pferdes aus der Wendung.

Da im Einzelgefecht vom Soldatenpferde auch schnellste Wendungen gefordert werden, so ist auch eine Kurzkehrtwendung, die möglichst in einem Schwunge ausgeführt wird, zu üben. Nicht alle Pferde werden sie ausführen können. Die Anforderung muß sich nach dem Gebäude und dem Ausbildungsgrade richten.

k. Galopp. Voller Lauf.

Kommandos:

Zum Entwickeln des Mittelgalopps, des Arbeitsgalopps und des abgekürzten Galopps: **Eskadron Mittelgalopp***) **(im Arbeitstempo Galopp, im abgekürzten Tempo Galopp) — Marsch!**

Zum Übergang aus dem abgekürzten Tempo in das Arbeitstempo und aus beiden in den Mittelgalopp: **Arbeitsgalopp! Mittelgalopp!**

Zum Übergang aus dem Mittelgalopp in den Arbeitsgalopp und den abgekürzten Galopp: **Im Arbeitstempo! Im abgekürzten Tempo!**

Zum Übergang aus dem Mittelgalopp in einen freieren Sprung: **Zulegen!**, umgekehrt: **Mittelgalopp!**

Der Galopp wird durch eine Reihenfolge von sprungartigen Bewegungen gebildet, wobei die Füße einer Seite weiter vorgreifen als die der anderen. Diejenige Seite des Pferdes, deren Füße vorgreifen, ist die innere. Der Reiter muß also in der Bahn, ausgenommen im Kontergalopp, den der Hand entsprechenden Galopp reiten. Ob das Pferd richtig oder falsch galoppiert, ob es also mit den inneren oder äußeren Füßen vorgreift, fühlt der Reiter besonders in den Ecken. Greifen die dem Innern der Bahn zugekehrten Füße vor, so bleibt das Gefühl unter dem Gesäß weich, der Reiter behält seine natürliche Neigung nach innen. Greifen die nach außen gekehrten Füße vor, ohne daß, wie im Kontergalopp, dem Pferde die entsprechende Biegung abverlangt ist, so bekommt der Reiter Stöße unter

*) Das Kommando: Eskadron Galopp — Marsch! gilt nur für den Exerziergalopp.

das Gesäß und sitzt unbequem. In erhöhtem Maße ist dies der Fall, wenn das Pferd über Kreuz galoppiert.

Im vollen Lauf wird die Schnelligkeit des Galopps bis zur Aufbietung aller Kräfte gesteigert. Er wird nur auf geraden Linien auf Exerzierplätzen geübt.

Zum Angaloppieren muß der Reiter das Pferd durch versammelnde Hilfen unter gleichzeitigem Stellen nach innen vorbereiten. Hilfen zum Angaloppieren.

Der äußere Schenkel bleibt hinter dem Gurt verwahrend am Pferdeleib. Der äußere Zügel beschränkt durch eine halbe Parade den Vortritt des äußeren Hinterfußes. Der innere Schenkel am Gurt fordert den gleichseitigen Hinterfuß zu vermehrtem Vortreten auf. Hierdurch wird die bisherige Fußsetzung geändert, das Pferd zum Angaloppieren veranlaßt. Der innere Zügel erhält die Kopfstellung. Das Gewicht des Reiters ruht vermehrt auf dem inneren Gesäßknochen. Es ist streng darauf zu achten, daß das Pferd zum Angaloppieren nicht auf zwei Hufschläge gestellt wird.

Sobald das Pferd sich hebt, hat der Reiter mit leicht nachgebender Hand den Galoppsprung herauszulassen und durch vortreibende Hilfen die Sprungbewegung in Fluß zu bringen. Er muß das Pferd dazu erziehen, daß es auf immer feinere, schließlich fast zeichenartige Hilfen angaloppiert. Je ruhiger und weicher das Angaloppieren vor sich geht, desto ruhiger und weicher bleibt das Pferd auch im weiteren Galopp.

Galoppiert ein Pferd falsch an, so muß es der Reiter durchparieren, gerade richten und erst dann in der richtigen Stellung wieder angaloppieren. Häufig wird der Fehler gemacht, daß die Parade nicht vollständig durchgeführt, und daß das Pferd von neuem angaloppiert wird, ehe die richtige Stellung gewonnen war. Auch ein Hineinwerfen in den richtigen Galopp durch Verstellen des Pferdes nach außen oder durch grobe Gewichtshilfen des Reiters ist fehlerhaft. Es ist für das Pferd lehrreich, wenn der Reiter einige Tritte Trab oder Schritt einlegt, bevor er den Galopp wieder entwickelt.

Der Reiter vermag das Pferd nur dann mit Ruhe und Sicherheit in den Galopp zu setzen, wenn es sich bei regelrechter Stellung in der nötigen Versammlung befindet. Er muß daher Pferde, die sich durch Verstärken des Trabtempos dem Galopp zu entziehen suchen, oder die stets falsch anspringen, zunächst in bessere Versammlung bringen. Damit das Pferd keine Zeit findet, sich der gewonnenen Haltung wieder zu entziehen, müssen die Schenkelhilfen überraschend und kräftiger gegeben werden. Auch kann sich der Reiter vorübergehend solcher Lektionen bedienen, die den Vortritt der inneren Füße erleichtern. Als beste Mittel eignen sich hierzu eine scharfe Wendung, eine Volte, ausnahmsweise sogar eine leichte Traversstellung.

Einwirkungen während des Galopps.

Während des Galopps sind stiller Sitz und richtige Einwirkungen von Bedeutung nicht nur für die Ruhe, Gleichmäßigkeit und Weichheit des Ganges, sondern auch für die Ausdauer des Pferdes im Galoppieren.

Vor allem muß der Reiter mit vorgeschobenem Gesäß schmiegsam den Bewegungen des Pferdes folgen. Dazu ist ein Sitz mit tiefem innerem Knie, tiefer innerer Hacke und vorgerichteter innerer Hüfte erforderlich, so daß das Gewicht des Reiters mehr den inneren Hinterfuß zu belasten vermag. Nur bei solchem Sitz werden die Hilfen richtig wirken. Das Bestreben nach innen zu sitzen, darf aber nicht zum Einknicken in der inneren Hüfte und damit zu einem Verschieben des Gesäßes nach außen führen.

Das Gesäß darf sich nicht vom Sattel entfernen und

muß, wenn es durch die Bewegung zurückgeschoben worden sein sollte, immer wieder gegen den Vorderzwiesel vorgleiten. Knie- und Fußgelenke müssen ihre federnde Weichheit beibehalten. Reiter mit starrem Oberkörper, mit steifen Knie- und Fußgelenken, werden bei jedem Galoppsprung in die Höhe geschlendert und fallen stoßend in den Sattel zurück. Mit solchem klappenden und fliegenden Gesäß ist meist auch eine harte, hämmernde Hand verbunden. Beides stört die Durchlässigkeit und die Rückentätigkeit des Pferdes, die für dessen Ausdauer im Galoppieren von besonderer Bedeutung ist.

Der Oberkörper des Reiters muß in der Senkrechten bleiben. Reiter, die den Oberkörper hintenüberneigen, hängen meist in den Zügeln, gehen mit der Bewegung nicht genügend mit und erschweren dem Pferde das Galoppieren. Das gute Mitnehmen der äußeren Schulter ist zu beachten.

Die für das Angaloppieren vorgeschriebenen Hilfen werden während des Galopps nach Bedarf erneuert. Die Galoppsprünge müssen schwungvoll sein und sind durch halbe Paraden mit dem äußeren Zügel und durch Vortreiben des inneren Hinterfußes gleichmäßig zu gestalten. Die innere Hand bleibt in weicher Fühlung mit dem Pferdemaul und erhält die Kopfstellung.

Die Galoppbewegung wird nur dann weich, ruhig und raumgreifend sein, wenn das Pferd geradegerichtet bleibt und sich in der seinem Gebäude entsprechenden Aufrichtung und Beizäumung selbst trägt.

Stellt das Pferd die Hinterhand nach innen, wodurch es sich der regelrechten Belastung der Hinterhand entzieht, so muß der Reiter die Vorhand auf die Hinterhand einrichten, meist auch ein freieres Tempo reiten. Da vermehrtes Vorgreifen des äußeren Hinterfußes auch weiteres Untersetzen des inneren Hinterfußes zur Folge hat, somit das Geraderichten des Pferdes erleichtert, muß der Reiter mit dem äußeren Schenkel mehr am Gurt vortreiben, als hinter dem Gurt verwahren. Das Hereinstellen der Hinterhand ist fast immer die Folge zu starker Stellung nach innen, wie auch einer vorherrschend mit den Händen herbeigeführten Verkürzung des Tempos.

Pferde, die im Galopp mit gespanntem Rücken und hoher Hinterhand auf der Vorhand gehen, sind in einem freieren Tempo zu galoppieren. Sind solche Pferde überbaut, so müssen sie erst durch versammelnde Trabarbeit in eine höhere Halsstellung gebracht und dann im Galopp allmählich auf die Hinterhand gesetzt werden.

Legt sich ein Pferd stark auf die Hand, so müssen die Hinterfüße allmählich zu vermehrtem Aufnehmen der Last herangeholt, das Pferd durch halbe Paraden vom Zügel gelöst und zu höherem Tragen von Hals und Kopf veranlaßt werden.

Galoppiert hingegen ein Pferd zu aufgerichtet oder schleppend, indem es die Hinterbeine nicht genügend unterschiebt und den Rücken durchbiegt, so muß der Reiter durch tiefere Stellung von Kopf und Hals und durch ein lebhafteres Tempo das Pferd zu vermehrter Rückentätigkeit anregen. Gelingt dies nicht, so muß der Galopp unterbrochen und die Haltung des Pferdes verbessert werden.

Stürmt ein Pferd auf gerader Linie fort, so geht der Reiter auf den Zirkel und strebt, soweit es die Wendigkeit des Pferdes gestattet, eine Verkleinerung des Zirkels an. Um ein Ausfallen der Hinterhand und damit ein Ausgleiten des Pferdes zu verhindern, ist der vorherrschende Gebrauch des äußeren Zügels geboten.

Häufiges Abchangieren ist meist die Folge unruhigen Sitzes oder fehlerhafter Aufrichtung, die dem Pferde den Rücken durchbiegt und das Untersetzen des inneren Hinterfußes verhindert. Durch freieres Tempo und entsprechendes Tieferstellen von Hals und Kopf, zunächst im Trabe, wird dieser Fehler abgestellt. Dem Abchangieren infolge von Temperamentsfehlern ist nur durch ruhigen Sitz vorzubeugen.

Beim Wenden im Galopp wird häufig der Fehler gemacht, daß die Hinterhand durch starkes Ziehen am inneren Zügel nach außen geworfen und so das Pferd zum Abchangieren gebracht wird. Die für die Wendungen im Gange geltenden Grundsätze sind beim Galopp besonders zu beachten.

Zum Verkürzen des Galopps muß der Reiter die Sprünge allmählich einfangen, nicht aber das Pferd plötzlich verhalten wollen. Das im Abschnitt über Versammeln im Gange beschriebene Ineinandergreifen der treibenden und versammelnden Hilfen findet auch hier statt. Der Galoppsprung wird dadurch verkürzt, daß der durch die Schenkel vermehrt untergeschobenen Hinterhand durch halbe Paraden besonders mit dem äußeren Zügel mehr Last zugeschoben wird. Die Paraden und das Nachgeben erfolgen im Takt der Sprünge. Hat das Pferd Selbsthaltung gewonnen, so wirken die Hände mehr passiv. Die Schenkel sollen die Hinterbeine zu jedem Galoppsprunge erneut anregen. Zeigt das Pferd Neigung, in der Erhabenheit des Sprunges nachzulassen, so wirken die Schenkel kräftiger. Auch im abgekürzten Galopp soll sich ein kräftiger Abschub der Hinterbeine unter dem Gesäß des Reiters fühlbar machen.

Kommt das Pferd unter dem Einflusse vorherrschend verhaltender Hilfen zu einem schwunglosen Galopp hinter dem Zügel, so muß der Reiter durch kräftiger vortreibende Schenkelhilfen ein freieres Tempo anstreben.

Das Verstärken des Galopps muß weich und fließend geschehen; die vortreibenden Hilfen dürfen nicht plötzlich einsetzen. Je stärker das Tempo, um so besser muß der Reiter in senkrechtem Sitz mitgehen. Ebenso muß er dauernd bestrebt sein, das Pferd, trotz bestimmterer Anlehnung an das Gebiß und geringerer Versammlung, durchlässig zu erhalten. Von Zeit zu Zeit wiederholte halbe Paraden sind die Mittel dazu. Das Pferd soll nicht kurze, sich rasch folgende, sondern lange, möglichst weitgreifende Sprünge machen.

Um beim vollen Lauf die Herrschaft über das Pferd zu behalten, muß der Reiter trotz der stärkeren Anlehnung stets einen gewissen Grad von Durchlässigkeit erhalten. Je mehr ein Pferd die Hinterhand biegen gelernt hat, desto durchlässiger wird es auch in dieser schnellsten Gangart sein. Der Reiter muß das Pferd geradeausstellen und mit beiden Schenkeln am Gurt vortreiben. Die Hilfen müssen je nach Temperament und Empfindlichkeit des Pferdes bemessen werden. Fester Knieschluß und leichtes Vorneigen des Reiters zum besseren Mitgehen mit der Bewegung sind geboten.

Soll im Galopp Fußwechsel vorgenommen werden, so pariert der Reiter das Pferd unter Verringerung der Kopfstellung zunächst zu einem versammelten Schritt. Damit es den Galoppsprung mit Beibehalt der bisherigen Fußsetzung beenden kann, muß der innere Schenkel den gleichseitigen Hinterfuß vermehrt unterschieben. Alsdann wechselt der Reiter seinen Sitz sowie die Stellung des Pferdes und entwickelt den neuen Galopp. Je rittiger das Pferd ist, um so schneller kann der neue Galopp der Parade folgen.

Der zum Fußwechsel im Galopp erforderlichen Parade muß grundsätzlich ein Geraderichten des Pferdes vorangehen. Durch diese Parade wird die bisherige Fußsetzung aufgehoben; der Reiter bekommt den inwendigen Hinterfuß vermehrt in seine Gewalt, so daß es ihm leichter wird, ihn als neuen äußeren Hinterfuß festzuhalten.

Soll Fußwechsel als besondere Übung ausgeführt werden, so lautet das Kommando: **Changiert!**

1. Rückwärtsrichten. Bild 25.

Eskadron rückwärts richt Euch — Marsch! Halt! (Vorwärts — Marsch!)

Das Rückwärtsrichten fördert die Versammlung des Pferdes, biegt die Hinterhand, verbessert Haltung und Durchlässigkeit, dient aber auch als Strafe. Ferner zeigt es dem Reiter, wie der Zügelanzug durch das Pferd auf den Hinterfuß wirken soll.

Zum Rückwärtsrichten spannt der Reiter das Kreuz an, versammelt das Pferd in guter Haltung und richtet es gerade. Alsdann veranlaßt er es durch gerade auf die Hinterfüße wirkende Zügelanzüge, einen Fuß nach dem anderen mit möglichst gleichmäßigen, ruhigen Tritten in gerader Richtung zurückzustellen. Die Schenkel liegen währenddessen nur verwahrend am Pferdeleib, um zu verhindern, daß das Pferd mit der Hinterhand aus-

Bild 25.

Rückwärtsrichten.

fällt oder ausweicht und sich vom Zügel losmacht. Jedes stärkere Einwirken mit den Schenkeln würde das Pferd vortreiben und vermehrte Zügelwirkung erfordern. Das in guter Haltung befindliche, auf den vier Beinen gerade und am Zügel stehende Pferd wird auf die vorbeschriebenen Hilfen die Rückwärtsbewegung stets mit einem Vorderfuße beginnen. Das Pferd ist geradeaus gestellt; Steifen oder Ausfallen eines Hinterfußes kann jedoch eine Kopfstellung nach der betreffenden Seite bedingen. Das Rückwärtsrichten ohne Unterbrechung darf, wenn es nicht als Strafe dienen soll, nur auf höchstens sechs Schritte ausgeführt werden. Jedes gewalttätige Einwirken gefährdet die Gelenke der Hinterbeine.

Soll aus dem Rückwärtsrichten gehalten werden, so hören die annehmenden Zügelhilfen auf, während die bis jetzt verwahrenden Schenkel nunmehr so viel vortreiben, daß das Pferd am Zurückstellen der Hinterfüße verhindert und, wenn nötig, zum Vorsetzen der Vorderfüße veranlaßt wird. Soll aus dem Rückwärtsrichten, ohne zu halten, vorwärts geritten werden, so setzen die vortreibenden Hilfen so ein, daß das Pferd nicht zum Stehen kommt. Bei dem auf das Rückwärtsrichten folgenden Vorwärtsreiten muß der Reiter danach streben, die durch das Rückwärtsrichten erreichte Versammlung beizubehalten.

Folgt dem Eindrehen der Handgelenke zum Zügelanzuge nicht die gewünschte Rückwärtsbewegung, so sind die Zügel entsprechend zu verkürzen. Sucht sich das Pferd der Wirkung der Zügel durch Seitwärtssetzen des einen oder anderen Fußes zu entziehen, so muß der Reiter durch vermehrtes Annehmen des gleichseitigen Zügels gegen den ausweichenden Hinterfuß die Hinterhand wieder auf die gerade Linie einrichten. Bei stärkerem Abweichen von der Geraden wird deshalb eine breitere Führung geboten sein.

Das Verweigern des Zurücktretens ist entweder in

fehlerhafter Hals- und Kopfstellung begründet, die die Einwirkung der Zügelanzüge auf die Hinterbeine ausschaltet, oder es wird durch Rückwärtsstemmen der Hinterbeine oder durch beides veranlaßt. Läßt das Pferd dabei keinen Anzug mehr durch, so muß weiteren Versuchen zum Rückwärtsrichten ein richtiges Formen des Halses im Gange durch vortreibende Hilfen vorausgehen.

Widersetzt sich das Pferd dem Zügelanzuge durch Gegenstemmen der hinausgestellten Hinterbeine, so wendet der Reiter so lange versammelnde, vortreibende Hilfen an, bis das Pferd einen Hinterfuß so untersetzt, daß das Schienbein mindestens senkrecht steht und der Reiter den Pferdekörper durch vorherrschenden Anzug des gleichseitigen Zügels über die Hinterbeine nach rückwärts schieben kann. Gelingt dies dem Reiter nicht, so kann ihn der Reitlehrer dadurch unterstützen, daß er mit der einen Hand die Zügel ergreift und mit der anderen das Pferd mit einer Gerte so lange dicht hinter dem Gurt unter den Bauch klopft, bis es das eine oder andere Hinterbein weiter vorstellt und den Widerstand aufgibt. Da jede Belastung des Pferderückens das Heben und Zurücksetzen der Hinterfüße erschwert, so darf der Reiter bei Verweigerung des Rückwärtsrichtens nicht zu stark einsitzen, sondern muß seinen Oberkörper leicht vorneigen und nur das Kreuz anspannen. Ein Hintenüberlegen des Oberkörpers zur Verstärkung der Zügelanzüge ist falsch, da es dem Pferde das Zurücktreten erschwert. Das Rückwärtsrichten darf niemals mit zu hoher Halsstellung vorgenommen werden, weil jede Aufrichtung die Hinterfüße mehr belastet und ihr Heben erschwert.

Ein weiteres Mittel, ein Pferd, das die Hinterbeine hinausstemmt, zum Rückwärtsrichten zu bewegen, ist die Wendung auf der Vorhand. Der Reiter gibt die Zügelhilfen zum Rückwärtsrichten, wenn einer der Hinterfüße unter den Leib vortritt.

Das Rückwärtsrichten ist nur dann gut ausgeführt, wenn das Pferd dabei in voller Durchlässigkeit am Zügel zurücktritt.

Als Strafe wird das Rückwärtsrichten angewendet bei Pferden, die sich stark auf die Hand legen oder sich der Zügelwirkung durch Wegbrechen entziehen.

m. Reiten in Konterstellung im Schritt und im Trabe.

In der Konterstellung ist das Pferd nach der äußeren Seite der Bahn gestellt und muß infolgedessen gegen seine Stellung wenden (Bild 26).

Der Zweck dieser Lektion ist, die Aufmerksamkeit und Folgsamkeit des Pferdes auf die äußeren Hilfen zu erhöhen und dadurch sowohl das Reiten in Stellung zu befestigen, als auch das Pferd zum Renvers vorzubereiten.

Bild 26.

Konterstellung.

Vorübergehendes Annehmen der Konterstellung setzt den Reiter in den Stand, einem Ausfallen der bisherigen äußeren Schulter zu begegnen. Es bietet dem Reiter mithin auch ein gutes Mittel, seitwärts drängende Pferde am Abweichen von der vom Reiter gewünschten Richtung zu verhindern.

Sitz und Hilfen sind, ausgenommen beim Durchreiten der Ecken und sonstigen Wendungen, dieselben wie beim Reiten in Stellung. Die äußeren Füße bewegen sich in der Wendung auf einem kleineren Kreisbogen als die inneren; der innere mehr belastete Hinterfuß hat also den größeren Weg zurückzulegen. Der Reiter muß daher mit dem führenden äußeren Zügel den Vortritt der äußeren Füße beschränken. Um dadurch die Gleichmäßigkeit des Ganges nicht zu schädigen, ist der mehr belastete innere Hinterfuß durch Verringern der Stellung und durch den tätigen inneren Schenkel zu weitem Vortritt zu veranlassen.

Die Reiter verfallen meist in den Fehler, zu starke Biegung zu fordern und bringen dadurch die äußere Schulter des Pferdes zum Ausfallen; auch werden die Wendungen häufig zu eng geritten.

n. Reiten auf zwei Hufschlägen.

Während bei den Lektionen auf einem Hufschlage die Hinterfüße der Spur der Vorderfüße folgen, ist das Pferd beim Reiten auf zwei Hufschlägen durch seine zur Bewegungsrichtung schräge Stellung gezwungen, mit seinen Vorder- und Hinterbeinen auf zwei gleichlaufenden Linien zu gehen. Je weiter diese Linien voneinander entfernt sind, desto mehr ist das Pferd genötigt mit den inneren Füßen vorwärts und seitwärts der äußeren oder umgekehrt zu treten. Die Vorhand muß dabei der Hinterhand so viel vorausgehen, daß die natürliche und gleichmäßige Fußfolge nicht gestört wird. Der Gang wird sonst unsicher und die Beine sind leicht Beschädigungen ausgesetzt.

Auf Kandare sind alle Lektionen auf zwei Hufschlägen nur mit angefaßter Trense zu reiten.

Die Pferde dem rechten (linken) Schenkel weichen lassen! Geradeaus! Schenkelweichen.

Das Schenkelweichen lehrt den Reiter den Gebrauch der einseitigen Schenkel- und Zügelhilfen und bereitet ihn so für das Reiten der Seitengänge vor. Es bahnt auch in dem jungen Pferde das Verständnis und damit den Gehorsam auf die bei den Seitengängen zur Anwendung kommenden Hilfen an.

Als eine die Tätigkeit der Hinterhand fördernde

Übung im Sinne der Reitkunst ist das Schenkelweichen nicht zu betrachten. Es ist aber ein zwingendes Mittel zur Erzielung des Gehorsams auf die inneren Hilfen.

Bild 27.

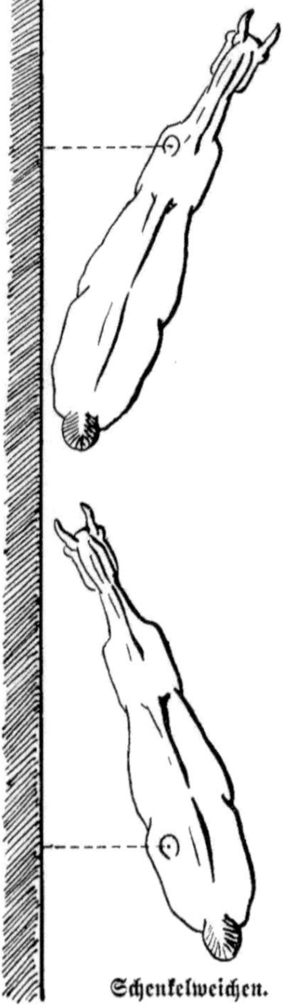

Schenkelweichen.

Die Kopfstellung wird stets nach dem seitwärts treibenden Schenkel genommen, der dadurch zum inneren wird, auch wenn er dem Äußern der Bahn zugewendet ist. In der Bahn darf der Reiter das Pferd auf den langen Seiten, sowohl dem rechten wie dem linken Schenkel (Bild 27), auf dem Zirkel nur dem der Zirkelmitte zugekehrten Schenkel weichen lassen.

Das Schenkelweichen wird im gehaltenen Schritt oder gemäßigten Arbeitstrabe und nur in kurzen Reprisen geübt. Ecken dürfen im Schenkelweichen nicht durchritten werden.

Beim Schenkelweichen bewegt sich das Pferd mit ganz geringer Kopfstellung auf zwei Hufschlägen. Dabei treten die inneren Füße gleichmäßig über und vor die äußeren. Der Reiter sitzt vermehrt nach innen und drückt die Hinterhand mit dem dicht hinter dem Gurt liegenden inneren Schenkel seitwärts. Dieser Druck muß eintreten, wenn sich der innere Hinterfuß von der Erde hebt und wird, wenn nötig, von Tritt zu Tritt wiederholt. Die Vorhand wird durch den äußeren Zügel auf ihrem Hufschlage weitergeführt. Der innere Zügel erhält die Stellung, sorgt für die Weichheit der inneren Seite und unterstützt, wenn nötig, den seitwärts treibenden Schenkel.

Wenn es sich beim Schenkelweichen zunächst auch nur um eine Wirkung des inneren Schenkels und Zügels handelt, so muß der Reiter dennoch jedem Fliehen des Pferdes vor diesem Schenkel und jedem Ausfallen der äußeren Schulter durch Verwahren mit dem äußeren Zügel und Vortreiben mit dem äußeren Schenkel begegnen.

Soll das Pferd dem dem Inneren der Bahn zugewandten Schenkel weichen, so führt der Reiter die Vorhand wie zur Volte einen kleinen Schritt in das Innere der Bahn oder des Zirkels, wobei die Hinterhand auf dem bisherigen Hufschlage verbleibt, gibt eine halbe Parade und beginnt das Schenkelweichen.

Die Beendigung dieses Schenkelweichens geschieht durch Einrichten der Vorhand auf die Hinterhand, in der Ecke durch Weiterreiten auf einem Hufschlage.

Will der Reiter sein Pferd dem dem Äußeren der Bahn zugekehrten Schenkel weichen lassen, so gibt er ihm, sobald er die erste Ecke einer langen Seite soweit durchritten hat, daß der Pferdekopf die nächste Wand erreicht, eine halbe Parade. Alsdann nimmt er die entsprechende Stellung und läßt das Pferd dem Schenkel weichen. Zur Beendigung wird das Pferd umgestellt, im flachen Bogen auf den Hufschlag geführt und geradeaus weitergeritten.

Es ist wichtig, daß der Reiter herausfühlen lernt, wann er mit seinem einseitigen Schenkel und Zügel durchgekommen ist. Dann empfiehlt es sich, zur Belohnung für das Pferd die Übung vorübergehend zu unterbrechen.

Der seitwärts treibende Schenkel erzwingt den Gehorsam mit Sicherheit nur dann, wenn er als innerer gebraucht wird, weil hierbei eine Unterstützung durch den inneren Zügel möglich ist. Stemmt sich daher ein Pferd hartnäckig gegen den äußeren Schenkel, so kommt der Reiter am schnellsten zum Ziel, wenn er das Pferd umstellt und es somit vor dem inneren Schenkel weichen läßt.

Da selbst das bestgerittene Pferd bei Ausführung der Seitengänge wenn auch noch so geringer und seltener Erinnerungen bedarf, um dem inneren oder äußeren Schenkel zu weichen, so kann das Schenkelweichen auch als vorbereitende Übung für die Seitengänge betrachtet werden.

Beim Schenkelweichen handelt es sich in erster Linie um den Gehorsam auf die einseitigen Hilfen. Das Gegenwirken der äußeren Hilfen, um das Pferd im Seitwärtsgehen zu biegen und zu sammeln, tritt erst dann ein, wenn das Pferd den inneren Hilfen gehorcht. So kommt man mit dem fortschreitenden Gehorsam auf die einseitigen Hilfen und dem sich daraus ergebenden Gegeneinanderwirken der Hilfen zum Reiten der Seitengänge.

Seitengänge. Allgemeines.

Völliger Gehorsam auf die einseitigen Hilfen und ein gewisser Grad von Versammlung sind Vorbedingung für das Reiten der Seitengänge. Der Reiter muß imstande sein, durch stete Wechselwirkung der inneren und äußeren Hilfen Vor- und Hinterhand in der Biegung nicht nur auf den ihnen im Seitengang zugewiesenen Linien, sondern auch so zueinander gerichtet zu erhalten, daß die Schubkraft der Hinterhand zwar entsprechend gemäßigt wird, aber doch genügend wirksam bleibt. Nur so kann der Reiter das gebogen seitwärts gehende Pferd versammeln.

Die Seitengänge dienen zur gymnastischen Ausbildung der Hinterhand, zur Vervollkommnung der Längsbiegung und zur Erhöhung der Nachgiebigkeit auf die Zügel- und Schenkelhilfen. Sie fördern die Schulterfreiheit und befestigen das Gleichgewicht. Ihre durchgreifende Wirkung für die Bearbeitung der Hinterhand beruht auf der durch die Abstellung des Pferdes bedingten Beschränkung der Schubkraft der Hinterbeine, die es ermöglicht, deren Biegsamkeit und Tragkraft vermehrt in Anspruch zu nehmen.

Zur nutzbringenden Ausführung der Seitengänge muß das Pferd schon vorher richtig gestellt und versammelt werden. Vor allem soll der Hals an den Schultern festgestellt sein. Je größer die seitliche Abstellung ist, desto stärker muß die Versammlung und Längsbiegung sein. Die Hinterbeine werden nicht durch das Übertreten an sich, sondern erst durch die stärkere seitliche Biegung des Rückgrates und die erhöhte Versammlung gebogen und zum Tragen und Abschieben befähigt. Je schwächer die seitliche Abstellung ist, um so geringer darf die seitliche Biegung sein.

Da das Pferd bei regelrechter Fußsetzung nicht mehr als halbseitwärts zu schreiten vermag, so ist es bei allen Seitengängen mit der Vor- oder Hinterhand nur so viel abzustellen, daß diese bis zu einem Schritt vom Hufschlag des äußeren Hinter- oder Vorderfußes entfernt ist.

Der Reiter muß bei allen Seitengängen nach der inneren Seite sitzen und, um das freie Treten des Pferdes nicht zu stören, stets mit dessen Bewegung mitgehen.

Die Seitengänge werden im Schritt und abgekürzten Trabe geritten. Der Schritt dient nur dazu, Reiter und Pferd mit den Seitengängen bekannt zu machen, und ihnen Verständnis für die Hilfen beizubringen. Der abgekürzte Trab ist die geeignetste Gangart. Er erhöht die Geschicklichkeit des Pferdes, das besser am Zügel bleibt und sich der Einwirkung des Reiters nicht so leicht zu entziehen vermag wie im Schritt. Der Reiter muß auf ebenso taktmäßiges Treten halten, wie beim Reiten auf einem Hufschlage.

Jedes Reiten von Seitengängen ist fehlerhaft, wenn die Pferde nicht vorher im Schritt und abgekürzten Trab auf gerader Linie genügende Durchlässigkeit, Beizäumung und Selbsthaltung gewonnen haben. Das Reiten der Seitengänge darf nicht zu lange ausgedehnt werden. Auch müssen immer wieder freie Gänge eingeschaltet werden, um die Gehlust der während der Seitengänge in stärkerer Versammlung gehaltenen Pferde von neuem anzuregen.

Der Lehrer wählt seinen Standpunkt so, daß die Abteilung auf ihn zu reitet. Vorteilhaft ist es, die Seitengänge von der Tete ab beginnen und beenden zu lassen. Der Reitlehrer bestimmt dabei die im Seitengang zurückzulegende Strecke.

Nach den Seitengängen empfiehlt es sich, noch einige Zeit im abgekürzten Trabe auf einem Hufschlage zu verbleiben, da es sich hierbei am besten zeigt, ob der Zweck des Seitenganges, die Versammlung zu erhöhen, erreicht ist. In dem freien Trabe, der im allgemeinen darauf zu folgen hat, muß dann die durch die verbesserte Versammlung erzielte Geräumigkeit und Energie des Ganges zum Ausdruck kommen.

Die Seitengänge sind für die Dressur nur Mittel zum Zweck.

Bild 28.

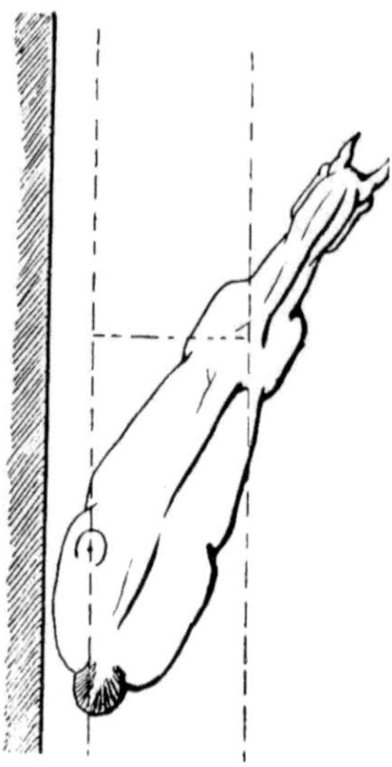

Schulterherein.

Schulterherein. (Bild 28.)

Kommando: **Schulterherein — Marsch! Geradeaus!** oder: **Tete Schulterherein! Tete geradeaus! (Geradeaus!)** oder z. B.: **Tete eine lange (eine lange und eine kurze) Wand Schulterherein!**

Im Schulterherein ist das Pferd mit Stellung nach innen in gut versammelter Haltung und Aufrichtung mit der Vorhand bis zu einem Schritt vom Hufschlage des äußeren Hinterfußes nach dem Innern der Bahn hinein gewendet. Es bewegt sich nach der der Kopfstellung entgegengesetzten Seite, mit der Vorhand der Hinterhand vorausbleibend, so fort, daß die inneren Füße vor die äußeren treten.

Der Zweck der Lektion Schulterherein ist, Versammlung und Hankenbiegung zu erhöhen.

Hauptsächlich ist es der innere Hinterfuß, der zum weiten Vortritt angeregt, in der Schrägstellung durch die erhöhte Versammlung und Längsbiegung vermehrt Last aufnehmen muß und gebogen wird.

Der Übergang zum Schulterherein erfolgt entweder gleichzeitig in der Abteilung oder von der Tete ab. Die Entwickelung von der Tete ab wird am zweckmäßigsten zwei Pferdelängen hinter der zweiten Ecke der kurzen Wand vorgenommen.

Zum Schulterherein verkürzt der Reiter den inneren Zügel, stellt das Pferd nach innen, gibt eine halbe Parade und wendet es ohne Verstärkung der Halsbiegung wie zur Volte nach innen. Durch eine nochmalige halbe Parade mit dem äußeren Zügel verhindert er ein weiteres Vorschreiten des Pferdes nach innen und führt es mit diesem Zügel in dem Seitengange fort.

Der innere Zügel sorgt während des Seitenganges für die Kopfstellung, für Beibehaltung der zwei Hufschläge und verhindert mit dem inneren Schenkel zusammen das Hereinwerfen der Hinterhand.

Der äußere Zügel regelt im Verein mit dem äußeren Schenkel die Biegung und Aufrichtung und führt das Pferd.

Der innere Schenkel liegt dicht hinter dem Gurt und hat vor allem die Aufgabe, den inneren Hinterfuß zum gehörigen Vortreten anzuhalten; erst in zweiter Linie veranlaßt er zusammen mit dem äußeren Zügel die Seitwärtsbewegung des Pferdes. Ist der innere Schenkel zu weit hinter dem Gurt tätig, so übt er dort eine ausschließlich seitwärts treibende Wirkung aus. Der innere Hinterfuß wird nicht so weit vorgeholt, wie dies für dessen Biegung notwendig ist, und der gymnastische Zweck der Lektion Schulterherein wird dann nicht erreicht.

Der äußere Schenkel, hinter dem Gurt liegend, verwahrt die Hinterhand, hält den äußeren Hinterfuß zum Vortritt an und verhindert dadurch ein Ausfallen dieses Fußes. Je mehr sich das Bedürfnis zum Vorholen des äußeren Hinterfußes fühlbar macht, um so mehr muß der äußere Schenkel vortreibend gebraucht werden.

Ein richtig Schulterherein gehendes Pferd setzt den Reiter nach innen. Er darf dabei nicht in den Fehler verfallen, hinter der Bewegung des Pferdes zurückzubleiben, sondern muß stets gut mitgehen. Macht ein Ausfallen des Pferdes den vermehrten Gebrauch der äußeren Hilfen erforderlich, so kann vorübergehend eine Gewichtsverlegung nach außen geboten sein.

Bild 29.

Durchreiten einer Ecke im Schulterherein.

Die Hilfen im Schulterherein werden so oft erneuert wie es nötig ist, um das Pferd bei richtiger Stellung, gleichmäßigem Tempo, freiem Vortritt und richtig gebogener Hinterhand in ununterbrochener Bewegung zu erhalten.

Beim Durchreiten der Ecke führt der Reiter das Pferd auf einem, je nach dem Dressurgrad mehr oder minder flach zu bemessenden Kreisbogen im Seitengange fort (Bild 29). Um dabei die Lektion Schulterherein nicht zu unterbrechen, muß der Reiter eine fortlaufende Wendung auf der Hinterhand im Gange ausführen. Jedes Herumdrücken der Hinterhand um die Vorhand hat dagegen für die beabsichtigte Bearbeitung des inneren Hinterfußes keinen Wert, weil durch die Wendung auf der Vorhand die Versammlung aufgehoben und die Lektion Schulterherein unterbrochen wird.

Der Übergang vom Schulterherein zum Reiten auf einem Hufschlag wird entweder von der Tete ab oder von allen Reitern gleichzeitig ausgeführt. Beim Übergang von der Tete ab wird das Kommando am besten kurz vor einer Ecke gegeben. Der Reiter führt sein Pferd im Schulterherein so lange fort, bis er die Ecke auf einem Hufschlage durchreiten kann und reitet es dann auf einem Hufschlage weiter. Der gleichzeitige Übergang erfolgt durch Einrichten der Vorhand auf die Hinterhand; das dabei leicht vorkommende Ausfallen der äußeren Schulter des Pferdes ist zu verhindern.

Besonders belehrend für Reiter und Pferd ist der Übergang aus Schulterherein zur Volte auf einem Hufschlage **(Volte auf einem Hufschlag — Marsch!).** Hierbei wird der Reiter gezwungen, den äußeren Hinterfuß durch den äußeren Schenkel vorzutreiben. Nach Beendigung der Volte kann entweder geradeaus geritten oder erneut zum Schulterherein übergegangen werden.

Eine weitere nützliche Übung ist die Parade zum Halten im Schulterherein; hierbei haben die äußeren Hilfen vorherrschend zu wirken.

Der beim Schulterherein am häufigsten vorkommende Fehler ist das Ausfallen der äußeren Schulter, wozu die Pferde neigen, um sich der richtigen Biegung und Versammlung zu entziehen. Vorherrschender Gebrauch des inneren Zügels und dadurch herbeigeführte zu starke Halsbiegung begünstigen dies. Durch Gegenhalten des äußeren Zügels und bestimmtes Vortreiben des äußeren Hinterfußes mit dem äußeren Schenkel muß der Reiter den Fehler abstellen. Ist mit dem Ausfallen der Schulter gleichzeitig ein Eilen und ungleiches Treten sowie ein Wegbrechen vor dem inneren Zügel verbunden, so muß der Reiter das Pferd zuerst auf einem Hufschlag im öfteren Wechsel von Arbeitstrab und abgekürztem Trab geraderichten und versammeln. Erst wenn sich das Pferd losgelassen hat und ruhige gleichmäßige Tritte macht, darf von neuem mit dem Seitengange begonnen werden.

Im Schulterherein rechts kann das Pferd auch versuchen, sich der Einwirkung dadurch zu entziehen, daß es sich im Genick nach links verwirft. Auf die Erzielung reiner rechtsseitiger Ganaschenbiegung ist daher besonders zu achten. Bei dem dem Pferde leichter fallenden Schulterherein links treten diese Fehler selten auf; dagegen zeigen hier die Pferde vielfach die Neigung mit dem auswendigen Hinterfuß auszufallen.

Drückt ein Pferd gegen den inneren Schenkel mit der Hinterhand nach innen, so ist der Schenkel durch vermehrten Gebrauch des inneren Zügels so lange zu unterstützen, bis die Hinterfüße auf dem Hufschlage bleiben. Ein Verkürzen des inneren Zügels wird hierzu meist geboten sein.

Pferde, die trotz vortreibender Hilfen im Schulterherein hinter dem Zügel bleiben, müssen erst auf einem Hufschlage in freieren Gängen an die Hand geritten werden.

Schulterherein ist nicht nur die Grundlage, auf der sich die übrigen Seitengänge aufbauen, sondern fördert, richtig geritten, auch die Ausbildung von Reiter und Pferd am meisten.

Bild 30.

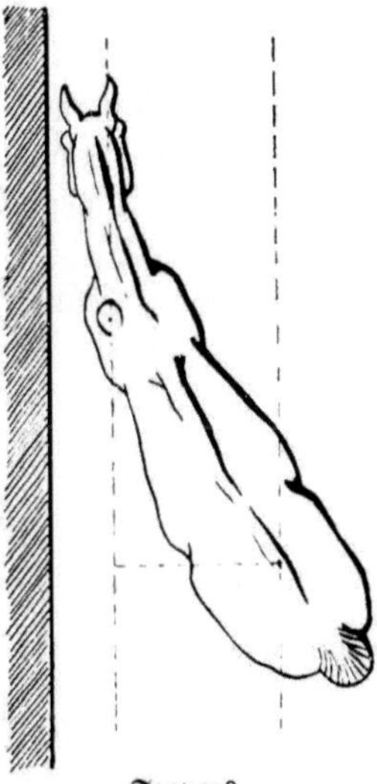

Travers.

Travers. (Bild 30.)

Im Travers tritt das Pferd dahin, wohin es gestellt ist. Der nach dem Innern der Bahn zu liegende Hufschlag der Hinterhand ist bis zu einem Schritt vom Hufschlage des äußeren Vorderfußes entfernt. Die auswendigen Füße treten vor die inwendigen.

Travers dient zur Vervollkommnung der durch Schulterherein erlangten Biegsamkeit der Hinterhand, der Versammlung und der Ganaschen- und Längsbiegung. Hierdurch wird größere Folgsamkeit gegen Schenkel und Zügel erreicht. Im Travers müssen die Reprisen kürzer sein als im Schulterherein, weil das Treten gegen die Stellung die Kräfte des Pferdes mehr in Anspruch nimmt.

Travers wird von der Tete ab aus der Ecke entwickelt. Auch kann der Reiter durch Anreihen des Travers an eine Volte an jeder beliebigen Stelle des Hufschlags zu diesem Seitengang übergehen.

Tete Travers! Tete geradeaus! (Geradeaus!) oder bei Beendigung der Volte: **Travers Marsch! Geradeaus!**

Beim Übergang zum Travers wird das Pferd versammelt und die Stellung verbessert. Der Hals des Pferdes muß an den Schultern festgestellt bleiben und darf nur der allgemeinen Längsbiegung entsprechend mitgebogen werden.

Will der Reiter aus dem Geradeausreiten zum Travers übergehen, so gibt er dem Pferde vor der Ecke etwas mehr Stellung. Sobald es die Ecke so weit durchschritten hat, daß es mit dem Kopf beinahe die Wand erreicht, gibt er eine halbe Parade und beginnt Travers.

Vorteilhaft ist es, Travers anschließend an Schulterherein zu entwickeln, da das Pferd dabei schon den erforderlichen Grad von Biegung und Versammlung erlangt hat. Die Ecke wird bei dieser Entwicklung ebenfalls auf einem Hufschlag durchritten.

Im Travers erhält der nach Bedarf verkürzte innere Zügel die Kopfstellung und führt das Pferd in die Bewegungsrichtung. Die innere Hand muß dabei weich und stet sein, damit es dem Pferde nicht erschwert wird, gegen seine Stellung zu treten.

Der innere Schenkel am Gurt regt den inneren Hinterfuß zum Vortritt an und sorgt im Verein mit dem inneren Zügel für Herbeiführung und Erhaltung der richtigen Biegung.

Der äußere Zügel regelt die Biegung, stellt den Hals an den Schultern fest und unterstützt die Wirkung des äußeren Schenkels.

Der äußere Schenkel geht hinter den Gurt und erhält zusammen mit dem inneren Zügel die Seitwärtsbewegung des Pferdes.

Wie im Schulterherein der Gebrauch des äußeren Schenkels besonders wichtig ist, so wird im Travers die Längsbiegung und Versammlung nur durch vorherrschende Einwirkung des inneren Schenkels erreicht. Unbedingter Gehorsam auf die äußeren Hilfen ist die Vorbedingung dazu. Der gymnastische Wert des Travers für die Dressur liegt nicht im Übertreten des äußeren Hinterfußes, sondern darin, daß der zum weiten Vortritt angeregte innere Hinterfuß durch die sich über ihn wegschiebende Masse des Pferdekörpers belastet und gebogen wird.

Das Halten aus dem Travers wird mit beiden Zügeln und Schenkeln ausgeführt; besonders muß der innere

Bild 31.

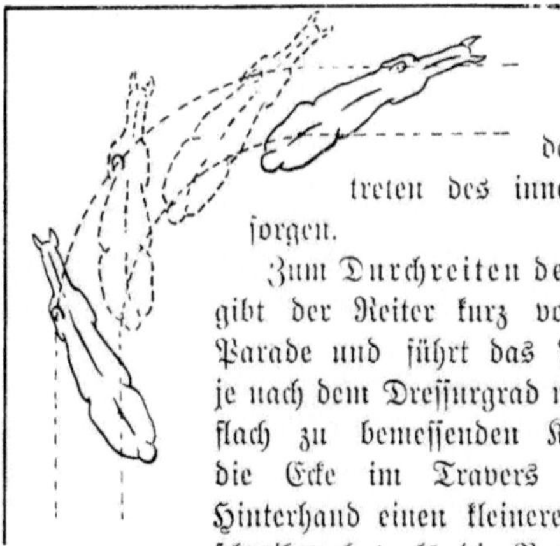

Durchreiten einer Ecke im Travers.

Schenkel das Pferd gleichsam im Gange aufhalten und für das gehörige Vortreten des inneren Hinterfußes sorgen.

Zum Durchreiten der Ecke (Bild 31) gibt der Reiter kurz vorher eine halbe Parade und führt das Pferd auf einem je nach dem Dressurgrad mehr oder minder flach zu bemessenden Kreisbogen durch die Ecke im Travers fort. Da die Hinterhand einen kleineren Bogen zu beschreiben hat als die Vorhand, so wendet der Reiter sein Pferd auf der Hinterhand mit beweglichem Drehpunkt, ohne also den inneren Hinterfuß bis zum Stehen anzuhalten. Das Durchreiten der Ecken muß unter Erhaltung regelmäßigen Ganges und ruhigen Tempos ohne jede Stockung ausgeführt werden. Ist die Vorhand auf dem neuen Hufschlage angekommen, so drückt der Reiter das Pferd mit beiden Schenkeln an die Zügel und veranlaßt es mit der bisherigen Abstellung in der neuen Richtung weiter zu gehen.

Der Übergang aus dem Travers zur Volte auf einem Hufschlage bietet die gleichen Vorteile wie der aus Schulterherein.

Will man aus dem Travers wieder auf einen Hufschlag übergehen, so drücken beide Schenkel, vorherrschend der innere, das Pferd in der Vorwärtsbewegung in der Richtung der Vorderfüße vor. Haltung und Takt des Ganges dürfen dabei nicht verloren gehen.

Ein Hauptfehler beim Travers ist, den Pferdehals vorherrschend an den Schultern zu biegen und den wenig gebogenen Pferdekörper zu steil zum Hufschlag zu stellen. Die äußeren Füße schreiten dann zu weit über die inneren hinweg und kreuzen sie, wodurch der Gang beeinträchtigt und den Beinen leicht Schaden zugefügt wird. Vermehrter Gebrauch des inneren Schenkels und des äußeren Zügels, der den Hals mehr geraderichtet und die äußeren Füße verhält, wird diesen Fehler verhüten.

Will ein Pferd dem Druck des äußeren Schenkels nicht folgen, so muß der Reiter ihn durch vermehrten Gebrauch des auswendigen Zügels unterstützen. Hartnäckigem Widerstand wird er am leichtesten durch vorübergehendes Umstellen und Schenkelweichen begegnen. Gibt das Pferd hierbei dem Druck des Schenkels nach, so stellt es der Reiter um und versucht von neuem, Travers zu reiten.

Entzieht sich ein Pferd der Biegung des inneren Hinterfußes durch zu starkes Hereinstellen der Hinterhand, so muß der innere Schenkel vermehrt vortreiben, um den inneren Hinterfuß zu veranlassen, mehr vorwärts als seitwärts zu treten. Biegen im Gange und Schulterherein werden hier mit Nutzen anzuwenden sein.

Renvers. (Bild 32.)

Renvers ist die Konterlektion des Travers; auch in ihm tritt das Pferd dahin, wohin es gestellt ist; es wendet wie in Konterstellung gegen seine Biegung. Dies stellt eine erhöhte Anforderung gegenüber dem Travers dar. Der Hufschlag der Vorhand liegt im Innern der Bahn und ist bis zu einem Schritt vom Hufschlage des inneren Hinterfußes entfernt.

Der Zweck des Renvers ist, die Gewandtheit des Pferdes zu erhöhen und den Reiter geschickter in Führung und Einwirkung zu machen.

Bild 32.

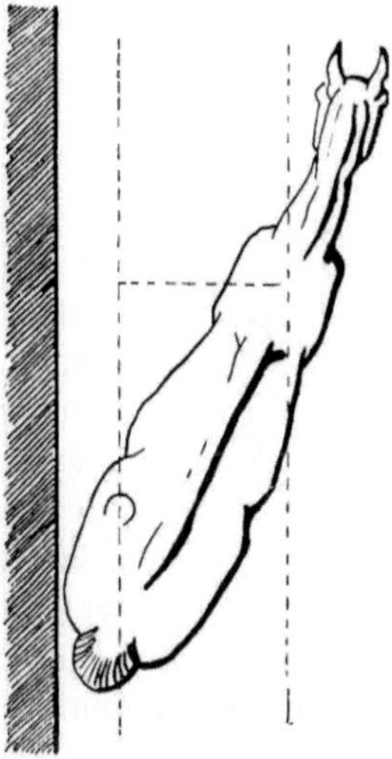

Renvers.

Zur Vorbereitung dient das Reiten in Konterstellung.

Sitz und Hilfen sind, ausgenommen beim Durchreiten der Ecken, die gleichen wie im Travers. Renvers kann aus der Konterstellung, die vorher zu kommandieren ist, entweder gleichzeitig in der Abteilung oder von der Tete ab entwickelt werden.

Renvers — Marsch! Geradeaus! Tete — Renvers! Tete geradeaus! (Geradeaus!)

Zur Entwicklung des Renvers aus der Konterstellung wendet der Reiter die Vorhand ohne Stellungswechsel durch eine Wendung auf der Hinterhand vom Hufschlage in das Innere der Bahn, gibt eine halbe Parade und beginnt Renvers.

Die ganze Parade aus dem Renvers ist dieselbe wie aus dem Travers. Das Pferd wird hauptsächlich durch den inneren Schenkel und äußeren Zügel zum Halten gebracht.

Zur Beendigung des Renvers wird die Vorhand auf die Hinterhand eingerichtet und das Pferd in der bisherigen Stellung weiter geritten, bis Stellungswechsel kommandiert wird.

Bild 33.

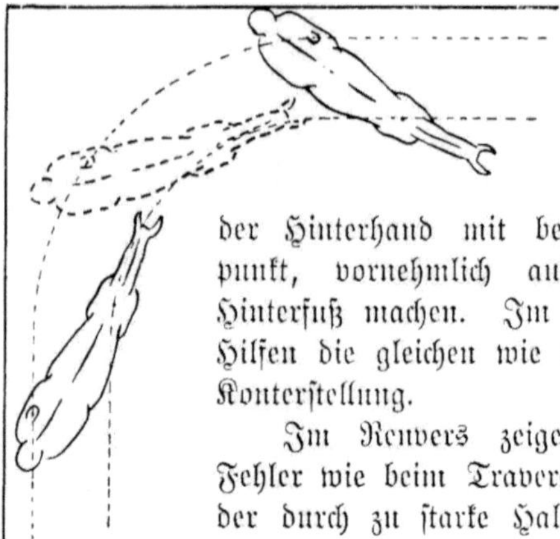

Durchreiten einer Ecke im Renvers.

Beim Durchreiten der Ecken (Bild 33) muß der Reiter eine fortlaufende Wendung auf der Hinterhand mit beweglichem Drehpunkt, vornehmlich auf dem äußeren Hinterfuß machen. Im übrigen sind die Hilfen die gleichen wie beim Wenden in Konterstellung.

Im Renvers zeigen sich dieselben Fehler wie beim Travers. Außerdem ist der durch zu starke Halsbiegung hervorgerufene Fehler der Pferde, mit der Hinterhand auszufallen, zu bekämpfen.

Übergänge aus einem Seitengange in den anderen.

Die Übergänge in den Seitengängen haben den Zweck, das Pferd aufmerksamer auf die Hilfen und gewandter zu machen. Häufig können auch die in einem Seitengange vorkommenden Fehler durch einen darauffolgenden anderen Seitengang verbessert werden. Leichter und einfacher und für die Bearbeitung des betreffenden inneren Hinterfußes besonders förderlich sind die Übergänge, bei denen die Längsbiegung des Pferdes unverändert bleibt. Zur Korrektur falscher Biegungen können bei einzelnen Pferden auch Übergänge mit Wechsel der Längsbiegung vorübergehend angewandt werden. Von der Truppe sind nur folgende Übergänge zu fordern:

1. Aus Schulterherein zum Travers aus der Ecke von der Tete ab. Seite 132 Abs. 1.

Die Ecke wird bei diesem Übergang auf einem Hufschlage durchritten.

2. Aus Travers zum Schulterherein. Bild 34.

Bild 34.

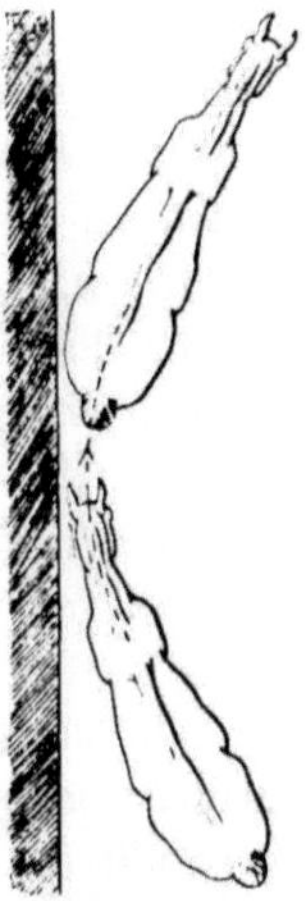

Übergang aus Travers zum Schulterherein.

Das Pferd wird auf dem Kreisbogen der Volte auf einem Hufschlage durch beide Schenkel zum Schulterherein in die Bahn vorgedrückt; dann setzen die Schulterhereinhilfen ein. Soll dieser Übergang von der Tete ab ausgeführt werden, so ist er zwei Pferdelängen hinter der zweiten Ecke der kurzen Wand zu beginnen.

3. Aus Travers zum Renvers. Bild 35.

Zum Renvers kurz Kehrt — Marsch!

Bild 35.

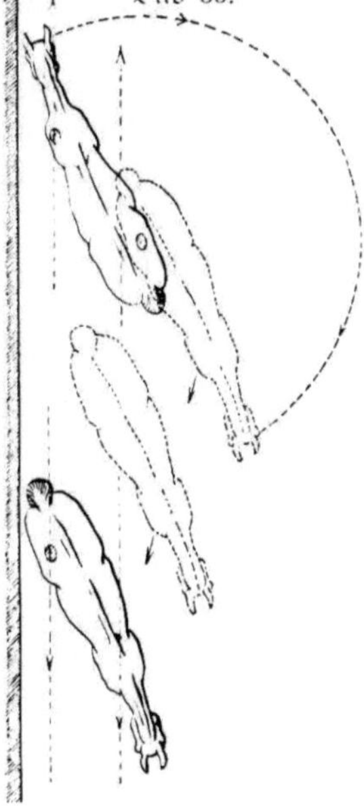

Die Ausführung erfolgt sinngemäß wie die Kurzkehrtwendung. Nach Beendigung der Kurzkehrtwendung führt der Reiter das Pferd in schräger Richtung so lange vorwärts, bis die Hinterhand den Hufschlag erreicht und reitet in der so gewonnenen Renversstellung weiter.

o. Hankenbiegen.*)

Alle Lektionen der Dressur bezwecken in folgerichtigem Aufbau vom Leichteren zum Schwereren, den nach dem Gebäude

*) Siehe auch: Versammelnde Arbeit an der Hand.

des Pferdes möglichen höchsten Grad von Biegsamkeit und Tragkraft der Hinterhand zu erreichen. Trägt sich das Pferd infolge der durch Paraden, Seitengänge, Rückwärtsrichten und besonders durch den abgekürzten Trab und Galopp erzielten Biegung der Hinterhand von selbst, so kann durch die Lektion Hankenbiegen erhöhte Versammlung erreicht werden. Das Hankenbiegen im Sinne der Dressur besteht darin, daß sich das Pferd vornehmlich im Hüft- und Knie-Gelenk (den Hanken) biegt; die übrigen Gelenke der Hinterhand nehmen an der Biegung teil. Die Hinterhand nimmt infolgedessen einen größeren Teil der Last auf und gewinnt durch die vermehrte Biegung die Möglichkeit, die Last mit größerer Kraft abzufedern. Die Gelenke der Hinterhand können aber nur dann richtig durch die Hebelwirkung von Hals und Kopf gebogen werden, wenn das Pferd zur Unterstützung seines Schwerpunktes mit den Hinterfüßen an oder vor eine durch den Hüftknochen gefällte Senkrechte herantritt.

Die Pferde in halben Tritten versammeln! Halt! oder: **Gangart!**

Der Reiter veranlaßt das geradegerichtete und versammelte Pferd in halben Tritten vorwärts zu gehen. Durch anregende, wechselseitige Wirkung beider Schenkel müssen die Hinterfüße bis nahe an die Schwerlinie herangeholt werden, während die Hände unter wiederholtem Annehmen und Nachgeben die Last der Vorhand mehr der Hinterhand zuschieben. Je mehr sich das Pferd dabei setzt und je energischer und taktmäßiger es tritt, um so nutzbringender ist die Übung. Der Reiter muß die Belastung und damit die Biegung der Hinterbeine durch leichtes Zurückhalten des Oberkörpers unterstützen. Zügel und Schenkel der Seite, nach der das Pferd auszuweichen versucht, wirken vorherrschend.

Versucht das Pferd, sich dem Hankenbiegen gewaltsam

zu entziehen, so war die Hand zu fest oder das Pferd durch die vorhergehenden Lektionen noch nicht richtig vorbereitet oder die Übung war zu lange ausgedehnt.

Durch das Hankenbiegen muß das Pferd leichter in der Hand und schwungvoller im Gange werden.

Die Ansprüche in dieser Lektion sind nur ganz allmählich zu steigern, da sonst Widersetzlichkeit hervorgerufen und den Gelenken der Hinterhand Schaden zugefügt wird.

Ein kunstgerechter Reiter wird schließlich imstande sein, das Hankenbiegen auch auf der Stelle auszuführen (Bild 36). Von der Truppe ist dies nicht zu fordern.

Bild 36.

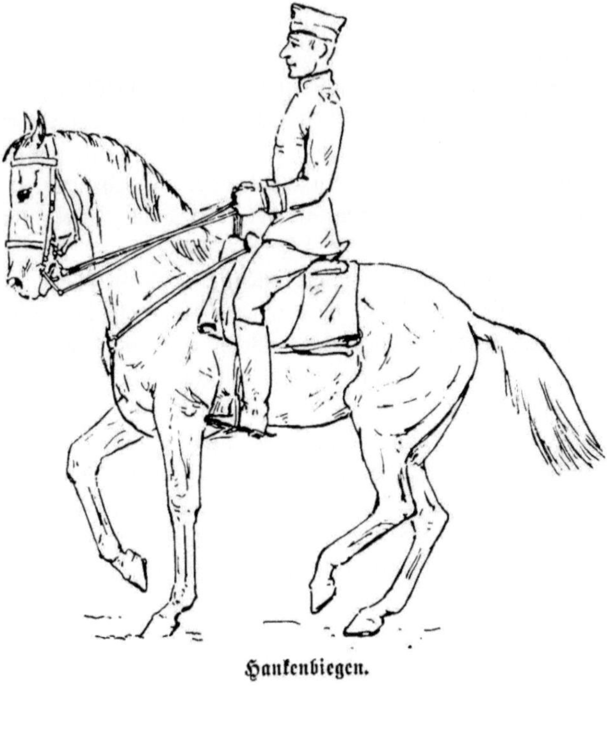

Hankenbiegen.

p. Kontergalopp.

Im Kontergalopp ist das Pferd nach der äußeren Seite der Bahn gestellt, galoppiert dieser Stellung entsprechend und muß somit gegen seine Biegung wenden.

Da es dem Pferde im Kontergalopp schwer fällt, seinen Körper in der Wendung zu stützen, so bedarf es hierzu besonderer Übung. Die Lektion verfolgt daher auch den Nebenzweck, das Pferd für solche Wendungen geschickt zu machen, um die Gefahren zu mildern, denen die Pferdebeine beim Exerzieren im Galopp beim Ab- und Einschwenken ausgesetzt sind.

Der Hauptwert der Übung besteht darin, daß sie die Versammlung und Gewandtheit des Pferdes erhöht und den Reiter in seinem Gefühl, in der Einwirkung und Führung vervollkommnet.

Zum Übergang in den Kontergalopp empfiehlt sich eine Kehrtwendung aus der ersten Ecke der kurzen Seite, weil dann das Pferd eine längere Linie vor sich hat, ehe es in Konterstellung wenden muß. Je enger die Kehrtwendung geritten wird, desto leichter ist der Übergang zum Kontergalopp.

Die Ecken sind anfangs möglichst abzurunden; die Reiter müssen dabei gut nach innen, also nach der Seite der vorgreifenden Füße, sitzen. Wenn auch bei den ersten Übungen eine leichte Renversstellung zugestanden werden darf, so ist doch bald darauf zu halten, daß die Pferde auf einem Hufschlage galoppieren. Auch im Kontergalopp muß das Pferd geradegerichtet sein, so daß der innere Hinterfuß der Spur des gleichseitigen Vorderfußes folgt und nicht dicht an der Wand fußt. Der Reiter muß die Vorhand ohne Verstärkung der Halsbiegung so gegen die Wand führen, als ob er durch sie hindurchreiten wollte. Auf diese Weise wird der innere Vorderfuß der Bande genähert, während der innere Hinterfuß von ihr in gleicher

Weise entfernt und auf den richtigen Hufschlag gebracht wird.

Sobald sich die Pferde mit einiger Sicherheit ohne Zulegen des Tempos beim Durchreiten der Ecken im Kontergalopp halten, kann dieser auch durch Changieren durch die halbe Bahn ohne Wechsel, durch Angaloppieren in Konterstellung aus dem Schritt und abgekürzten Trabe, durch Fußwechsel und Kurzkehrtwendung aus dem abgekürzten Galopp entwickelt werden.

Ohne Wechsel durch die halbe Bahn changiert! oder zum Fußwechsel aus dem abgekürzten Galopp: **Changiert!** oder: **Ohne Wechsel kurz Kehrt — Marsch!**

Je sicherer und erhabener sich die Pferde im abgekürzten Galopp tragen, desto leichter werden sie sich im Kontergalopp halten. Der Kontergalopp wird nur im abgekürzten Tempo geritten.

Mit vollendeter Dressur kann der Kontergalopp auf dem Zirkel, beim Reiten der Schlangenlinien und der Acht zum Gegenstand der Übung gemacht werden.

q. Schließen. Bild 37.

Das Schließen ist ein Seitwärtstreten des Pferdes, wodurch der Reiter sich mit Beibehaltung seiner Front seitwärts bewegen will. Der Kopf des Pferdes ist dahin gestellt, wohin es treten soll. Die Vorhand geht der Hinterhand voraus.

Das Schließen wird nur in der aufmarschierten Abteilung aus dem Halten und auf wenige Schritte vorgenommen.

Eskadron rechts (links) schließt Euch — Marsch! Halt!

Zum Schließen versammelt der Reiter sein Pferd, stellt es mit geringer Kopfstellung nach rechts (links) und sieht selbst dorthin. Dann setzt er sich ein wenig nach innen, wendet das Pferd auf der Hinterhand halbrechts (halblinks) und veranlaßt es mit dem hinter dem Gurt liegenden äußeren Schenkel, im ruhigen, gleichmäßigen Schritt seitwärts zu schreiten. Der führende innere Zügel erhält die Kopfstellung, während der äußere ein Überschreiten der einzuhaltenden Frontlinie durch entsprechendes Annehmen verhindert und das Weichen vor dem äußeren Schenkel durch halbe Paraden gegen den äußeren Hinterfuß unterstützt. Der innere Schenkel am Gurt verhindert durch seine vortreibenden Hilfen, daß das Pferd zurückkriecht.

Auf: **Halt!** wird das Pferd mit beiden Zügeln und durch vorherrschenden Gebrauch des inneren Schenkels pariert und durch eine Achtelwendung auf der Vorhand mit entgegengesetzter Kopfstellung halblinks (halbrechts) wieder

Bild 37.

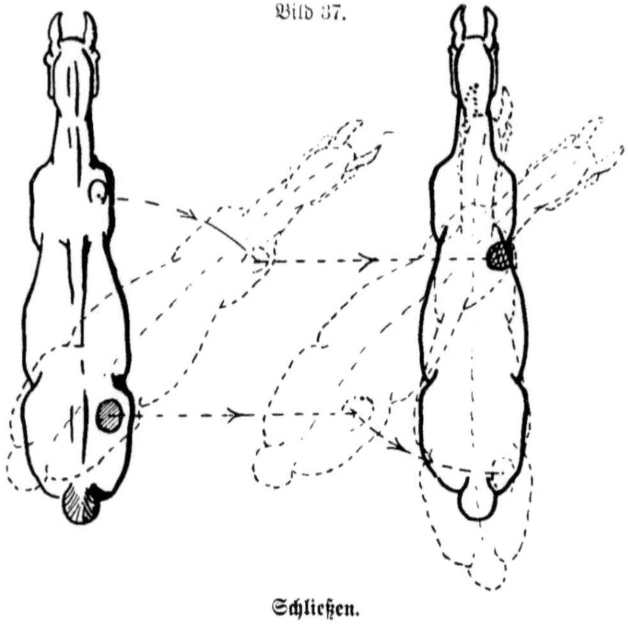

Schließen.

senkrecht zur Frontlinie gestellt. Da der Reiter durch die Achtelwendung beim Schließen etwa einen Schritt hinter die Frontlinie gelangt, so muß er nach dem Halten sein Pferd entsprechend vordrücken.

19. Einzelreiten.

Das Einzelreiten ist sowohl für die Reitausbildung wie für die soldatische Erziehung, die Hand in Hand gehen müssen, von großer Wichtigkeit.

Der Reiter wird durch sachgemäß betriebenes, abwechslungsreiches Einzelreiten zum selbständigen Denken und Handeln erzogen und zur vollen Beherrschung seines Pferdes gebracht. Für die Dressur des Pferdes hat das Einzelreiten den Vorteil, daß der Reiter, ohne an Tempo oder Abstand gebunden zu sein, so arbeiten kann, wie es für die Ausbildung seines Pferdes am besten ist. Auch der Herdentrieb des Pferdes, die Grundursache des Klebens, wird durch Einzelreiten erfolgreich bekämpft. Dem Reitlehrer gibt es die beste Gelegenheit, sich mit dem einzelnen Mann und Pferd eingehend zu beschäftigen, beider Fehler zu erkennen und abzustellen.

Das Einzelreiten hat zu beginnen, sobald der Reiter auf sein Pferd einigermaßen einwirken kann und ist dauernd zu üben. Anfangs werden die Lektionen vom Reitlehrer bestimmt. Später sind die Reiter zu selbständiger Arbeit anzuhalten. Sie sollen beim Einzelreiten lernen, unter voller Bewahrung des richtigen Sitzes durch sachgemäße Einwirkung ihr Pferd in die beste Haltung zu bringen. Die Reiter müssen die selbstgewählten Hufschlagsfiguren und das Tempo genau innehalten und dürfen nicht nur das reiten, was die Pferde anbieten.

Die Anforderungen richten sich nach dem erreichten Ausbildungsgrad und sind stufenweise zu steigern. Werden sie vorzeitig hochgeschraubt, so kann das Einzelreiten mehr

Schaden als Nutzen bringen. Mit den leichtesten Übungen ist zu beginnen. Jede neue Lektion ist den Reitern einzeln zu lehren. Anfangs wird nur auf derselben Hand, später auch gegeneinander geritten. Besser ist es, wenige Lektionen richtig, als viele in mangelhafter Ausführung zu reiten.

Beim Einzelreiten arbeiten entweder alle Reiter gleichzeitig ihre Pferde (Durcheinanderreiten), oder es werden nur einzelne Reiter dazu bestimmt. Im nachstehenden sind die gebräuchlichsten Arten aufgeführt.

1. Die ganze Abteilung wird aufgelöst und jeder Mann reitet für sich. Der Lehrer gibt die Hand an, auf der geritten werden soll, unter Umständen auch für die ganze Abteilung oder einzelne Reiter Gangart, Tempo und Lektion. In der Bahn wird hierbei in der Regel nur auf einer Hand geritten. Dieses Durcheinanderreiten ist die leichteste und nützlichste Art der Einzelarbeit. Es bietet gegenüber den anderen Arten den Vorteil der besten Zeitausnutzung. Abgesehen vom ersten Reitunterricht der Rekruten und dem Anreiten der Remonten sollte grundsätzlich im Anfang der Reitstunde diese Art des Einzelreitens ausgiebig angewendet werden, um dem Reiter Gelegenheit zu geben, in den seinem Pferde nützlichsten Lektionen zu arbeiten.

2. Die Abteilung befindet sich auf dem Hufschlage, während einzelne Leute innerhalb der Bahn reiten.

3. Die Abteilung steht geschlossen in der einen Bahnhälfte oder reitet auf einem Zirkel. Die gegenüberliegende Bahnhälfte und der Hufschlag der ganzen Bahn werden zum Einzelreiten benutzt. Diese Art des Einzelreitens stellt infolge der vielen auszuführenden Wendungen und der Neigung der Pferde, nach der Abteilung zu drängen, höhere Anforderungen an Reiter und Pferd als die anderen Arten und sollte erst dann betrieben werden, wenn die Reiter

ihre Pferde einigermaßen in der Gewalt haben. Sie bietet den besten Anhalt zur Beurteilung, wie weit die Ausbildung gediehen ist. Ein weiterer Vorteil dieser Art des Einzelreitens liegt darin, daß die Reiter gezwungen werden, ihre Hilfen genau abzumessen, daß die Pferde wendig gemacht und im Gehorsam befestigt werden. Auch kann der Lehrer die einzelnen Reiter hier am besten überwachen. Die schnell aufeinanderfolgenden Wendungen verleiten indessen die Reiter leicht zum vorherrschenden Gebrauch der Hände, auch verlieren die Pferde durch die gebotene Kürze des Ganges leicht den Schwung. Treten diese Fehler auf, so empfiehlt es sich, auf dem Hufschlage der ganzen Bahn freie Gänge reiten zu lassen. Da der größere Teil der Abteilung untätig sein muß, so sollte diese Art des Einzelreitens, die zweckmäßig an den Schluß der Reitstunde zu legen ist, nur dann gewählt werden, wenn für den Reitunterricht ausreichende Zeit zur Verfügung steht.

Um zu verhindern, daß die Reiter beim Einzelreiten und Durcheinanderreiten sich gegenseitig stören, müssen sie dazu erzogen werden, aufeinander Rücksicht zu nehmen. Dazu gehört: Freihalten des Hufschlages im Schritt, Halten nur in der Mitte eines Zirkels, rechtzeitiges Ausweichen stets rechts, und kein Kreuzen nach dem Vorbeireiten.

Außer der Fertigkeit im Einzelreiten bedarf der Reiter einer besonderen Unterweisung, um im Falle einer Widersetzlichkeit des Pferdes seinen Willen durchsetzen zu können.

Man beginnt mit dazu geeigneten Übungen bereits in der Bahn, und zwar zu einem Zeitpunkt, wo der Reiter das Pferd mit Schenkel und Zügel soweit als nötig beherrscht. Dabei wird es sich auch herausstellen, welche Pferde der Nachdressur bedürfen, weil die Ursache ihres Widerstandes Unrittigkeit ist.

Nachstehende Übungen sind zur Prüfung der Einwirkung des Reiters geeignet:

Reiten gegen die Abteilung.

Reiten neben dem Hufschlag in einer bestimmten Entfernung von der Bande.

Reiten durch die Zwischenräume einer geöffneten Abteilung.

Abwenden vom Hufschlag aus der Abteilung und gerades Aufstellen des Pferdes in der Bahn.

Herausreiten aus dem geschlossenen Gliede.

Reiten durch Lücken im Gliede.

Anlegen von bestimmten Hufschlagsfiguren in der Nähe der Abteilung.

Überwinden von schmalen, nicht zu hohen Hindernissen.

Das Herausfordern des Widerstandes des Pferdes durch künstliche und unnatürliche Mittel ist verboten.

Damit diese Übungen ihren Wert behalten, ist die nötige Abwechslung zu schaffen und jedes einspielende Einerlei zu vermeiden. Eine Übermüdung der Pferde durch allzuhäufige Wiederholung darf nicht stattfinden. Aus der Bahn werden die Übungen ins Freie übertragen, wo neben Hochsprüngen auch Gräben, Wälle und Klettergruben überwunden werden müssen. Derartige Hindernisse sollten bei keinem Regiment fehlen. Die beste Gelegenheit, die Einwirkung des Reiters und den Gehorsam der Pferde weiter auszubilden, bietet das Gelände. Hier sind es in erster Linie tief eingeschnittene, breite Wassergräben, Wasserläufe sowie steile Hänge, die bei den Pferden leicht Ungehorsam hervorrufen und daher am häufigsten aufgesucht werden müssen. Zu diesen Übungen muß die nötige Zeit gefunden werden.

20. Reiten mit Lanze.

Um die Lanze sicher und geschickt, besonders im Handgemenge, führen zu können, sind tägliche Übungen erforderlich.

Beim Reiten mit Lanze ist der vorgeschriebene Sitz beizubehalten, insbesondere darf die rechte Hüfte und damit die rechte Schulter nicht zurückgenommen werden. Beide Schultern müssen in gleicher Höhe bleiben. Der Reiter darf weder den Oberkörper vorwärts neigen, noch das Gesäß aus dem Sattel heben. Bei angefaßter Lanze müssen rechtes Knie und rechtes Fußgelenk die richtige Lage und Losgelassenheit beibehalten.

Bei Handhabung der Lanze muß der Reiter vermehrten Knieschluß nehmen, nach Bedarf die Bügel austreten und, um den Stichen den gehörigen Nachdruck zu geben, sich, ohne das Gesäß zu lüften und den linken Oberarm abzusperren, mit dem Oberleib in den Stich hineinlegen. Da die Pferde beim Lanzengebrauch durch unruhige Führung leicht verdorben werden, so ist die Zügelhand grundsätzlich aufzusetzen. Je nach der Länge der Zügel ruht sie auf dem Woilach oder erfaßt den Vorderzwiesel oder Aufhängeriemen. Für das schnelle Herumwerfen des Pferdes nach allen Seiten kommen fast nur Gewichts- und Schenkelhilfen in Betracht.

Das Abreiten zu Einem mit Lanzenübungen geschieht nach den für das Abbrechen aus der Abteilung gegebenen Bestimmungen. Die Lanzenübungen selbst werden nach der Vorschrift für die Waffenübungen ausgeführt. Die Reiter fällen die Lanze so früh, daß sie die Übung vor dem Lehrer ausführen können.

Vorbedingung für richtige Ausführung von Stichen ist, daß die Pferde mit Ruhe an den Stechgegenständen vorbeigehen. Wird im Trabe gestochen, so geschieht dies nur im Exerziertrabe.

Nur in der Hand eines Reiters, der sein Pferd völlig beherrscht, ist die Lanze dem Säbel überlegen.

21. Springen.

Sicheres und geschicktes Überwinden von Hindernissen ist die Vorbedingung für gutes Reiten im Gelände. Um allen Anforderungen zu genügen, die hier an die geschlossene Truppe oder an den einzelnen Reiter herantreten, bedürfen Reiter und Pferd gründlicher Vorbereitung und dauernder Schulung.

Vom Reiter werden gefordert: Ein von der Hand unabhängiger Sitz bei leichter Zügelanlehnung, weiches Sichanpassen und Mitgehen mit der Bewegung, Vermeiden jeder Störung des Pferdes im Maul und Rücken.

Das Pferd führt einen Sprung richtig aus, wenn es ohne zu stutzen oder zu stürmen im ruhigen, gleichmäßigen Tempo an das Hindernis herangeht, weder zu früh noch zu spät abspringt, das Hindernis mit möglichst geringer Kraftanstrengung überwindet, und sich darauf im gleichen Tempo wie vor dem Sprunge auf gerader Linie weiter fortbewegt.

Auf Kandare darf nur mit angefaßter oder durchgezogener Trense gesprungen werden.

Vor dem Sprunge versichert sich der Reiter durch vortreibende Hilfen der Anlehnung an das Gebiß und reitet mit geradegestelltem Pferde senkrecht auf die Mitte des Hindernisses los. Zieht das Pferd das Hindernis an, so ist ihm bei Wahrung der Anlehnung an das Gebiß soviel Zügelfreiheit zu geben, wie es dem Reiter abverlangt.

Während des ganzen Sprunges bleibt der Oberkörper des Reiters annähernd senkrecht zum Erdboden. Beim Heben der Vorhand zum Sprunge wird sich somit der Hals des Pferdes der Brust des Reiters, beim Landen die Kruppe seinem Rücken nähern. Nur während des Schwebens über dem Hindernis wird der Oberkörper des Reiters auch annähernd senkrecht zum Pferderücken bleiben (Bild 38 a, b, c auf S. 150/151).

Beim Heben zum Sprunge sowie während des Sprunges ist es daher erforderlich, daß der Reiter bei festem Schluß nicht hinter der Bewegung des Pferdes zurückbleibt, sondern mit vorgeschobenem Gesäß in die Auf- und Vorwärtsbewegung des Pferdes geschmeidig eingeht. Dem Halse, den das Pferd im Sprunge streckt, muß am Zügel die nötige Freiheit gelassen werden. Der Reiter muß daher aus dem Ellbogen- und Schultergelenk nachgeben; in einzelnen Fällen kann sogar ein Mitgehen des ganzen Armes geboten sein. Fehlerhaft ist es, im Augenblick des Sprunges, anstatt die Anlehnung am Zügel zu bewahren, das Pferd ganz aus der Hand zu lassen, da es auf die bisherige Anlehnung vertrauend sich den Sprung einteilt. Geht die Anlehnung plötzlich verloren, so wird das Pferd gestört. Besonders fehlerhaft ist jedes Rückwärtswirken und Steigen der Hände.

Die Unterschenkel bleiben am Pferde liegen, die Füße können bis zum Spann durch den Bügel gesteckt werden. Stolpert ein Pferd beim Landen oder verliert es die Vorderfüße, so verlegt der Reiter, indem er nötigenfalls die Zügel durchgleiten läßt, sein Gewicht mehr nach rückwärts, damit das Pferd volle Freiheit hat sich wieder aufzurichten. Der lange Zügel ermöglicht dem Pferde ein besseres Untergreifen der Hinterhand zum Aufrichten und zieht den Reiter nicht auf die Schultern des im Fallen begriffenen Pferdes. Fühlt der Reiter bei einem Weitsprung, daß das Pferd mit der Hinterhand nicht richtig landet, so muß er zu deren Entlastung das Gewicht des Oberkörpers mehr nach vorn auf die bereits gelandete Vorhand legen.

Nach dem Sprunge ist das Pferd geradeaus weiter zu reiten, um der Neigung der Pferde, nach dem Hindernis nach einer Seite abzuweichen, entgegenzuwirken.

Bild 38a.

Absprung.

Pferde, die zu fest gehalten werden, brechen aus, bleiben vor dem Hindernis stehen oder machen Fehler, die das Überwinden des Hindernisses in Frage stellen, falls sie nicht aus Selbsterhaltungstrieb dem Reiter mit Gewalt die Hand nehmen und sich so Luft verschaffen; ein stürmisches, kopfloses Springen ist dann meist die Folge. Pferde, denen der Kopf in der Höhe festgehalten wird, können den Rücken nicht genügend gebrauchen; sie bleiben dann leicht mit der Hinterhand im oder auf dem Hindernis hängen.

Versagt ein Pferd beim Springen den Gehorsam, so wird es fast immer darauf ankommen, es zur gleichmäßigen Anlehnung an das Mundstück zu zwingen.

Bild 38b.

Schweben.

Bild 38c.

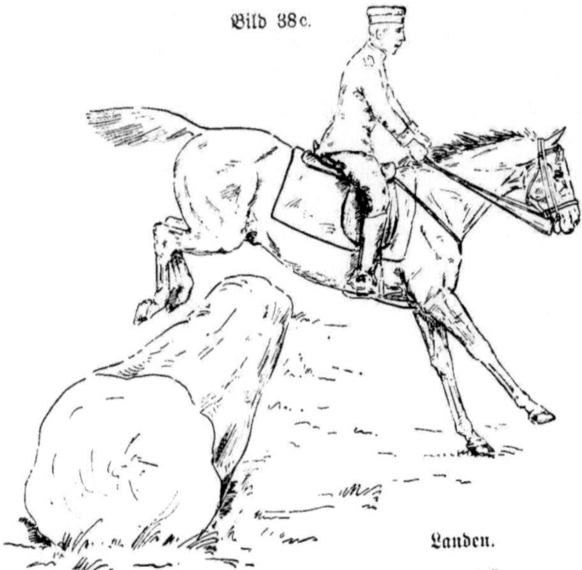

Landen.

Nur dadurch wird der Vortritt in gerader Richtung auf das Hindernis gewährleistet. Der Reiter hat deshalb vor allem bei möglichst gestrecktem Sitz und gespanntem Kreuz durch Spannen der Zügel die verloren gegangene Verbindung zwischen Hand und Pferdemaul wiederherzustellen. Ist das Pferd auf Kandare gezäumt, so ist vorwiegend die Trense zur Wirkung zu bringen.

Die meisten Pferde, die die Neigung haben auszubrechen, werden dies nach links versuchen, indem sie den rechten Hinterfuß seitwärts stellen. Der Reiter wird diesem Fehler in leichteren Fällen dadurch vorbeugen können, daß er das Pferd rechts schulterhereinartig geraderichtet und so gegen das Hindernis reitet.

Bleibt ein Pferd unmittelbar vor einem Hindernis stehen, das nur mit einem gewissen Anlauf überwunden werden kann, so gewinnt der Reiter den nötigen Abstand durch Rückwärtsrichten. Dann reitet er mit etwas zurückgeneigtem Oberkörper und energisch vortreibenden Hilfen erneut an und wiederholt erforderlichenfalls dieses Verfahren bis zum Erfolg. Hat ein Pferd das Herz zum Springen verloren, so ist das Hindernis wenn möglich niedriger zu stellen, oder ein Führpferd zu verwenden. In einzelnen Fällen wird das Pferd das Vertrauen nur durch Einspringen an der Hand (Longe) wieder gewinnen.

Verweigert ein Pferd schon aus einiger Entfernung das Herangehen an ein Hindernis durch Stehenbleiben, so sucht es der Reiter durch rasch aufeinander folgende, kräftig vortreibende Hilfen zum Vortritt der Hinterfüße zu bewegen und belastet diese durch Zurückneigen des Oberkörpers mit gespannten Zügeln und nach Bedarf höher gestellten Händen so lange, bis das Pferd die Hinterhand durch Vorwärtsgehen zu entlasten sucht. Gelingt es dem Reiter trotzdem nicht, auf einem Hufschlage vorwärts zu kommen, so muß er versuchen, sich durch eine schulterhereinartige Lektion dem Hindernis zu nähern.

Geht das Pferd trotz der vortreibenden Hilfen rückwärts, so straft der Reiter diese Unart, indem er es zu noch schnellerem Zurücktreten zwingt. Damit sich das Pferd nicht allzuweit vom Hindernis entfernen kann, versucht der Reiter das Pferd im Rückwärtsrichten auf eine vor das Hindernis gelegte Kreislinie zu bringen. Sobald das Pferd, der Überlastung der Hinterbeine müde, zum Stillstehen gekommen ist, werden die vortreibenden Hilfen in der Richtung gegen das Hindernis rasch erneuert.

Bricht ein Pferd vor dem Hindernis aus, so wird es sobald wie möglich mit Kopfstellung nach der Seite, wohin es ausgewichen ist, pariert und in gerader Richtung auf einem Hufschlage, oder wenn es dies verweigern sollte, auf zwei Hufschlägen so weit rückwärts gerichtet, bis es den zum Anreiten nötigen Abstand vom Hindernis gewonnen hat. Dann wird es schulterhereinartig vor die Mitte des Hindernisses geführt und erneut angeritten. Solange die Entfernung des Pferdes vom Hindernis durch das Ausbrechen nicht zu groß geworden ist, muß der erneute Anlauf zum Springen grundsätzlich durch Zurücktreten und Schenkelweichen gewonnen werden, weil dann nicht nur die Strafe dem Ungehorsam sofort auf dem Fuße folgt, sondern auch gleichzeitig der Sprung durch die beim Rückwärtsrichten erzielte Biegung der Hinterbeine am besten vorbereitet wird. Eine zweimalige Kehrtwendung zum Gewinnen des erneuten Anlaufes vermag dagegen dem Ausbrechen nicht so wirksam und dauernd zu begegnen.

Fühlt der Reiter noch rechtzeitig, daß das Pferd nach einer Seite ausbrechen will, und ist es dem Pferde noch nicht gelungen, ihm die Hand zu nehmen, so muß er das Ausbrechen durch sofortige Biegung nach dieser Seite und Vorwirken des äußeren Zügels zu verhindern suchen.

Macht ein Pferd vor einem Hindernis Kehrt, so muß es der Reiter durch eine Wendung auf der Vorhand nach der entgegengesetzten Seite wieder nach dem Hindernis wenden. Besondere Verhältnisse, wie glatter Boden, Mangel an Zeit, können es jedoch rechtfertigen, daß das Pferd in der gleichen Richtung, nach der es das erste Mal Kehrt machte, gewendet und dann mit kräftigen Schenkel- und Sporenhilfen, namentlich auf der äußeren Seite, vorwärts getrieben wird. Auf diese Weise wird der Reiter häufig rascher zum Ziele kommen, selbst wenn er das Pferd auch mehrere Male in der Richtung wenden muß, nach der es das erste Mal Kehrt gemacht hat. In diesem Falle ist jedoch die zweite Kehrtwendung, wenn auch wider den Willen des Pferdes ausgeführt, vom reiterlich erzieherischen Standpunkt aus kein Brechen des Ungehorsams. Der volle Gehorsam wird nur durch die Wendung in der entgegengesetzten Richtung erreicht.

Da das Pferd dem einseitig wendenden inneren Zügel durch Seitwärtsabschieben nach der entgegengesetzten Richtung in der Bewegung viel größeren Widerstand als im Stehen entgegenzusetzen vermag, so muß der Reiter die Wendung stets aus dem Halten ausführen. Das dem Zügelanzuge seitwärts ausweichende Pferd wird in entgegengesetzter Stellung zum Halten gebracht und dann durch eine Wendung auf der Vorhand in die gewünschte Richtung gestellt. Bei dieser Maßnahme kann sich das Pferd auch niemals weit von Hindernis entfernen.

Schickt sich das Pferd an, das Hindernis zu überwinden, so gestattet ihm der Reiter das zur Erhaltung des Gleichgewichts notwendige Strecken von Hals und Kopf durch entsprechende Verlängerung der Zügel und geht mit seinem Oberkörper in die Sprungbewegung ein. Unmittelbar nach dem Sprunge ist das Pferd für seinen Gehorsam zu beloben.

Hat ein Reiter nach längerem Kampfe seinen Willen durchgesetzt, dann sollte er sich am selben Tage mit dem einmaligen Erfolge begnügen, aber nicht durch Wiederholung oder gar Steigerung seiner Forderung den nunmehr guten Willen und die Unterwürfigkeit des Pferdes auf eine zu harte Probe stellen. Viele Reiter wollen den Erfolg immer mehr festigen und gehen durch zu häufige Wiederholung ihrer Forderung des oft mühsam errungenen Sieges wieder verlustig. Ein Pferd, das einen Sprung verweigert hat, darf nicht früher einrücken, als bis es das Hindernis überwunden hat.

Zieht ein temperamentvolles Pferd schon von weitem das Hindernis an, so ist es nicht mit Gewalt in eine kürzere Gangart zu zwingen, sondern allmählich an ein ruhigeres Überwinden des Hindernisses zu gewöhnen.

Faule und lauerige Pferde sind durch kräftig vortreibende Hilfen zu einem fließenden Sprunge zu veranlassen.

Von Gerte oder Bahnpeitsche ist möglichst beschränkter Gebrauch zu machen. Beide sind nur bei trägen und kitzlichen Pferden zu verwenden.

Im Gliede werden nur Hindernisse von mittleren Abmessungen springend zu überwinden sein. An den Offizier sowie an jeden Patrouillen- oder Meldereiter treten jedoch häufig auch höhere Anforderungen heran. Beim Überwinden bedeutenderer Hindernisse muß der Reiter, um dem Pferde den Sprung zu erleichtern, ohne aufzustehen den Oberkörper in die Bewegung hineinneigen; die Hände haben vermehrt nachzugeben. Bei breiten und namentlich bei hohen Sprüngen kommt alles darauf an, daß der Reiter sein Pferd nicht mit der Hand stört und es mit seinem Gewicht so wenig wie möglich behindert. Weitsprünge erfordern rasches Gegenreiten, bei Hochsprüngen muß man dem Pferde Zeit zur nötigen Versammlung lassen, damit es sich in hohem Bogen abschnellen kann.

Für das Soldatenpferd bleibt die Hauptsache, daß es auf eine seine Kräfte möglichst schonende Art das Hindernis überwindet und daß die Lanze des Reiters unter allen Umständen jenseits des Hindernisses an den Feind kommt. Daher wird das Soldatenpferd sehr häufig durch Klettern die Hindernisse vorteilhafter überwinden als durch Springen. Siehe „Geländereiten".

22. Verhalten auf ungehorsamen Pferden.

Durch sachgemäße Reitausbildung wird der Gehorsam dem Pferde so zur Gewohnheit werden, daß ernstliche Widersetzlichkeiten zu den Ausnahmen gehören. Um aber beim Widerstreben des Pferdes ein richtiges Verfahren einschlagen zu können, muß der Reiter wissen, wie er sich bei jeder Art von Ungehorsam zu verhalten hat. Treten im Laufe der Reitausbildung bei einzelnen Pferden Widersetzlichkeiten auf, so ist das richtige Korrekturverfahren auch für die übrigen Reiter der Abteilung zum Gegenstand der Belehrung zu machen.

In den meisten Fällen sind fehlerhafte Einwirkungen des Reiters und ungenügende Vorbereitung des Pferdes die Ursache des Ungehorsams. Auch benutzen die Pferde oft äußere Umstände, sich von den Hilfen loszumachen und sich dadurch der ihnen unbequemen Biegung des Genicks oder der Hinterbeine zu entziehen. Der Reiter soll daher nicht nur darauf bedacht sein, seinen Willen durchzusetzen, sondern er muß auch die wirklichen Ursachen des Ungehorsams zu erkennen und abzustellen suchen.

Wenn durch vorherrschende oder fehlerhafte Einwirkungen mit den Zügeln und mangelnde Schenkeltätigkeit Widersetzlichkeiten hervorgerufen worden sind, wird die planmäßige Korrektur in erster Linie darin bestehen müssen, daß man energisch vorwärts reitet und das Pferd dadurch wieder gleichmäßig an die Zügel bringt.

Nötigen die Umstände dazu, den Gehorsam durch Kampf zu erzwingen, so muß der Reiter trotz der dabei unentbehrlichen Energie stets seine Ruhe und Überlegung bewahren.

Etwa notwendige Strafen müssen ohne jede Leidenschaft und Erregung erteilt und schon beim geringsten Entgegenkommen des Pferdes mit Lob vertauscht werden; bilden doch Lob und Strafe ein wichtiges Verständigungsmittel zwischen Mensch und Tier. Alle Strafen müssen indessen mit einem gewissen Nachdruck erteilt werden. Viele Reiter fehlen hiergegen, indem sie gewissermaßen erst vorsichtig anfragen, wie das Pferd die Strafe aufnehmen wird. Hierdurch geben sie ihm Zeit zur Überlegung, steigern seine Widerstandskraft und ziehen den Kampf oft bis zur eigenen Erschöpfung in die Länge.

Bei der Korrektur ungehorsamer Pferde ist die sonst gebotene Losgelassenheit des Reiters nicht mehr am Platze. Die Zügel lassen sich nur dann in der bei allen Widersetzlichkeiten gebotenen Spannung erhalten, wenn der Reiter selbst in vollständiger Spannung sitzt. Er wird so auch energischer auf das Pferd einwirken und allen Zufälligkeiten besser begegnen können.

Jeder Zügelanzug muß auf den gleichseitigen Hinterfuß wirken. Die äußere Hand darf daher beim Wenden nicht über den Widerrist drücken. Es muß also vorherrschend mit dem inneren Zügel gewendet werden. Um dies ausführen zu können, ist es unbedingt geboten, beim Reiten auf Kandare rechts und links gleichwertige Einwirkungen herzustellen. Entweder schaltet man die Wirkung der Kandare aus und reitet nur mit der Trense, was sich in den meisten Fällen empfehlen wird, oder man teilt die Kandarenzügel. Die Hände sind so weit auseinander zu stellen, daß der Zügelanzug jederzeit einem Ausweichen der Hinterbeine begegnen kann.

Die bei der Führung mit angefaßter Trense vorkommenden Fehler sind bei Korrekturen besonders zu vermeiden. Sie sind in vielen Fällen die alleinige Veranlassung zum Ungehorsam. Wie der Reiter dem Verweigern des Vorgehens in einer bestimmten Richtung, dem Stehenbleiben, Wegbrechen oder dem Umkehren des Pferdes zu begegnen hat, ist beim Springen eingehend geschildert.

Scheue Pferde müssen mit Geduld und Nachsicht behandelt werden, da das Scheuen in vielen Fällen auf schlechtem Sehvermögen beruht. Glaubt man auf gütlichem Wege nicht zum Ziele gelangen zu können oder zeigt das Pferd hartnäckige Widersetzlichkeit, so stellt man den Kopf des Pferdes dahin, wohin es ausweichen will.

Bild 39.

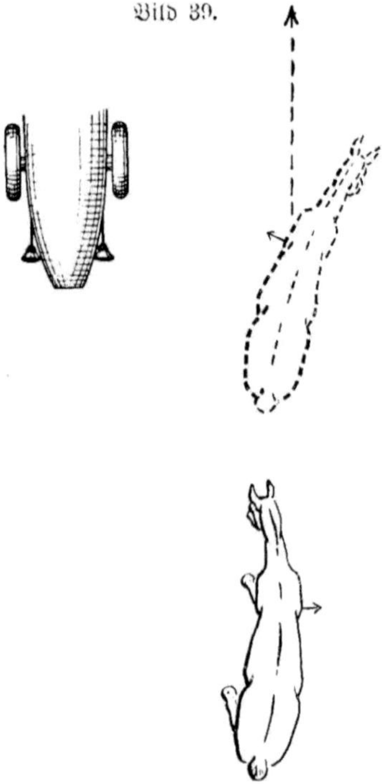

Scheut z. B. ein Pferd vor einem auf seiner linken Seite befindlichen, stehenden oder ihm entgegenkommenden Gegenstand (Bild 39), so wird es nach rechts auszuweichen oder umzukehren versuchen, sich also mit seinen linken Beinen nach rechts seitwärts abschieben. Durch starke Kopfstellung nach rechts, oder im Bedarfsfalle durch eine schulterhereinartige Stellung nach rechts wird die seitwärts schiebende Kraft der linken Gliedmaßen gebrochen. Der Reiter kann dann das Pferd mit dem äußeren, also dem linken Zügel und durch Vorwirken des rechten Schenkels je nach Bedarf in stärkerer oder geringerer Schulterhereinstellung an dem Gegenstand seiner Furcht vorbeireiten.

Ein bockendes Pferd versucht der Reiter durch vortreibende Schenkelhilfen zum Vorwärtsgehen zu veranlassen, da dann die bockenden Bewegungen des Pferdes leichter auszusitzen sind. Die Hände steigen und suchen durch kräftig hebende Anzüge Kopf und Hals des Pferdes in die Höhe zu bringen, erforderlichenfalls durch ruckweise nach oben wirkende Zügelhilfen. Das Gesäß bleibt im Sattel. Bei stark bockenden Pferden jedoch stellt sich der Reiter mit vollkommen gestreckten Beinen in die Bügel, wodurch das Gesäß dem Stoß entgeht; die Hände wirken energisch nach oben oder fassen in die Mähne. Die Hauptsache bleibt vorwärts zu reiten, dann hat der Reiter gewonnen.

Einzelne Pferde zeigen, namentlich wenn sie beim ersten Anreiten falsch behandelt werden, nach dem Aufsitzen eine gewisse Empfindlichkeit im Rücken und Neigung zum Bocken (Sattelzwang). Hier sind alle starken Einwirkungen und Gewaltmittel unangebracht, weil sie das Unbehagen und die Spannung des Pferdes nur vermehren. Der Reiter erleichtere vielmehr dem Pferde das Angehen durch vorgeneigten Sitz bei leichter Führung und vermeide anfangs jede Berührung mit dem Schenkel. Auch müssen solche Pferde, wenn möglich, längere Zeit vor dem Aufsitzen gesattelt und die Gurte nur allmählich und nicht zu fest angezogen werden.

Steigen ist eine Unart, zu der häufig stätische, scheue und ängstliche Pferde ihre Zuflucht nehmen, um sich vom

Zügel loszumachen und das Vorgehen in einer bestimmten Richtung zu verweigern. Sie findet sich aber auch bei solchen, die hinter dem Zügel sind und die Genick- oder Ganaschenbiegung versagen. Manche Pferde werden durch eine zu harte Hand, rohe Behandlung des Reiters oder durch zu scharfe, Schmerz verursachende Zäumung, welchen Einwirkungen sie sich auf keine andere Weise zu entziehen wissen, zum Steigen veranlaßt.

Beim Steigen steift das Pferd die Hinterbeine und verwendet hauptsächlich die Streckmuskeln der Hinterhand in Verbindung mit denen des Rückens und des Halses zum Erheben der Vorhand. Will sich das Pferd der Einwirkung durch Steigen entziehen, so muß der Reiter vor allem versuchen, es in Bewegung zu setzen, da das Pferd nur aus dem Stehen zu steigen vermag. Gelingt es nicht mehr, das Pferd vorwärts zu reiten, so wird der Reiter in leichteren Fällen das Steigen dadurch verhindern können, daß er das Pferd nach der nachgiebigen Seite hin stark abbiegt. Nötigenfalls kann er den Pferdekopf bis zu seinem Knie herumnehmen. Hierdurch wird das Zusammenwirken der Streckmuskeln des Halses mit jenen des Rückens und der Hinterbeine unterbrochen und dem Pferde die Fähigkeit zum Steigen genommen.

Hebt das Pferd die Vorhand trotzdem, so neigt der Reiter den Oberkörper so viel vornüber, daß er stets senkrecht zur Erde bleibt. Um ein seitliches Zusammenbrechen der Hinterhand oder ein senkrechtes Überschlagen nach hinten zu vermeiden, dürfen die Hände niemals nach rückwärts wirken, sollen aber womöglich die Anlehnung erhalten. Verliert das Pferd das Gleichgewicht, so läßt der Reiter die Bügel los und sucht sich seitwärts vom Pferde abzuschwingen.

Das Tiefstellen der Hände, wozu viele Reiter unwillkürlich neigen, ist kein Mittel, das Pferd vom Steigen abzuhalten.

Um dem Pferde die Kraft zu hohem Steigen zu nehmen und es ihm abzugewöhnen, muß der Reiter dem Heben der Vorhand dadurch begegnen, daß er das Zusammenwirken der obengenannten Muskeln durch Hochhalten von Hals und Kopf und durch die hierdurch bedingte Senkung des Rückens unmöglich macht. Reitet man auf Kandare, so ist diese sofort auszuschalten. Um einerseits das Heben der Vorhand zu verhindern, anderseits das Pferd wieder an die Hand zu bringen, nimmt der Reiter die beiden Hände so hoch, daß die mit vorgestreckten Armen gehaltenen und gespannten Trensenzügel in der Verlängerung der Maulspalte verlaufen. In dieser Stellung hält er mit einer gewissen Zähigkeit so lange gegen, bis das Pferd nicht mehr zu steigen versucht und sich im Genick seitlich abbiegt. Gibt es den Anzügen nach, so daß die Wirkung des Mundstücks auf die Laden übertragen werden kann, so wird nunmehr durch vortreibende Hilfen der Vortritt der Hinterbeine gesichert sein.

Gelingt es auch anfangs nicht bei allen Pferden sofort das Erheben der Vorhand durch Hochhalten von Hals und Kopf zu verhindern, so vermag der Reiter durch dieses Verfahren dennoch das Steigen bis zu einer Höhe zu beschränken, die ein Überschlagen des Pferdes nicht mehr befürchten läßt. Immerhin erfordert dieses bei richtiger Anwendung niemals versagende Mittel gegen das Steigen einen sehr unabhängigen Sitz, gutes Reitergefühl und reiterlichen Takt.

Ein durchgehendes Pferd steift sich im Halse und macht sich dabei auf dem Gebiß in der Tiefe oder Höhe fest, oder es rollt den Hals zusammen und entzieht sich auf diese Weise der Hand des Reiters.

Falsch ist es hierbei, das Pferd durch dauerndes Ziehen und Festhalten am Zügel sowie Hintenüberneigen des Oberkörpers zur Verlangsamung des Tempos veranlassen zu wollen; durch ersteren Fehler veranlaßt man das Pferd noch mehr, sich fest auf das Gebiß zu legen, durch das Zurückneigen treibt man das Pferd nur noch mehr vorwärts.

Die richtigen Hilfen sind vielmehr kurze und nachdrückliche Anzüge, wobei der Reiter darauf zu achten hat, daß in den Zwischenzeiten wieder nachgegeben und die Maultätigkeit des Pferdes wiederhergestellt wird. Die Zügel sind zu teilen. Ist Platz vorhanden, so muß der Reiter versuchen, das Pferd auf einen großen Kreis abzuwenden und diesen allmählich zu verkleinern.

Bild 40.

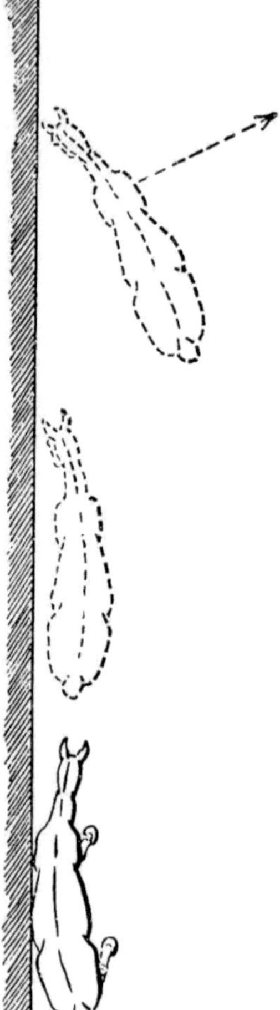

Lehnt sich ein ungehorsames Pferd an eine Mauer, z. B. mit seiner linken Seite (Bild 40), so stemmt es sich hauptsächlich mit den rechten Gliedmaßen dagegen und macht sich rechts hohl. Stellt der Reiter den Pferdekopf sofort nach links, also gegen die Mauer, so bricht er die abschiebende Kraft der rechten Gliedmaßen, macht das Pferd links hohl, schützt sein linkes Bein und vermag das Pferd durch Weichen vor dem linken Schenkel von der Mauer wegzuführen.

Verweigert ein Pferd das Herausgehen aus dem geschlossenen Gliede, so schiebt es der Reiter vermehrt an die Zügel, stellt es, wenn es sich gegen sein

Nebenpferd stemmt, nach dieser Seite, und versucht es unter vorherrschender Wirkung des innern Schenkels aus dem Gliede vorzureiten. Gelingt dies nicht, so nimmt er es einige Schritte zurück und sucht mit vollster Spannung im Kreuz und ununterbrochen gespannten Zügeln bei nach Bedarf höher gestellten Händen den Gehorsam durchzusetzen. Um nicht die übrigen Pferde durch Ausschlagen zu gefährden, hat sich der Reiter im Gliede und in der Nähe des Gliedes jeder Einwirkung mit den Sporen zu enthalten. Sind ausnahmsweise Sporenhilfen geboten, so dürfen sie nur vor dem Gurt gegeben werden.

Der hauptsächlichste Fehler, der beim Herausreiten aus dem Gliede begangen wird, besteht darin, daß sich die Reiter übereilen, das Pferd nur mit den Schenkeln vortreiben, ohne es vorher an die Hand zu stellen, und daß sie vornüber fallen. Der Lehrer muß daher dem Schüler Zeit lassen, sein Pferd vor dem Anreiten gut an die Zügel zu stellen.

Verweigert ein Pferd trotzdem das Herausgehen aus dem Gliede und klebt es an andern Pferden, und gelingt es dem Reiter nicht seinen Willen durchzusetzen, so versucht der Lehrer das Pferd am Backenstück aus der Abteilung vorzuziehen.

Bei energischem Widerstand ist die Longe zu verwenden.

23. Geländereiten.

Durch den Unterricht in der Reitbahn und auf dem Reitplatz lernt der Reiter ein tätiges Pferd auf ebenem Boden in allen Gangarten reiten und künstliche Hindernisse überwinden. Jede kriegerische Aufgabe führt ihn in das Gelände. Nur wenn er auch im Gelände sein Pferd beherrscht, erfüllt er seinen Beruf.

Es ist daher geboten, das Geländereiten zum

Gegenstand gründlicher Einzelausbildung zu machen. Sie muß den Anfänger vom Leichteren zum Schwereren führen und die Geschicklichkeit des ausgebildeten Reiters steigern. Eifriges Suchen läßt auch bei weniger günstig gelegenen Garnisonen Gelegenheiten finden, die zu diesem Zweck ausgenutzt werden können.

Klettern.

Beim Klettern muß der Reiter mit seinem Oberkörper stets senkrecht zur Wagerechten bleiben. Beim Bergaufreiten (Bild 41) neigt der Reiter seinen Oberkörper also je nach der Steilheit des Hanges mehr oder weniger vornüber und gibt den Hinterbeinen und dem Rücken, indem er festeren Knieschluß nimmt, vermehrte Freiheit. Die Zügelhand gibt entsprechend nach und muß ein Rückwärtswirken durchaus vermeiden, damit der Hals volle Bewegungsfreiheit erhält. Die rechte Hand greift in den mittleren Teil der Mähne. Kleinere steile Hänge werden senkrecht, längere in schräger Richtung überwunden. Das Tempo muß im allgemeinen dem Pferde überlassen werden; es richtet sich nach der Länge und Steilheit des Hanges, dem Kräftezustand und Temperament des Pferdes und nach der Bodenbeschaffenheit.

Beim Bergabreiten (Bild 42) neigt sich der Oberkörper je nach dem Grade der Böschung mehr oder weniger zurück. Die Zügel werden, ohne die Fühlung mit dem Pferdemaul zu verlieren, so viel verlängert, daß das Pferd die Nase tief nehmen und den Hals strecken kann. Bei steilen Hängen, die nur einzeln überwunden werden können, sind die Zügel zu teilen.

Steil bergab wird stets in senkrechter Richtung geritten. Namentlich beim Einstieg ist eine Schrägrichtung zu vermeiden. Die Pferde müssen zum ruhigen Bergabklettern erzogen werden.

Bild 41.

Das Überwinden eingeschnittener breiterer Gräben geschieht von dem schwer belasteten Truppenpferd sicherer durch Klettern als durch Springen. Befindet sich

Wasser in der Grabensohle, so wird ihre Bodenbeschaffenheit, ob fest oder sumpfig, für den Reiter bestimmend sein, dem Pferde entweder das Durchschreiten zu gestatten, oder es durch entsprechendes Versammeln und Vortreiben zum

Bild 42.

Springen von Böschung zu Böschung aufzufordern. Im Sprunge muß der Reiter bei der nun eintretenden plötzlichen Vorwärtsbewegung des Pferdes gut mitgehen, volle Zügelfreiheit gewähren und das Erklettern des jenseitigen Grabenrandes durch starkes Vorlegen des Oberkörpers ermöglichen.

Doppelsprünge.

Sind zwei dicht aufeinanderfolgende Hindernisse zu überwinden, so muß der Reiter gegen den ersten Sprung nur so viel treiben, daß dem Pferde danach noch genügend Raum zum Überwinden des folgenden Hindernisses zur Verfügung steht.

Der Reiter muß es dem Pferde überlassen, sich die Sprünge richtig einzuteilen. In erhöhtem Maße sind die gegebenen Weisungen zu beachten, wenn es sich um Überwinden von schmalen, tiefen, sich dicht folgenden, häufig auch noch überwachsenen Gräben (Rillen) handelt.

Auf- und Absprünge.

Beim Tiefsprung (Bild 43) muß der Reiter das Pferd beim Heben der Vorhand durch gutes Mitgehen des Oberkörpers, durch vortreibende Hilfen bei langen Zügeln veranlassen, zuerst auf den Vorderbeinen und nicht zu nahe am Hindernis zu fußen. Ein Zurücklegen des Oberkörpers beim Heben der Vorhand zum Absprunge würde gleichzeitiges Landen auf allen vier Beinen und damit eine Verprellung des Rückens und der Gelenke zur Folge haben. Beim Landen muß der Oberkörper gleichfalls senkrecht zur Wagerechten bleiben.

Beim Aufsprung auf eine Terrasse (Bild 44) ist das Pferd durch energisch vortreibende Hilfen zu rechtzeitigem und hohem Sprung zu veranlassen. Das Fußen mit den Hinterbeinen auf der Terrasse muß ihm durch vollkommene Zügelfreiheit und starkes Neigen des Oberkörpers nach vorwärts erleichtert werden.

Wälle werden je nach Höhe, Breite und sonstiger Beschaffenheit kletternd oder springend mit Aufsetzen auf der Krone überwunden. Nötigt ein Graben vor dem Walle zum Springen, so ist meist freieres Anreiten angezeigt.

Das Aufsetzen auf dem Wall befähigt das Pferd, den zur Überwindung eines etwa dahinter befindlichen Grabens erforderlichen Absprung zu finden.

Bild 43.

Bild 44.

Energische, aber nicht zu stark treibende Hilfen, Eingehen in die Bewegung bei langen Zügeln, sind Hauptbedingungen zum sicheren Überwinden dieses Hindernisses.

Reiten über tiefen oder sumpfigen Boden.

Der Reiter gibt dem Pferde vermehrte Zügelfreiheit und neigt bei festem Knieschluß den Oberkörper vornüber, um der Hinterhand die nötige Erleichterung zu gewähren. Wird dem Pferde durch das Reitergewicht das Überwinden sumpfiger Strecken sehr erschwert oder unmöglich gemacht, so springt der Reiter ab und führt sein Pferd am langen Zügel.

Reiten durch Wasserläufe.

Bei Wasserläufen mit steilen, hohen Ufern sind die Pferde zu ruhigem, mehr tastendem Einstieg zu veranlassen, da sie beim Hineinspringen in das oft unebene Bett eines tieferen Wasserlaufes leicht die Beine verlieren. Bei reißender Strömung werden sie sogar weggerissen, ehe sie auf dem Grunde gefußt haben. Vorheriges Untersuchen des Untergrundes und der Wassertiefe mit der Lanze ist geboten.

Beim Durchreiten stark fließenden Wassers nimmt der Reiter eine etwas schräge Richtung gegen den Strom und behält während des Durchreitens fortwährend den Punkt im Auge, wo er am jenseitigen Ufer anlangen will.

Das Gesäß ruht fest im Sattel, der Oberkörper wird leicht zurückgehalten, Kniee und Oberschenkel nehmen vermehrt Schluß. Dem Pferde wird die nötige Zügelfreiheit gegeben.

Verliert das Pferd vorübergehend den Grund, so läßt der Reiter die Bügel los, faßt mit beiden Händen in die Mähne und neigt den Oberkörper auf den Hals, um die Hinterhand zu entlasten. Die Zügel geben dem Pferde völlige Freiheit und der Reiter enthält sich jeglicher Einwirkung. Muß das Pferd schwimmen, so läßt sich der Reiter nach links aus dem Sattel gleiten. Zu hohem Ausstieg bedarf das Pferd vollständiger Zügelfreiheit und tunlichster Entlastung der Hinterbeine vom Reitergewicht durch Vorlegen des Oberkörpers.

Reiten im Dunkeln.

Beim Reiten im Dunkeln muß der Reiter das Pferd mehr sich selbst überlassen und die Neigung bekämpfen, es durch viele Einwirkungen zu stören. Das Pferd bleibt am Zügel, um gegebenenfalls einen Stützpunkt am Gebiß zu finden, erhält aber so viel Freiheit, daß es den Kopf tief nehmen kann. Es empfiehlt sich, die Mitte des Weges zu halten, um Steinhaufen oder Baumzweige zu vermeiden. Auf Waldwegen wird der Blick zuweilen nach den hellen Streifen zwischen den Baumkronen gerichtet.

Reiten über glatten Boden und über Eis.

Der Reiter sitzt möglichst still im Sattel. Plötzliche Schenkelhilfen und rasche Wendungen sind zu vermeiden, weil sie die Gefahr des Ausgleitens vermehren. Leichttraben ist unzweckmäßig, das Führen, wenn angängig, dem Reiten vorzuziehen.

Reiten durch Wald.

Beim Reiten durch Wald muß der Reiter weit voraus sehen und sich so den besten Weg suchen. Ein Ausweichen von Baum zu Baum setzt ihn der Gefahr aus, sich zu verletzen oder abgestreift zu werden.

Jagdreiten.

Durch keinen Zweig reiterlicher Ausbildung werden die zum dreisten, flotten Vorwärtsreiten querfeldein erforderlichen seelischen und körperlichen Eigenschaften bei Reiter und Pferd so geweckt und so erfolgreich geschult, wie durch das Jagdreiten. Es gewährt dem Reiter nicht die Zeit zu fürsorglichen Erwägungen in schwierigen Lagen; nur schnelle Entschlüsse ermöglichen es ihm oft, im Jagdfelde zu bleiben. In Übereinstimmung mit dem Willen des Reiters vermag der dem Pferde innewohnende Herdendrang und Selbsterhaltungstrieb im Jagdfelde manchmal außergewöhnliche Leistungen zu zeitigen. So trägt beim Jagdreiten oft ein gutes, braves Pferd den unerfahrenen wie den schwachen und weniger energischen Reiter über Hindernisse und Geländeschwierigkeiten hinweg, die er allein wohl niemals im Sattel überwunden hätte.

Solche Leistungen heben das Selbstvertrauen und wecken den Ehrgeiz, diese mächtige Triebfeder menschlichen Handelns. Auch hierin liegt mit der hohe erzieherische Wert des Jagdreitens.

Es ist nicht nur eine vortreffliche Schule für den jungen Offizier, sondern auch das beste Mittel für die Führer aller Grade, sich für die hohen und ernsten Aufgaben des Krieges die unbedingt nötige Beweglichkeit und Frische im Sattel zu erhalten.

Ein gut gerittenes, durchlässiges und ruhiges Pferd wird, wie bei jeder praktischen Verwendung, ganz besonders beim Jagdreiten, das sportliche Vergnügen und den erzieherischen Wert dieser Übung wesentlich erhöhen. Durch gründliche Einzelschulung von Reiter und Pferd im Überwinden von Hindernissen aller Art im geräumigen Galopp wird das Jagdreiten am besten vorbereitet.

Das Jagdreiten findet entweder hinter Hunden als Wild- oder Schleppjagd statt, oder ein Mitreitender übernimmt die Führung. Das Tempo geben die Hunde oder der Vorausreitende an. Den nötigen Abstand des Jagdfeldes regelt der Jagdherr oder der rangälteste Reiter. An ihm darf unter keinen Umständen vorbeigeritten werden.

Von richtiger Zäumung und Sattelung wird ein großer Teil des sportlichen Vergnügens, vielleicht auch der persönlichen Sicherheit abhängen. Der Reiter muß deshalb Zäumung und Sattelung genau prüfen, ehe er den Fuß in den Bügel setzt.

Nur ein weicher, geschmeidiger Sitz mit abwärts strebenden Knieen bei langen, aber anstehenden Zügeln wird dem Pferde die volle Entfaltung seiner Fähigkeiten gestatten und so ihm und dem Reiter erhöhte Sicherheit gewähren. Der Jagdreiter muß das tiefe Sitzenbleiben im Sattel, besonders im schwierigen Gelände, unter allen Umständen anstreben, soll aber stets bereit sein, seinen Schwerpunkt im Bedarfsfalle durch Vor- und Rückwärtsneigen des Oberkörpers zu verlegen.

So fehlerhaft und behindernd für den Sitz und den Gebrauch der Schenkel bei der Dressur der zu kurze Bügel ist, ebenso nachteilig sind zu lange Bügel beim Jagdreiten, namentlich auf heftigen Pferden. Das im geräumigen Jagdgalopp vorn tiefer werdende Pferd, bietet dem Reiter eine schmalere Anlehnungsfläche für seine Schenkel und läßt ihn gegen das meist stark vermehrte Herangehen an das Mundstück in dem langen Bügel für Oberkörper und Kreuz nicht mehr die erforderliche Stütze finden. Der Oberkörper wird leicht nach vorwärts gezogen und die Unterschenkel steigen gegen die Flanken des Pferdes. Auf solche Weise im Jagdfelde segelnde Reiter beeinträchtigen nicht nur ihre persönliche Sicherheit, sondern belästigen und gefährden durch die verminderte Herrschaft über ihre Pferde auch die übrigen Jagdteilnehmer.

Das im Jagdfelde sich oft in ungeahnter Weise entfesselnde Temperament des Pferdes wird den Reiter meist mehr auf ein geschicktes Steuern verweisen, als tätiges Einwirken erfordern.

Jeder Reiter wählt, weit nach vorwärts sehend, bei tunlichster Wahrung gleicher Fahrt selbständig seinen Strich. Ohne zu drängen oder zu kreuzen vermeidet er es, namentlich beim Springen, auf Vordermann zu reiten, der, wenn er zu Fall kommt, sonst in erhöhtem Maße gefährdet wird.

Der Jagdreiter soll es sich zur strengsten Pflicht machen, ohne Störung anderer seinen Platz zu halten und die größte Rücksicht auf die Mitreitenden zu nehmen.

Dies wird ihm um so besser gelingen, je sicherer er sein Pferd beherrscht.

Heftige Pferde werden leichter auf den Flügeln gehalten, temperamentlosere erfahren mehr Aneiferung im Rudel.

Viele Pferde gehen bei Beginn der Jagd vermehrt in die Hand; bei ihnen ist durch geschickte halbe Paraden die Durchlässigkeit wieder herzustellen. Treibende Hilfen müssen dabei durch vorgeneigten Sitz bei gespanntem Kreuz ausgeschaltet werden. Verliert der Reiter die Herrschaft über sein Pferd, so hat er sich in einem großen Bogen nach außen aus dem Bereiche des Jagdfeldes zu begeben.

Mit Rücksicht auf das Jagdfeld sind unsichere Springer entweder auf den äußersten Flügeln oder hinter dem Felde zu reiten.

Versagt ein Pferd inmitten des Jagdfeldes einen Sprung und gelingt es dem Reiter nicht, es sofort zum Gehorsam zu zwingen, so darf er den folgenden Reitern den Weg niemals durch erneutes Anreiten verlegen. Ein längs eines Hindernisses wegbrechendes Pferd, das die Mitreitenden in hohem Maße gefährdet, muß so rasch wie möglich zum Stehen gebracht und darf erst dann wieder gewendet und gegen das Hindernis angeritten werden, wenn eine Behinderung anderer Reiter nicht mehr zu befürchten ist.

Stürzt das Pferd, so muß der Reiter suchen, seitwärts vom Pferde fortzukommen, ohne jedoch die Zügel loszulassen. Nur so wird er der Jagdgesellschaft Störungen durch das reiterlose Pferd ersparen, sich selbst nicht vorzeitig des Jagdvergnügens berauben und sich davor bewahren, beim Hängenbleiben geschleift zu werden.

Ein im Überwinden von Hindernissen aller Art geübtes Pferd wird zwar überall als Jagdpferd gut verwendbar sein, die Eigenart des Geländes in manchen

Gegenden wird aber dennoch für seine erfolgreiche Verwendung eine besondere Schulung erheischen.

Werden vorstehende Grundsätze von jedem Reiter streng gewahrt, so bietet das Jagdreiten neben einem herrlichen reiterlichen Vergnügen die vortrefflichste Schule für alle Aufgaben im Sattel vor dem Feind.

24. Dauerritte.

Trotz aller Erfindungen auf dem Gebiete der Technik ist der Reiter im Aufklärungs- und Nachrichtendienst unentbehrlich. Oft versagen die technischen Mittel und nur der findige, pflichttreue Reiter auf ausdauerndem gehorsamem Pferde wird seine Meldung ans Ziel bringen. Weiß er durch geschicktes Reiten mit den Kräften seines Pferdes hauszuhalten und wendet er ihm eine fürsorgliche, liebevolle Pflege zu, so vermag es außergewöhnliche Leistungen zu vollbringen.

Dauerritte stählen die für den Krieg so wichtigen Eigenschaften des Soldaten, Willenskraft, Selbstvertrauen und Pflichttreue, und erhöhen das Vertrauen des Reiters zur Ausdauer seines Pferdes. Sie sollen den Reiter lehren, längere Ritte unter schonendem Verbrauch der Kräfte seines Pferdes auszuführen. Er findet dabei Gelegenheit, die unbedingt nötigen Erfahrungen in persönlicher Wartung und Pflege des Pferdes bei erhöhten Leistungen zu sammeln.

Das Soldatenpferd befindet sich nicht in jeder Jahreszeit in gleicher Reitkondition; dementsprechend müssen die Anforderungen bemessen werden. Dienstpferde unter acht Jahren sind zu Dauerritten überhaupt nicht zu verwenden. Es ist scharf zu verurteilen, wenn im Frieden den Pferden Anstrengungen zugemutet werden, die sich der Grenze ihrer Leistungsfähigkeit nähern, da die Gefahr vorliegt, daß hierdurch eine dauernde Schädigung eintritt. Wenn diese Gesichtspunkte beachtet werden, ist eine Vorbereitung der Truppenpferde für die dienstlichen Dauerritte im allgemeinen nicht erforderlich. Die vorhergehende Verabreichung einer Futterzulage ist jedoch erwünscht.

Außergewöhnliche Leistungen erfordern neben der Futterzulage eine systematische Vorbereitung.

Auch der Reiter muß seinen Körper durch lange dauernde Tätigkeit im Sattel und lange Trabreprisen genügend vorbereiten. Ein müder Reiter belastet das Pferd in erhöhtem Maße. Der Reiter muß daher eintretende Ermüdung energisch bekämpfen; seine Willenskraft wird sich dann auf das Pferd übertragen. Da eine zeitweise Entlastung des Rückens die Leistungsfähigkeit des Pferdes bedeutend erhöht, muß der Reiter auch befähigt sein, größere Wegstrecken zu Fuß zurückzulegen. Das Führen gewährt nicht nur dem Pferde, sondern auch dem Reiter Erholung. Da die Überwindung einer Steigung gegenüber der Fortbewegung in der Ebene das Vielfache an Kraft erfordert, so ist es eine besondere Erleichterung für das Pferd, wenn es starke Steigungen ohne Reiter überwinden kann. Ebenso empfiehlt es sich, bei längeren Abstiegen das Pferd zu führen. Beim Auf- und Absitzen muß jede Belästigung des Pferdes vermieden werden.

Nach dem Verlassen des Stalles muß der Reiter zunächst einige Zeit Schritt reiten. Zum Traben wählt er dasjenige Tempo, das seinem Pferde am meisten zusagt. Jedes Verstärken oder Verkürzen dieses Tempos sowie jeder Versuch, dem Pferde eine andere als die gewohnte Haltung abzuverlangen, würde einen Mehrverbrauch an Kräften verursachen. Die Trabreprisen sind anfangs kurz zu bemessen, sie können je nach dem Gelände bis zu 12 km gesteigert werden. Die Sommer- (Reit-) Wege der Kunststraßen sind nur dann mit Vorteil zu benutzen, wenn sie nicht tief und nicht durch Abzugsrillen häufig unterbrochen sind. Andernfalls ist ein Reiten auf der Mitte der Straße trotz deren

Härte vorzuziehen, da die Muskeln und Sehnen des Pferdes dann mehr geschont werden. Auf stark gewölbten Kunststraßen sind die abfallenden Seiten zu vermeiden.

Es ist nicht zweckmäßig, bei Dauerritten während einer Trabreprise den Fuß mehrmals zu wechseln, sondern es ist schonender für das Pferd, wenn der Reiter erst bei der nächsten Reprise auf dem anderen Fuße trabt. Die durch öfteren Fußwechsel hervorgerufene Veränderung der Gleichgewichtslage stört besonders das müde Pferd und verbraucht hierdurch unnötig seine Kräfte. Läßt ein Pferd im Verlaufe einer Dauerleistung erkennen, daß ihm das Leichttraben auf einem Fuße besonders unbequem und ermüdend ist, so daß es gleichsam zu lahmen scheint, so muß der Reiter nur auf dem dem Pferde bequemen Fuße traben.

Die Einschaltung von Reprisen im natürlichen Galopp (etwa 400 Schritt in der Minute) auf gutem Boden kann durch die veränderte Muskeltätigkeit erfrischend auf das Pferd einwirken. Das vom Pferde selbst angebotene Tempo darf nicht überschritten werden.

Bei allen Schrittreprisen soll der Reiter sein Pferd grundsätzlich führen. Eine große Erleichterung gewährt es ihm, wenn das Pferd daran gewöhnt ist, frei neben ihm herzulaufen.

Nach der ersten halben Stunde des Rittes ist es geboten, abzusitzen, um dem Pferde Gelegenheit zum Stallen zu geben. Da manche Pferde die Gewohnheit haben, nur auf Streu zu stallen, so müssen sie während des Rittes von Zeit zu Zeit in einen Stall gebracht werden. Zeigt das Pferd im Verlauf des Rittes wiederholt Neigung zum Stallen, so deutet dies auf große Ermüdung; dann ist Vorsicht geboten.

Vor jeder Rast ist das Pferd stets einige Zeit im Schritt zu führen; vor der Nachtstation sollte es mindestens eine halbe Stunde geführt werden.

Der Reiter wird zweckmäßig den größten Teil seines

Rittes vor der Hauptrast zurücklegen. Ist ihm die Einteilung des Rittes überlassen, so ist es bei großer Hitze angebracht, die Nachtstunden für den Ritt auszunutzen. Je müder das Pferd gegen Schluß des Rittes wird, desto kürzer müssen die Ruhepausen werden. Bei mehrtägigen Dauerritten sind die nächtlichen Rasten höchstens bis zu vier Stunden auszudehnen, weil sonst die Pferde steif werden und geraume Zeit brauchen, bis sie wieder auf die Beine kommen. Es ist zweckmäßiger, oft aber kurz zu rasten, als seltene, aber längere Ruhepausen einzulegen.

Spätestens eine Viertelstunde vor der Hauptrast, die nicht über eine Stunde auszudehnen ist, muß das Pferd unterwegs getränkt werden, so daß man sofort nach dem Einrücken mit dem Füttern beginnen kann. Wieviel Futter während dieser Rast gereicht wird, richtet sich nach der Freßlust der Pferde. Es empfiehlt sich aber, die Futtermenge nicht auf einmal, sondern in kleinen Portionen zu verabreichen.

Im Stalle ist vor allem für gute Streu und Vermeidung von Zugluft zu sorgen. Bei Futterpausen kann der Sattel sofort abgenommen werden; warm gewordene Stellen reibt man am besten mit einem groben Tuch trocken. Den Hufen ist die Zuführung von Feuchtigkeit entweder durch Einlage einer angefeuchteten Filzsohle oder durch Umschläge von Lehm- oder Kuhdünger, mit Essig gemischt, sehr zuträglich.

Während der Aufnahme des Futters muß dem Pferde unbedingte Ruhe gewährt werden.

Das beste Futter ist auch bei großen Anstrengungen der Hafer, dem man eine Hand voll Kleie beimengen kann.

Ein vorzügliches Mittel zur Erhöhung der Leistungsfähigkeit besonders während mehrtägiger, anstrengender Dauerritte bildet in Wasser aufgelöster Zucker. Das mit Zucker genährte Pferd schwitzt weniger und bedarf deshalb auch geringerer Wasseraufnahme. Man kann den Pferden nach und nach bis zu 3 kg Zucker an einem Tage verabreichen. Vorherige Gewöhnung an das Zuckerwasser ist geboten.

Für die Häufigkeit des Tränkens während des Rittes ist der Grad der Schweißabsonderung bestimmend. Bei großer Hitze soll man mindestens alle zwei Stunden tränken, doch darf das Wasser nicht zu kalt verabreicht werden; gieriges Saufen ist zu verhindern.

Die Körpertemperatur des Pferdes, die in normalem Zustande 37,5 bis 38,5° C. beträgt, steigert sich bei Anstrengungen. Ist die Steigerung nur gering, so wird die Gesundheit nicht gefährdet; hat sie aber 40° erreicht, so ist Vorsicht geboten. Tritt nach etwa einer Stunde ein Rückgang der Temperatur nicht ein, so ist anzunehmen, daß krankhafte Störungen im Organismus vorhanden sind und daß eine Fortsetzung des Rittes das Leben des Pferdes gefährden würde. Eine weitere Steigerung bis zu 40,5° nötigt zur Aufgabe des Rittes. Bei 41° besteht bereits Gefahr für das Leben. Bei längeren Ritten ist daher wiederholtes Messen der Temperatur angezeigt. Notwendig ist das Messen, sobald das Pferd große Mattigkeit, Mangel an Freßlust und sonstige krankhafte Erscheinungen zeigt.

Dem Beschlage ist besondere Sorgfalt zuzuwenden. Mit neu aufgeschlagenen Eisen muß das Pferd möglichst schon einige Tage vor Beginn des Rittes gegangen sein. Stahleisen sind dauerhaft, werden aber mit der Zeit sehr glatt und führen ein unsicheres Treten der Pferde herbei. Hufeisen aus Feinkorneisen haben sich besonders gut bewährt. Da ermüdete Pferde die Hintereisen erheblich mehr abnützen als die Vordereisen, ist es ratsam, in den Zehenteil der Hintereisen eine Stahlplatte einschweißen zu lassen.

Die Nahrungsaufnahme des Reiters muß der Arbeit entsprechen. Um die dem Körper durch die Anstrengung entzogene Flüssigkeit zu ersetzen, stillt der Reiter seinen Durst am besten durch Zuckerwasser, Kaffee oder Tee. Alkohol ist grundsätzlich zu vermeiden.

Dauerritte müssen wohl durchdacht, planmäßig festgelegt und durchgeführt werden. Soweit sich die vorstehend gegebenen Regeln auf Ritte beziehen, die über den Rahmen der dienstlichen Dauerritte hinausgehen, finden sie sinngemäß auch auf diese und ähnliche Ritte Anwendung.

Die beste Grundlage für Dauerleistungen ist eine gute Reitausbildung.

III. Teil.

Dressur der Remonten.

25. Ziel, Gang und Grundsätze der Dressur.

Um alle Anforderungen, die der Truppendienst an ein kriegsbrauchbares Soldatenpferd stellt, erfüllen zu können, bedarf das rohe Pferd planmäßiger gymnastischer Durchbildung seines Körpers und sorgsamer Erziehung. Beides zusammen nennen wir Dressur. Sie setzt sich zum Ziele, das Pferd zur höchsten Leistungsfähigkeit und zum unbedingten Gehorsam auszubilden. Dieses Ziel wird nur erreicht, wenn das Pferd in eine Form und Haltung gebracht wird, in der es seine Kräfte voll entfalten und vom Reiter mit Leichtigkeit beherrscht werden kann. In solcher Form und Haltung wird das Pferd auch den Anstrengungen des Dienstes lange gewachsen bleiben.

Die Dressur beginnt mit dem Anreiten, wobei die Benutzung von Führpferden, im Bedarfsfalle das Longieren, als vorbereitende Hilfsmittel dienen. Den jungen Pferden soll hierdurch, zunächst ohne Reiter, die durch die ungewohnte Sattelung hervorgerufene Spannung genommen werden. Zugleich sollen sie unter Anwendung von Ausbindezügeln veranlaßt werden, sich loszulassen und mit langem Halse die Anlehnung an das Mundstück in der Tiefe aufzusuchen.

Alsdann muß die Remonte das Gewicht des Reiters tragen lernen, dessen Last an die gesamte Muskulatur des Pferdes eine bisher ungewohnte Anforderung stellt. Besonders haben die Rücken-, Hals- und Bauchmuskeln zur Feststellung der Rückenwirbelbrücke dem Drucke des Reitergewichts entgegenzuwirken. Sie sind beim rohen Pferde dazu von Natur aus häufig nicht kräftig genug. Steifen in Hals und Rücken, Vorwärtsdrängen, Auflegen auf die Zügel, Stolpern und andere Störungen in Haltung und Gang sind damit verbunden. Erst wenn die vorgenannten Muskeln genügend entwickelt und gekräftigt sind, wird das Pferd die ohne Reiter gewonnene Haltung wiederfinden und sich auch unter dem Gewicht des Reiters mit langem Halse und hängender Nase zwanglos bewegen.

Losgelassenheit des Pferdes ist die erste Vorbedingung für den Erfolg der gesamten Dressur.

Die Beherrschung im Dienstgebrauch ist nur möglich, wenn das Pferd auf die treibenden Einwirkungen hin willig vorwärts geht und den verhaltenden sicher gehorcht.

Für die willige, kraftvolle Vorwärtsbewegung des Pferdes, für die Anregung seiner Gehlust ist die Entwicklung der Schubkraft der Hinterhand ausschlaggebend. Die ersten Hilfen, denen das Pferd folgen lernen muß, sind daher die vortreibenden. Der Gehorsam auf diese Hilfen ist die Grundlage für die Entwicklung des Ganges und die gesamte weitere Bearbeitung des Pferdes.

Die Entwicklung der Schubkraft soll zugleich zu der für den Gehorsam auf die Zügelhilfen unerläßlichen sicheren Verbindung zwischen Pferdemaul und Reiterhand führen, die in einer bestimmten Anlehnung an das Mundstück zum Ausdruck kommt.

Die Anlehnung darf niemals durch Rückwärtswirken mit den Zügeln gewonnen werden; sie muß das Ergebnis der richtig entwickelten Schubkraft sein.

Bei so erzieltem Herantreten der Hinterbeine an die Hand werden Nackenband und Rückenmuskeln des Pferdes elastisch gespannt. Der Reiter fühlt deutlich in beiden Händen und unter beiden Gesäßknochen, daß Vorhand und Hinterhand in Verbindung gebracht sind, und daß die Arbeit der Hinterhand sich in federnder Tätigkeit der Rückenmuskeln und in ruhigen, gleichmäßigen Tritten äußert. Der Schub der Hinterhand kann nunmehr ungehindert bis in das Maul hinein wirken und veranlaßt das Pferd, dem Drucke des Mundstücks nachzugeben, sich im Genick zu biegen und am Gebisse zu kauen. Damit ist auch für den Zügel die Möglichkeit geschaffen, auf die Hinterhand zu wirken.

Bei dieser Art der Bearbeitung wird das Pferd von selbst allmählich Anlehnung in der Tiefe und Beizäumung gewinnen.

Die für die Durchlässigkeit nötige Beizäumung darf niemals durch gewaltsames Einzwängen von Hals und Kopf erstrebt werden. Sie muß das Ergebnis des Nachschubes der Hinterbeine gegen die aushaltende Hand sein. Nur so wird die Feststellung des Halses am Widerrist erreicht, ohne die eine sichere Verbindung zwischen Vorhand und Hinterhand nicht möglich ist.

Sind Gehlust und Schubkraft ausreichend entwickelt, eine bestimmte Zügelanlehnung gewonnen und ein genügender Grad von Durchlässigkeit erreicht, so wendet sich die Dressur nunmehr der weiteren Aufgabe zu, die Tragkraft der Hinterbeine vermehrt in Anspruch zu nehmen und damit das Pferd zu versammeln.

Eine erhöhte Tragkraft der Hinterhand ist nötig, weil nur sie die erforderliche Aufrichtung gestattet und dem Reiter ermöglicht, das durchlässige Pferd zu vermehrter Schwerpunktverlegung nach rückwärts, also zur Entlastung der Vorhand und zur Mehrbelastung der Hinterhand zu veranlassen.

Vermehrt tragen können die Hinterbeine nur dann, wenn sie bei gutem Vortreten sich unter der ihnen von vorn zugeschobenen Last in den Gelenken zu biegen vermögen (Hankenbiegung). Die vermehrte Biegung hat ein entsprechend kräftigeres Strecken zur Folge. In diesem abwechselnden Biegen und Strecken der Hinterbeine beruht hauptsächlich deren gymnastische Übung. Sie wird zunächst derart vorgenommen, daß man dem Pferde eine anfänglich geringe, später gesteigerte, gleichmäßig verlaufende Längsbiegung unter häufigem Wechsel der Seite abverlangt. Der Hinterfuß der hohlen inwendigen Seite muß dabei mehr vortreten, somit die Körperlast vermehrt stützen und sich biegen.

Die biegende Bearbeitung der Hinterbeine steht unmittelbar in Zusammenhang und Wechselwirkung mit einer sich allmählich steigernden Versammlung des Pferdes. Diese verlangt neben vermehrter Tätigkeit der Hinterhand gleichzeitig gesteigerte Durchlässigkeit. Nur wenn von hinten nach vorn wie von vorn nach hinten eine völlig sichere, durch keinerlei Widerstände des Pferdes unterbrochene Leitung besteht, kommt es zum federnden Gegeneinanderarbeiten von Hinterhand und Vorhand, das allein eine richtige Versammlung ermöglicht. Alle Lektionen der biegenden und versammelnden Arbeit stehen demnach untereinander in engster Verbindung. Das Pferd lernt dabei dem Gegeneinanderwirken der vortreibenden und verhaltenden sowie der inneren und äußeren Hilfen gehorchen.

Zunehmender Gehorsam auf die vortreibenden Hilfen und wachsende Durchlässigkeit gegenüber den Einwirkungen der Hand werden bereits gestattet haben, die Pferde im Trabe allmählich zu einem etwas gehalteneren Tempo zu sammeln. Erforderlich ist ferner, daß die Pferde willig die inneren Hilfen beachten gelernt haben. Erst der genügende Gehorsam auf die inneren Hilfen gestattet die erfolgreiche Anwendung auch der äußeren, deren Mitwirkung zur Regelung und Vervollkommnung der Längsbiegung ebenso wie zur Erzielung von Versammlung unerläßlich ist. Ein aktives Eingreifen der versammelnden äußeren Hilfen, bevor das Pferd den inneren nachgegeben hat, ruft fehlerhafte Spannungen hervor.

Ist das Pferd in der Trabarbeit gut an die Zügel gebracht, bewahrt es auch im gesammelteren Tempo genügende Selbsthaltung, so wird zum Galopp übergegangen. Der Galopp fördert die Schub- und Schnellkraft der Hinterfüße sowie die elastische Tätigkeit der Rückenmuskeln in hohem Maße; gleichzeitig regt er die Gehlust des Pferdes vermehrt an.

Durch die bisherige Bearbeitung wird das Pferd allmählich derart gefördert sein, daß der Reiter den abgekürzten Trab auszubilden vermag. Richtige Arbeit im abgekürzten Trabe trägt wesentlich dazu bei, die Frische und Räumigkeit des Mitteltrabes zu verbessern. Das Pferd wird damit auch zum starken Trabe befähigt werden.

Zur weiteren Vervollkommnung der Versammlung, Biegsamkeit und Durchlässigkeit dienen die Seitengänge. Sie können nur mit Nutzen geritten werden, wenn durch die Arbeit auf einem Hufschlage Gang, Haltung und genügende Versammlung fest begründet sind. Ohne diese Grundlage, oder falsch geritten, wirken Seitengänge schädlich.

Durch die Arbeit auf zwei Hufschlägen wird die Schubkraft der Hinterhand bewußt eingeschränkt, um die Hinterfüße desto mehr zum Biegen und somit zum Tragen zu veranlassen. Trotzdem muß auch in den Seitengängen genügende Schubkraft erhalten bleiben, wenn erhöhte Versammlung erreicht werden soll.

Die durch die Seitengänge erzielte gesteigerte Versammlung wird nunmehr auch auf die versammelnden Lektionen auf einem Hufschlage übertragen werden können.

Das Reiten der Seitengänge ist niemals Selbstzweck. Es dient nur der Verbesserung der Haltung, des Ganges und der Durchlässigkeit.

Das Pferd muß sowohl in versammelten wie in freien Gängen seine volle Durchlässigkeit bewahren. Erst dann wird es schwunghafte und geräumige Gänge zeigen.

Der Dressurzweck muß im wesentlichen durch die Arbeit auf Trense erreicht werden. Auf Kandare wird das erlangte Maß von Ausbildung nur vervollkommnet und befestigt.

Im Verlaufe der ganzen Dressur handelt es sich niemals um die Bearbeitung einzelner Teile des Pferdekörpers, sondern stets um die des ganzen Pferdes. Schwierigkeiten und Widerstände, die in Steifungen des Halses und Genicks, des Rückens und der Hinterhand ihren Ausdruck finden, stehen stets in engster Wechselbeziehung zueinander. Sie können nur in der Bewegung erfolgreich überwunden werden. Nachgiebigkeit des Pferdes im Halten kann den Reiter leicht täuschen. Im Gange dagegen wird der Reiter durch das Bedürfnis des Pferdes nach Erhaltung des Gleichgewichts in seiner Einwirkung unterstützt.

Die Arbeit auf der Stelle ist daher auf das notwendigste Maß zu beschränken. Grundsätzlich ist stets das ganze Pferd im Vorwärtsreiten zu arbeiten.

Der für die gesamte Dressur des Pferdes wichtigen Forderung, daß stets die Kräfte der Hinterhand voll gegen die Vorhand wirken müssen, steht bei den meisten Pferden eine von Natur schiefe Körperhaltung erschwerend gegenüber. Diese Schiefe kann nur dadurch bekämpft werden, daß Vor- und Hinterhand dauernd aufeinander eingerichtet werden.

Je mehr es im Laufe der Dressur gelingt, die Hinterhand zu biegen und dadurch zum Stützen und Abschieben der Körperlast geschickter zu machen, desto weniger wird das

Pferd eine Stütze in der Hand des Reiters suchen, vielmehr Hals und Kopf, je nach seinem Gebäude mehr oder minder hoch, selbst tragen (Relative Aufrichtung). Der für eine sichere Hebelwirkung auf die Hinterhand erforderliche Grad der Aufrichtung des Halses wird indessen nur bei Pferden mit besonders günstigem Gebäude lediglich dadurch erreicht werden, daß die Hinterhand bei passivem Verhalten der Hände durch Biegung niedriger wird. Wo dagegen Widerstände im Genick und in den Ganaschen zu beseitigen sind, vermag der Reiter die nötige Aufrichtung nur unter aktiver Mitwirkung der Hände in Übereinstimmung mit den übrigen Hilfen zu erzielen.

Die Aufrichtung des Halses darf erst beginnen, nachdem das Pferd sichere Anlehnung in der Tiefe gewonnen hat; sie darf niemals auf Kosten des schwungvollen und geräumigen Ganges stattfinden. Wird ein Pferd mit Hals und Kopf in die Höhe gearbeitet, bevor die Hinterhand Kraft und Geschick erlangt hat, die ihr von vorn zugeschobene Last aufzunehmen, so wird es im Rücken unter dem Sattel tiefer, also zum Tragen des Reitergewichts weniger befähigt werden. Eine solche (absolute) Aufrichtung ist falsch.

Eine für alle Pferde normale Stellung von Hals und Kopf gibt es nicht. Es muß vielmehr die für das Gebäude des Pferdes passendste Stellung gefunden werden. Sie ist erreicht, wenn das Pferd bei voller Durchlässigkeit schwunghaft und dabei ruhig und geräumig tritt. Die untere Linie des Halses darf niemals nach vorwärts ausgebogen sein.

Die beste Stellung ist die, bei der der Hals sich frei aus dem Widerrist erhebt und die Kammlinie in ihrem oberen Teile einen zum Genick sanft gewölbten Bogen bildet, dessen höchster Punkt das Genick ist; der Kopf wird mit seinem vorderen Rande — von Stirn bis Nase — senkrecht getragen.

Eine solche Stellung ermöglicht dem Reiter die beste Hebelwirkung auf die Hinterhand. Der beschriebene Grad von Aufrichtung und Beizäumung darf aber vom Pferde nur im Halten und in versammelten Gängen gefordert werden. In freieren Gängen muß ihm der Reiter ein Längermachen des gebogenen Halses und ein leichtes Vornehmen der Nase gestatten. Ebenso kann im Bedarfsfalle vorübergehend eine vermehrte Beizäumung gefordert werden. Der Reiter muß stets, besonders bei vermehrter Beizäumung, im Pferde das natürliche Streben wach erhalten, den Hals auszudehnen, somit an die Hand heran zu gehen.

Im Laufe der Dressur ist die als beste bezeichnete Stellung nach Möglichkeit anzustreben. Mangelhaftes Gebäude des Pferdes, namentlich schwieriger Hals, weicher Rücken und schwache Hinterhand bedingen indessen einen geringeren Aufrichtungsgrad. **Durchlässigkeit und Schwung in allen Gangarten bilden allein den Prüfstein für die Richtigkeit der Stellung von Hals und Kopf.**

Die in der Bahn erlernte Haltung (**Dressurhaltung** Bild 45) kann im Dienstgebrauch, wo das Pferd unter schwerem Gewicht hohen Anforderungen an Leistungen und Ausdauer gerecht werden muß, nicht immer verlangt werden. Sie würde einen zu großen Kraftaufwand des Pferdes bedingen und im unebenen Gelände die praktische Fußsetzung oft stören. Im Gebrauch ist daher dem Pferde so viel Zügelfreiheit einzuräumen, als es zu seiner sicheren und bequemen Fortbewegung bedarf (**Gebrauchshaltung** Bild 46). Als beste Gebrauchshaltung ist die anzusehen, in der das Pferd in geringerer Zusammenstellung, aber völliger Durchlässigkeit mit längerem und tieferem Hals in weniger erhabenen, aber geräumigen Gängen sich selbst trägt.

Bild 45.

Dressurhaltung.

Würde bei der Bearbeitung des Pferdes nie mehr als solche Gebrauchshaltung verlangt, so ginge auch diese bei größeren Anforderungen sehr bald verloren. Dagegen wird ein in der Dressurhaltung völlig durchgearbeitetes, durch planmäßige Übungen in allen Körperteilen gekräftigtes Pferd auch bei größeren Anstrengungen mit Leichtigkeit eine gute Gebrauchshaltung bewahren. Ebenso ist es für alle Hilfen des Reiters aufmerksamer und durchlässiger, infolgedessen stets besser in der Hand und in einer Haltung, die dem Reiter bei der Zügelführung mit einer Hand den vollen Gebrauch der Waffe gestattet.

Ein gut gerittenes Pferd gibt dem Reiter das Gefühl vollkommenen Gleichgewichts und befähigt ihn, den Schwerpunkt nach seinem Willen nach vorwärts oder nach rückwärts zu verlegen, also jederzeit zwischen hoher

Bild 46.

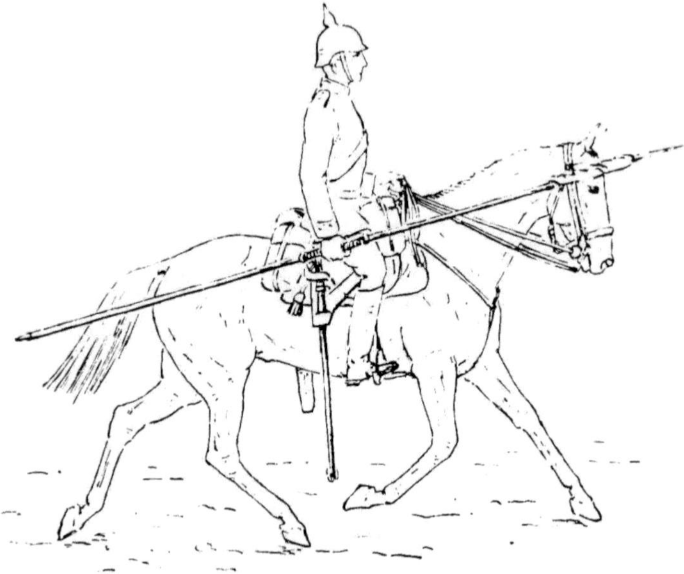

Gebrauchshaltung.

Versammlung und freien Gängen zu wechseln. Ein so gerittenes Pferd folgt bei fortgesetzt leichter Anlehnung an das Mundstück willig und weich jedem Zügelanzuge. Es geht mit schwunghaft federnden und geräumigen Gängen aus eigenem Antrieb vorwärts und verstärkt auf leichte, fast zeichenartige Hilfen Tempo und Gangart.

Das Endziel aller Dressur ist die unbedingt sichere Beherrschung des Pferdes im Gelände.

Junge Remonten.

26. Behandlung und Erziehung des jungen Pferdes.

Allgemeines. Die Spätreife der Remonten verlangt besonders im ersten Ausbildungsjahr unbedingtes Maßhalten in den

Anforderungen. Ein Überschreiten dieses Maßes hat selbst bei großem Geschick des Lehrers wie der Reiter eine Schädigung des Materials zur Folge.

Zur Wartung und Pflege der Remonten, besonders für ängstliche und schreckhafte Pferde, sind ruhige und verständige Leute zu nehmen. Die Art des Umganges mit dem Pferde sowie die Stallpflege vermögen auf die Dressur ebenso fördernd wie schädigend einzuwirken.

Die Remonten sind in den Depots am Tage meist im Freien und müssen daher nach ihrem Eintreffen beim Truppenteil, wenn sie nicht sofort angeritten werden können, womöglich auf Koppeln oder Laufgärten bewegt werden. Stehen solche nicht zur Verfügung, so sind die Remonten täglich mindestens eine Stunde im Freien zu bewegen.

Wertvolle Verständigungsmittel zwischen Mensch und Tier, namentlich bei Beginn der Dressur, bilden Stimme und Gebärden. Für Lob und Tadel ist das Pferd sehr empfänglich. Auch die Art und Weise, wie der Reitlehrer seine Kommandos und Korrekturen gibt, vermag beruhigend, aber auch aufregend auf die Pferde einzuwirken.

Ein wichtiges Hilfsmittel, sich dem jungen Pferde verständlich zu machen, ist die G e r t e, deren Gebrauch dem Remontereiter zu lehren ist. Die Gerte soll das Verständnis für die vortreibenden Schenkelhilfen wecken und muß deshalb das Pferd unmittelbar hinter dem Reiterschenkel treffen. Diese Berührung veranlaßt das Pferd, die Hinterfüße vorzusetzen. Mit dem Gebrauch der Gerte verbindet der Reiter allmählich und immer fühlbarer ein Klopfen mit dem Unterschenkel, bis das Pferd diesem allein folgen gelernt hat. Alsdann fallen die Hilfen mit der Gerte fort. Wollte man gleich zu Anfang die dem Pferde noch unbekannten Schenkel allein anwenden, so würden Widersetzlichkeiten die Folge sein.

Beim Gebrauch der Gerte behält der Reiter gewöhnlich den Zügel in der Hand, mit der er die Gerte führt. Er beginnt beim rohen Pferde die vorbereitenden Hilfen mit dem Anlegen der Gerte an die innere Schulter und steigert diese Hilfe bis zu leichten Schlägen. Erzielt der Reiter hierdurch nicht die gewünschte Wirkung, so läßt er sie hinter seinem Schenkel an den Leib des Pferdes fallen.

Die Bahnpeitsche wird zur Nachhilfe nur vom Lehrer gebraucht, indem er das Pferd entweder mit der äußersten Spitze als leichteste Hilfe streift oder mit dem vorderen Ende des Schlages, je nach Bedarf, mehr oder weniger nachdrücklich den Leib oder die Hinterhand berührt.

Mit der Dressur muß auch eine sorgsame Erziehung von Anfang an Hand in Hand gehen. Das junge Pferd muß erst mit den Hilfen bekannt gemacht werden, ehe man Gehorsam verlangt. Die Anforderungen daran dürfen anfangs nur mäßig sein; alle Veranlassungen, die Widersetzlichkeiten herbeiführen könnten, sind so lange zu vermeiden, bis die Unterordnung des Pferdes unter den Willen des Reiters gleichsam gewohnheitsmäßig geworden ist. Mit dem Lob ist nicht zu geizen; unvermeidliche Strafen sind mit Ruhe und Überlegung anzuwenden.

Jeder Kampf mit einem jungen Pferde, das noch kein Verständnis für die Hilfen gewonnen hat, hat meist nachteilige Folgen. Es erleidet dadurch nicht nur oft Schaden an seinen Beinen, sondern wird auch leicht im Charakter verdorben. Das Pferd hat ein gutes Gedächtnis und vergißt schlechte Behandlung nur langsam.

Bei der Erziehung bedürfen der Herdentrieb und der Drang nach dem Stall besonderer Berücksichtigung. Sie spielen fast bei allen Widersetzlichkeiten eine Rolle; vielfach bilden sie sogar die unmittelbare Veranlassung zur Äußerung des Ungehorsams. Anfänglich muß man sich aber die erwähnten Naturanlagen zunutze machen. So bedient man sich beim ersten Anreiten der Arbeit in der Abteilung und benutzt den Herdentrieb, um die Gehlust der Pferde zu wecken. Ebenso wird man sich das Einspringen dadurch wesentlich erleichtern, daß man neue Hindernisse zunächst auf die Abteilung zu springen läßt oder sich dabei eines sicheren Führpferdes bedient.

Später muß man durch vieles Einzelreiten und durch Steigerung der dabei gestellten Anforderungen den Herdentrieb und den Drang nach dem Stall planmäßig bekämpfen.

Außer dieser Erziehung, die sich in engem Zusammenhang mit der eigentlichen Dressur vorherrschend in der Bahn oder auf dem offenen Reitplatz abspielt, bedarf das junge Pferd aber noch planmäßiger Gewöhnung und Vorbereitung, um ihm die Furcht vor den vielen Scheu erregenden Eindrücken zu nehmen, denen es bei seiner dienstlichen Verwendung ausgesetzt ist.

Satteln und Zäumen.

Das erste Satteln und Zäumen der Remonten und schon das Verpassen der Sättel erfordert besondere Vorsicht und Sorgfalt, da junge Pferde durch einmaliges unvorsichtiges Satteln auf lange Zeit verdorben werden können. Anfangs ist das Satteln von zwei Leuten vorzunehmen, von denen einer die Aufmerksamkeit des Pferdes abzulenken sucht.

Beim ersten Satteln sind Woilach und Sattel mit hochgezogenen Bügeln ohne Vorderzeug vorsichtig aufzulegen. Der Sattel wird leicht angegurtet und der Gurt nicht zu weit nach hinten gelegt. Festes Gurten ist zu vermeiden.

Die Trense wird aufgelegt, während das Pferd noch an der Krippe steht. Um Pferden, die infolge des ungewohnten Sattelns den Rücken stark spannen, das Herumtreten zu erleichtern, hängt man die Trennbäume aus. Später wird der Sattel etwas nachgegurtet.

Da richtiger Sitz und erfolgreiche Einwirkung des Reiters zum großen Teil von richtiger Lage des Sattels abhängen, muß dem Verpassen der Sättel und dem rechtzeitigen Umsatteln stets besondere Aufmerksamkeit zugewandt werden. Ist bei einzelnen Remonten wegen noch mangelhafter Haltung von Hals und Kopf oder wegen zu starken Bauches eine richtige Sattellage nicht zu erzielen, so kann bis zur Gewinnung besserer Haltung und Form ein Vor- oder Hintergurt verwendet werden. Ebenso fehlerhaft wie der zu weit nach vorn liegende ist der zu weit nach hinten liegende und zu fest gegurtete Sattel.

Zusammenstellung von Reiter und Pferd.

Die richtige Zusammenstellung von Reiter und Pferd erleichtert die Dressur ungemein.

Gewicht, Körperbau, Temperament und Reitfertigkeit des Reiters erfordern die gleiche Berücksichtigung, wie Gebäude, Charakter und Grad der Entwicklung des Pferdes.

Von besonderer Wichtigkeit für eine erfolgreiche Berittenmachung ist die Beurteilung der Tragfähigkeit des Rückens. Da diese häufig selbst von einem geübten Auge irrig beurteilt wird, vermag der Reitlehrer hierüber nur durch das eigene Gefühl im Sattel ein richtiges Urteil zu gewinnen. Hierbei darf ein gespannter Rücken nicht gleich für stark und ein herabgedrückter Rücken nicht gleich für schwach gehalten werden. Erst wenn das Pferd sich losgelassen hat, vermag der Lehrer die Tragfähigkeit des Rückens richtig zu beurteilen.

Da die erste Verteilung von Reiter und Pferd sich nur nach dem Auge vornehmen läßt, wird anfangs öfter gewechselt werden müssen. Es ist aber besonders bei jungen Pferden sehr wünschenswert, daß möglichst bald eine passende Zusammenstellung von Reiter und Pferd Platz greift.

Ein Wechsel muß eintreten, wenn vorauszusehen ist, daß ein Pferd unter dem betreffenden Reiter verdorben wird. Häufig ist es auch nur geboten, ein Pferd vorübergehend durch einen geschickteren, besseren Reiter arbeiten zu lassen.

Sobald die Fähigkeit des Reiters zur Korrektur eines Fehlers nicht mehr ausreicht, sollte der Lehrer selbst im Sattel eingreifen. Auf diese Weise lernt er sowohl den Dressurgrad der Pferde wie die Reitfertigkeit seiner Schüler genau kennen und vermag hiernach den richtigen Reiter herauszufinden.

27. Das Anreiten.

Vorbereitung ohne Reiter neben Führpferden.

Die natürliche Haltung und die natürlichen Gänge des Pferdes bilden die Grundlage für die Ausbildung der Remonten.

Um die Remonten zu dem für das Tragen des Reitergewichts notwendigen Tiefstellen von Hals und Kopf zu veranlassen und ihre Aufmerksamkeit von äußeren Vorgängen abzulenken, werden sie ausgebunden und durch einen Mann auf einem alten Pferde an die Hand genommen (Bild 47).

In das Kinnstück der Trense der Remonte wird ein Führzügel eingeschnallt, den der Führer auf dem alten Pferde in die rechte Hand nimmt. Die Trensenzügel werden geknotet auf den Hals gelegt. Dem Ausbinden ist die größte Aufmerksamkeit zu widmen. Das Maß der Ausbindezügel ist so zu wählen, daß das Pferd volle Freiheit hat, mit langem Halse den Zügel zu suchen, aber auch die Möglichkeit, ihn zu finden. Danach muß die Zügellänge immer wieder berichtigt werden. Wünschenswert sind verschnallbare Ausbindezügel.

Um ein Losreißen zu verhindern, empfiehlt es sich, in den ersten Tagen die Stallhalfter unter der Trense zu belassen und in deren mittlerem Verbindungsstück einen

Bild 47.

Junge Remonte neben Führpferd an der Hand.

Strick oder Riemen zu befestigen, dessen anderes Ende an einer dem Führpferde lose um den Hals gelegten Koppel festgebunden wird.

Die hochgezogenen Bügel sind mit den Steigriemen zu befestigen.

Neben den Führpferden ist den Remonten hinreichende Bewegung zu geben, um ihnen den Stallmut zu nehmen. Sie gewöhnen sich nach und nach an den Sattel und geben die Spannung im Rücken auf.

Damit die Remonten nicht durch die Vorderpferde in ihrer Haltung gestört werden, müssen sie schon jetzt veranlaßt werden, von den Vorderpferden abzubleiben.

Muß das Abtraben neben Führpferden in einer gedeckten Bahn vorgenommen werden, so sind die Ecken mit den alten Pferden so abzurunden, daß dabei der freie Vortritt der Remonten nicht leidet. Auch ist zu beachten, daß die Remonten, wenn sie außen gehen, nicht zu nahe an die Wand gedrängt werden. Haben sie gelernt auf der linken Hand längs der Wand auf dem Hufschlage zu gehen, so können sie auch zeitweise an die linke Seite der Führpferde genommen werden, um auch auf der rechten Hand an der Wand gehen zu lernen.

Das Trabtempo muß bei dieser Vorbereitung zum Anreiten ruhig aber frisch sein, so daß die natürliche Haltung der Pferde nicht gestört wird. Es darf nicht so kurz sein, daß die Pferde im freien Treten behindert werden, aber auch nicht so stark, daß sich einzelne Pferde im Gange übereilen müssen, um mitzukommen. Ab und zu wird gehalten und die Lage des Sattelzeuges und die Länge der Ausbindezügel nachgesehen.

Haben sich die Remonten in einigen Tagen an den Sattel gewöhnt und die Zügel in der Tiefe angenommen, so können sie, nachdem sie durch abwechselnde Schritt- und Trabreprisen leicht ermüdet sind, bestiegen werden. Je mehr die Anlehnung in der Tiefe ohne Reiter gefestigt worden ist, desto besser wird sich das erste Aufsitzen und Anreiten vollziehen.

Die beste Vorbereitung zum Anreiten der Remonten wäre das Longieren. Bei der Truppe läßt sich dies aber meist nicht durchführen; bei schwierigen und zurückgebliebenen Remonten ist indessen von diesem Hilfsmittel ausgiebiger Gebrauch zu machen.

Sollten einzelne Pferde unter dem Reitergewicht die Anlehnung in der Tiefe noch nicht willig annehmen, so können nach Bedarf die Ausbindezügel noch beibehalten werden. Das erste Anreiten der Remonten hat mit umwickelten oder ohne Sporen zu erfolgen.

Zum Aufsitzen läßt der Reitlehrer zweckmäßig die Remonten nebst Führpferden auf der linken Hand halten; Vorbereitung mit Reiter neben Führpferden.

dann läßt er die Reiter auf den Führpferden rechtsum machen, so daß sie senkrecht zum Hufschlage und vor ihrer Remonte stehen. Nachdem der Reiter das Sattelzeug nochmals nachgesehen hat, sitzt er vorsichtig und nicht zu langsam auf. Ein Gehilfe ergreift hierbei mit der rechten Hand, ohne zu ziehen, das Kinnstück der Trense, mit der linken Hand den rechten Steigriemen unmittelbar über dem Bügel, ohne den Sattel stark herunterzuziehen und gibt dem aufgesessenen Reiter den Bügel an den Fuß. Der Gehilfe darf sich nicht als Gegengewicht an den Bügel hängen.

Um dem jungen Pferde die Aufnahme des ungewohnten Reitergewichts zu erleichtern, muß der Reiter sich weich und weit nach vorn in den Sattel niederlassen.

Nach dem Einsitzen soll der Reiter jede unnötige Bewegung, namentlich Bügelschnallen, vermeiden.

Ist ein Pferd durch ungeschicktes Aufsitzen ängstlich geworden, so empfiehlt es sich, den Reiter auf das Pferd heben zu lassen, bis das Vertrauen wieder hergestellt ist. Der Reiter stellt sich hierzu an die linke Schulter des Pferdes, faßt mit der linken Hand in die Mähne, stützt sich mit der rechten Hand auf den Vorderzwiesel und hebt den linken Unterschenkel an. Ein Gehilfe erfaßt mit der rechten Hand von unten den linken Unterschenkel des Reiters nahe dem Knie und hebt den Reiter weich und schnell hinauf.

Da das junge Pferd das Reitergewicht in der Bewegung leichter tragen kann, als im Halten, so müssen alle Reiter möglichst zu gleicher Zeit aufsitzen, damit sofort angeritten werden kann. Der Reiter des Führpferdes übernimmt wieder die Führung, während der Remontereiter sich zunächst jeder Einwirkung zu enthalten hat.

Der Schritt soll natürlich und frei, jedoch nur so geräumig geritten werden, daß alle Pferde ohne Übereilung mitkommen können.

Damit die Remonten beim ersten Anreiten nicht durch langes Schrittreiten unruhig werden, wird bald zu einem Trabe übergegangen, der dem natürlichen Trabe des rohen Pferdes möglichst gleichkommt. Da man genötigt ist, Pferde mit verschieden geräumigen Gängen in einer Abteilung auszubilden, so muß ein Trabtempo gewählt werden, worin die langsamen Pferde ohne Übereilung mitkommen können und die lebhafteren in ihrem freien Vortritt möglichst wenig verhalten zu werden brauchen.

Durch dieses Traben soll vor allem die Gehlust des Pferdes geweckt und auch befriedigt werden. Das Pferd soll sich hierbei loslassen, Anlehnung an das Mundstück suchen und in gleichmäßigen, geräumigen Tritten vorwärtsgehen (Bild 48). Der Reiter sitzt dabei ruhig und stet,

Bild 48.

Haltung der jungen Remonte beim ersten Anreiten.

schiebt das Gesäß weit nach vorwärts, mildert den Wurf in den Sattel durch Auffangen mit den Oberschenkeln und Knieen oder durch Leichttraben und ist bestrebt, in die Bewegung des Pferdes einzugehen. Leichtes Vorneigen des Oberkörpers kann geboten sein, besonders bei Pferden mit schwachem Rücken. Der Reiter darf sich in keiner Weise steif machen. Die Zügel werden so lang gefaßt, daß das Pferd keine störende Wirkung des Mundstücks auf die Laden empfindet.

Der Reiter gibt anfänglich keine Hilfen zum Antraben, denn das junge Pferd wird ohne sie mit dem alten Pferde mittraben.

Haben sich die Pferde im Trabe beruhigt, so wird zum Schritt übergegangen, indem man es den jungen Pferden überläßt, mit den alten in den Schritt zu fallen. Verloren gegangene Abstände werden wiederhergestellt. Die Pferde werden durch Klopfen belobt, hierauf wird gehalten und abgesessen. Zum Absitzen macht der Führer auf dem alten Pferde in gleicher Weise, wie beim Aufsitzen, durch eine Wendung Platz. Durch ein Stückchen Mohrrübe, durch Klopfen oder Aufheben der Füße werden die Remonten vertraut gemacht, darauf wird die Lage des Sattelzeuges nachgesehen und berichtigt.

Wiederholtes Absitzen ist beim Anreiten der Remonten geboten, besonders bei solchen mit schwachem Rücken, da dieser sich erst nach und nach an das ungewohnte Tragen der Last gewöhnen muß. Heftiger Schweißausbruch und ohne sichtlichen Grund auftretende Widersetzlichkeiten sind meist Anzeichen von Übermüdung und erfordern sofortiges Einschalten von Ruhepausen.

Nachdem die Pferde ausgeruht sind, wird wieder aufgesessen, im Schritt angeritten und auf die andere Hand gegangen. Hierbei ist zu beachten, daß die jungen Pferde nicht zu nahe aneinander kommen, damit sie nicht durch die entgegenkommenden Pferde scheu gemacht werden.

Es empfiehlt sich, die jungen Pferde in den ersten Tagen des Anreitens nicht zu lange unter dem Reiter gehen zu lassen, sondern sie nach und nach an das Reitergewicht zu gewöhnen. Um ihnen hinreichende Bewegung zu verschaffen, gehen sie vorher entsprechend länger an der Hand ohne Reiter.

Auf das Anreiten der Remonten mit Führpferden kann nicht genug Sorgfalt verwendet werden. Bei richtiger Behandlung und richtigem Sitz des Reiters werden die Remonten bald im natürlichen Gange mit langem Halse und tiefer Nase ruhig vorwärts gehen. Nur in dieser natürlichen Haltung wird der Rücken tragfähig gemacht. Pferde, die mit hohem Halse und hoher Nase gehen, werden im Rücken tiefer und selbst bei mäßiger Arbeit magerer. Mit Gewinnung der vorbeschriebenen Haltung erholen sie sich jedoch zusehends.

Findet eine Remonte nicht bald diese natürliche Haltung, so muß sie einen Reiter erhalten, der es versteht, ihr gewissermaßen den Weg in die Tiefe zu zeigen. Bleibt diese Maßnahme ohne Erfolg, so muß versucht werden, die Remonte wieder ohne Reiter mit Ausbindezügeln oder durch Longieren in der natürlichen Haltung mehr zu befestigen.

Hat das Pferd unter dem Reiter die natürliche Haltung gewonnen, so wird es durch die allmählich länger andauernden Trabreprisen vermehrte Zügelanlehnung nach unten suchen, worauf der Reiter vorsichtig die Zügel verkürzt.

Geht das Pferd an die Zügel heran, so bleibt der Reiter mit seinen Händen stet. Legt es sich auf die Zügel, so hält der Reiter mit gespanntem Kreuz gegen. Versucht das Pferd sich vom Zügel dadurch loszumachen, daß es den Kopf in die Höhe nimmt, so muß der Reiter bestrebt sein, ohne mit der Hand rückwärts zu arbeiten oder herunterzudrücken, die Verbindung zwischen Hand und Pferdemaul aufrecht zu erhalten, um so das Pferd zu veranlassen, die Anlehnung wieder in der Tiefe zu suchen.

Das Pferd soll zu dieser Zeit in der Hand des Reiters gewissermaßen eine Stütze suchen, die ihm der Reiter gewähren muß.

Durch die andauernden Trabreprisen wird die Remonte besonders gegen Ende der Unterrichtsstunde gleichsam fauler werden und sich zum Vorwärtsgehen auffordern lassen. Hiermit ist der Zeitpunkt gekommen, das Pferd an ein leichtes Klopfen der Unterschenkel zu gewöhnen. Der Reiter sitzt weit vorn und muß seine Schenkel so gebrauchen, wie es der Empfindlichkeit des Pferdes entspricht. Er wird dann das Pferd weder erschrecken noch aus der richtigen Haltung bringen.

Nimmt das Pferd bei tiefer Nase die Zügel an und beachtet das Klopfen der Unterschenkel, das mit einem leichten, nach der Empfindlichkeit des Pferdes abgemessenen Berühren mit der Gerte verbunden werden kann, so werden im Trabe die Tritte geräumiger werden. Öfteres Zulegen im Tempo auf kurze Strecken erweckt in den Pferden die Neigung zum dreisten Vorwärtsgehen, also die für die Dressur so wichtige Gehlust.

Sobald die Remonten unter dem Reiter mit den Führpferden willig und vertraut vorwärtsgehen, werden im Schritt und später im Trabe Wendungen in weitem Bogen eingelegt. Die Führpferde müssen dazu benutzt werden, die Remonten mit allen Wegen der Bahn bekannt zu machen und auch für das Durcheinanderreiten vorzubereiten.

Erstes Anreiten ohne Führpferde.

Im Verlaufe der von Tag zu Tag länger dauernden Übungen unter dem Reiter geht die Führung der Remonten nach und nach von den Begleitern fast unmerklich auf die Reiter über. Der Führzügel wird vom Führer allmählich länger gelassen und zunächst im Schritt, dann im Trabe außer Wirkung gesetzt, bis er schließlich vom Remontereiter selbst aufgenommen wird und der Begleiter nur noch nebenher reitet.

Gehen die Remonten ohne Führzügel ruhig und vertraut neben den alten Pferden, so läßt der Reitlehrer diese vor die jungen Pferde reiten, so daß sich schließlich alle Pferde auf dem Hufschlage befinden. Nach wenigen Tagen werden die Führpferde ganz entbehrlich; man entfernt sie zum ersten Male, nachdem die Remonten mit ihnen bereits abgetrabt sind. Noch einige Zeit behält man ein älteres Pferd als Tetenpferd bei.

Zum Auf- und Absitzen werden die Remonten entweder auf der Mittellinie mit Zwischenräumen von drei Schritt oder auf der linken Hand auf dem Hufschlage mit Abständen von zwei Pferdelängen aufgestellt. Die Aufstellung auf dem Hufschlage bietet in der Reitbahn den Vorteil, daß Pferde, die beim Aufsitzen noch nicht ruhig stehen, der Bande wegen weniger leicht ausweichen können.

Nachdem die Reiter die Lage des Sattelzeuges nachgesehen und berichtigt haben, machen sie vor dem Aufsitzen die Pferde durch Aufheben der Füße und Klopfen vertraut und sitzen dann bei mäßig anstehenden Zügeln auf. Es muß erreicht werden, daß die Pferde beim Aufsitzen unbedingt ruhig stehen bleiben.

Dreht sich ein Pferd herum, so muß es der Reiter vor dem Aufsitzen erst wieder gerade stellen. Zeigt sich ein Pferd sehr unruhig, so wird es gehalten. Durch Geduld und Ausdauer wird man die Pferde bald dahin bringen, daß sie ruhig stehen bleiben.

Nach einer kurzen, ersten Schrittreprise wird bald zum Trabe übergegangen, weil sich die Pferde in dieser Gangart am schnellsten beruhigen.

Der Reiter sitzt möglichst still und veranlaßt sein Pferd bei anstehenden Zügeln durch leichtes Klopfen mit dem inwendigen Schenkel oder mit der Gerte anzutraben. Mit der Zeit gewöhnen sich die Pferde immer mehr an das Klopfen oder Drücken der Schenkel und lernen den vortreibenden Schenkel beachten. Spannungen des Pferdes im Rücken dürfen niemals durch Aufrichten abgestellt werden; sie sind durch Vorwärtsreiten in freien Gängen bei tiefer Stellung, auch durch Leichttraben, zu beseitigen.

Es bleibt stets einer der wichtigsten Grundsätze der Dressur, in jedem Pferde die Neigung zum dreisten Vorwärtsgehen zu wecken und zu erhalten. Wie dies schon beim Anreiten neben Führpferden durch kurzes Zulegen im Tempo erstrebt wurde, so muß auch jetzt der Remontereiter danach trachten, den vom Pferde angebotenen natürlichen Gang eher etwas frischer zu gestalten, als kürzer werden zu lassen. Gleichzeitig wird hierdurch auch das für das Geraderichten des Pferdes unbedingt nötige Strecken erreicht. Je mehr in dieser Ausbildungsperiode an Vorwärtsreiten gedacht und je weniger mit den Händen formend eingewirkt wird, eine desto bessere Grundlage wird für die spätere Dressur geschaffen. Da aber das zur Förderung der Gehlust des Pferdes nötige Treiben noch nicht ein für alle Pferde gleiches Tempo ermöglicht, darf ein Einhalten der Abstände nicht gefordert werden. Sind die Pferde übermütig und springen sie, so müssen die Reiter ohne Rücksicht auf Abstand und Gangart, aber möglichst auf dem Hufschlage vorwärts reiten.

Jedes übereilte Vorgehen in dieser Ausbildungsperiode muß vermieden werden, da es die Pferde in eine fehlerhafte Haltung bringen und dadurch Gang und Beine schädigen würde.

28. Entwicklung des Ganges und Befestigung der Anlehnung in der Tiefe.

In dem bisher der natürlichen Veranlagung des Pferdes angepaßten Trabtempo fangen bei richtiger Einwirkung die mehr nachschleppenden Hinterfüße an, sich zu kräftigen und vermehrt zu schieben. Durch den allmählich zunehmenden Gehorsam auf die vortreibenden Hilfen wird außerdem die Anlehnung an die Zügel verbessert. Aus der Wechselwirkung von Schenkel und Zügel wird sich allmählich ein gleichmäßigeres und bestimmtes, dabei ruhiges Tempo, der Arbeitstrab, entwickeln. In der Abteilung soll er so bemessen sein, daß jedes Pferd in gleichmäßigen, geräumigen Tritten vorwärts zu gehen vermag und auch ohne Übereilung mitkommen kann. Der Arbeitstrab bereitet alle anderen Trabarten vor und ist das Tempo, in dem man ein Pferd am andauerndsten arbeiten kann. Der Arbeitstrab.

Durch vermehrte Einwirkung des Reiters wird das Pferd nun anfangen, sich beizuzäumen. Niemals darf diese Beizäumung durch die Hand erzwungen werden, sondern muß das Ergebnis des Nachschubs der Hinterhand sein. Im Verlauf der Dressur, namentlich in der ersten Zeit, werden einzelne Pferde mit der Nase hinter die Senkrechte gehen. Der Reiter muß stets bestrebt sein, dies durch vermehrtes Vortreiben und freieres Tempo zu verhindern und das Pferd zu veranlassen, die Nase wieder vorzunehmen. Macht das Pferd den Hals zu kraus, so besteht die Gefahr, daß sich ein falscher Knick im Halse bildet. Diesem Fehler muß durch Vorwärtsreiten und Streckenlassen des Halses vorgebeugt werden. Einmal eingewurzelt, ist er schwer zu beseitigen.

Sobald das Pferd die Zügel- und Schenkelhilfen zu verstehen beginnt, werden dem Reiter durch die ungleiche Beanlagung beider Seiten des Pferdes Schwierigkeiten erwachsen.

Auch die meisten Menschen vermögen auf einer Seite, und zwar gewöhnlich auf der rechten, sowohl mit Hand wie Schenkel kräftiger zu wirken als auf der anderen. Hierdurch wird der Schub aus den Hinterbeinen ungleich entwickelt, somit der gleichmäßige Gang geschädigt. Diese Fehler werden dadurch abgestellt, daß die Pferde gleichmäßig an beide Zügel gebracht werden.

Schiebt der Reiter bei einem Pferde mit einer entschieden weichen und einer festen Seite den Hals zu sehr zusammen, so greift der Hinterfuß einer Seite häufig weiter vor, als der der anderen. Bei Unachtsamkeit entsteht aus diesem unregelmäßigen Treten „der Antritt", und das Pferd lernt schief gehen.

Der Schritt. Übergänge aus dem Arbeitstrabe zum Schritt und Halten und umgekehrt.

Auf die Erlangung und Erhaltung eines guten, reinen Schritts muß die größte Sorgfalt verwendet werden, weshalb vorzeitiges oder starkes Anstehen der Zügel zu vermeiden ist. Der mangelhafte, ungleiche und schleppende Schritt eines Pferdes bessert sich meistens, wenn es richtig traben gelernt hat.

Der Schritt muß zunächst natürlich und frei sein. Wenn das junge Pferd in einer Trabreprise an die Zügel herangegangen ist, wird es im Schritt den Hals gern nach unten lang machen. Diesem Bedürfnis, die ermüdeten Halsmuskeln auszuruhen, muß der Reiter durch die nötige Zügelfreiheit entgegenkommen. Schenkel und Gerte veranlassen das Pferd zum freien Treten, ohne daß ein Übereilen im Gange stattfinden darf. Ist der freie Schritt erreicht, so werden die Zügel nach und nach so viel zum Anstehen gebracht, wie es ohne Beeinträchtigung des Ganges möglich ist.

Erst wenn die Pferde im Trabe eine ihrem Gebäude entsprechende Haltung gewonnen haben und gut am Zügel stehen, darf man von ihnen fordern, daß sie auch im Schritt, wenn auch zunächst nur für einige Tritte, am Zügel und in Haltung gehen. Sollen die Pferde nach einer gut am Zügel gerittenen Trabreprise einige Schritte in Haltung fortschreiten, so müssen die Reiter mit den Schenkeln am Pferde bleiben und mit leicht getragenen Händen die Anlehnung am Mundstück erhalten. Der Schritt muß zuerst fleißig und lebhaft sein und darf erst dann verkürzt werden, wenn es dem Reiter gelungen ist, sein Pferd im freien Schritt am Zügel zu erhalten. Pferden, die kurze Tritte machen, läßt man mehr Zügelfreiheit und treibt sie mit den Schenkeln und der Gerte vermehrt vorwärts, selbst wenn einige Trabtritte die Folge sind. Eilt ein Pferd vorwärts, so muß der Reiter versuchen, es durch halbe Paraden zu verhalten, ohne jedoch im Anzuge stecken zu bleiben.

Eine verbesserte Haltung im Schritt kann erst im späteren Verlaufe der Dressur gefordert werden, wenn die Pferde sowohl im abgekürzten wie im Mittel- und starken Trabe sich selbst tragen und volle Durchlässigkeit bewahren.

In keiner Gangart kommen fehlerhafte Zügeleinwirkungen des Reiters und körperliche Schwächen des Pferdes so deutlich durch unregelmäßige Fußfolge zum Ausdruck, wie im Schritt. Ein in guter Versammlung mit vollkommen gleichmäßiger, lebhafter Fußfolge gerittener Schritt läßt auf gute Dressur schließen.

Das von vielen Reitern, namentlich in den Ruhepausen, nur mit den Händen versuchte Formen des Halses im Schritt schädigt den Vortritt und die Biegung der Hinterhand in hohem Maße.

Soll aus dem Arbeitstrabe zum Schritt übergegangen werden, so bleiben die Schenkel in der ersten Zeit passiv, während die Hände wiederholt verhalten. Man läßt die Gangart auslaufen.

Zum Übergang aus dem Schritt zum Halten wird

das Pferd durch wiederholtes Annehmen mit den Händen ganz allmählich zum Stehen gebracht. Im Anfange läßt man das junge Pferd nach dem Anhalten stehen, wie es will, gibt die Zügel nach und belobt es. Der vorzeitige Versuch, es durch ihm noch unbekannte Hilfen gerade zu stellen, würde das Pferd nur beunruhigen und verwirren.

Haben die Pferde auf die Schenkelhilfen, ohne die gewonnene Haltung zu verlieren, vorwärts gehen gelernt, so kommen die Schenkel nach und nach auch bei dem Übergang aus dem Arbeitstrabe zum Schritt und aus diesem zum Halten in Wirksamkeit und veranlassen die Hinterfüße zu weiterem Unterlaufen. Nach dem Halten geben die Hände sogleich nach, damit die Vorderfüße vortreten können und das Pferd nicht veranlaßt wird, die untergeschobenen Hinterfüße wieder zurückzusetzen. Auch verlangt der Reiter nunmehr, daß sich das Pferd gerade hinstellt. Weicht es rückwärts oder seitwärts aus, so wird es nach vorwärts gerade gestellt, indem der Reiter einige Schritte gegen die leicht getragene Hand vorreitet.

Die Übergänge aus dem Arbeitstrabe zum Schritt und Halten müssen allmählich so erfolgen, daß die gewonnene Haltung beibehalten wird. Im Schritt muß jedoch immer wieder soviel Zügelfreiheit gewährt werden, wie dies der Gang des Pferdes erfordert.

Beim Übergang aus dem Schritt zum Arbeitstrabe muß das Tempo anfangs eher freier bemessen werden, damit die Pferde nicht mit den Hinterbeinen schleppen und sich nicht hinter die Hand spielen können.

Durchreiten der Ecken.

Anfänglich ist der Bogen durch die Ecke so flach zu bemessen, daß der freie Vortritt nicht gestört wird. Die innere Hand bleibt stehen, während die äußere nachgibt. Ein Klopfen oder später ein Druck des inneren Schenkels erhält die fließende Vorwärtsbewegung. Nach dem Durchreiten der Ecke wird der äußere Zügel wieder vorsichtig zur Wirkung gebracht und beide Schenkel, hauptsächlich der innere, treiben das Pferd in der neuen Richtung vor und an die nunmehr wieder gleichmäßig anstehenden Zügel heran.

Genaueres Durchreiten der Ecken kann erst dann verlangt werden, wenn das Pferd durch das Reiten von Zirkel und Volten die genügende Längsbiegung gewonnen hat.

Halten der Abstände.

Sobald die Pferde die Anlehnung in der Tiefe bei leichtem Verhalten mit den Zügeln nicht verlieren und den vortreibenden Schenkel genügend kennen, muß auf das Halten der Abstände hingewirkt werden. Der Reiter muß hierzu bestrebt sein, vor der Ecke von seinem Vordermann abzubleiben und aus der Ecke heraus mit ihm mitzukommen, ohne den Gang des Pferdes zu stören. Ist der Abstand verloren gegangen, so darf er nicht plötzlich und auf Kosten des gleichmäßigen Ganges sowie der schon erlangten guten Haltung wiedergewonnen werden.

Erstes Reiten auf dem Zirkel.

Mit dem Reiten auf dem Zirkel kann mit Nutzen begonnen werden, sobald die Pferde auf gerader Linie die Anlehnung in der Tiefe gewonnen haben. Es bietet den Vorteil, daß die Pferde im Wenden geübt werden und sich in Tempo und Haltung verbessern. Wenn es auch jetzt noch nicht möglich ist, den Pferdekörper genau der Kreislinie anzupassen und ihn entsprechend zu biegen, so wird dennoch durch das Reiten auf dem Zirkel der Vortritt des inneren Hinterfußes gefördert. Auf einem großen Zirkel im Freien kann mit dieser Arbeit schon frühzeitig begonnen werden.

Durcheinanderreiten.

Es empfiehlt sich, in dieser Dressurperiode nicht mehr die ganze Stunde hindurch in der Abteilung zu reiten;

dem Reiter muß auch Gelegenheit gegeben werden, das für seine Remonte richtige Tempo selbständig zu wählen. Hierzu bietet das Durcheinanderreiten, aber nur auf derselben Hand, die beste Gelegenheit.

Aufmarschieren zu Ruhepausen. Voltigieren.

Um den jungen Pferden Ruhepausen zu gewähren, läßt der Lehrer in jeder Unterrichtsstunde einige Male auf dem Hufschlage oder in der Mitte der Bahn absitzen. Die Lage des Sattels ist dabei nötigenfalls zu berichtigen.

Eine gute Übung ist es, einen Reiter in die Bahn hineinwenden, dort halten und sein Pferd gerade hinstellen zu lassen. Hierauf belohnt es der Reiter durch Klopfen und Absitzen. Nach dem Aufsitzen sucht er durch gerades Vorreiten wieder auf seinen Platz in der Abteilung zu kommen. Enge Wendungen sind zu vermeiden, da die jungen Pferde dabei leicht mit der Hinterhand ausfallen.

Um den Remonten jede Ängstlichkeit und Empfindlichkeit beim Auf- und Absitzen, bei plötzlichen und auch derberen Bewegungen des Reiters, wie sie namentlich der Waffengebrauch erfordern kann, zu nehmen, sind frühzeitig während der Ruhepausen Voltigierübungen auszuführen.

29. Verbesserung des Ganges und der Genickbiegung durch den Mitteltrab.

Sobald die Remonten durch allmählich länger werdende Reprisen im Arbeitstrabe sichere Anlehnung in der Tiefe gewonnen haben, wird eine Verbesserung des Ganges und der Genickbiegung unter vermehrter Inanspruchnahme der Hinterhand durch den Mitteltrab erreicht werden.

Um die volle Schubkraft gegen die Hand zu erzielen, muß der Reiter bestrebt sein, das Pferd geradegerichtet zu erhalten. Die Gehlust und die bereits gewonnene Anlehnung in der Tiefe dürfen jedoch hierdurch nicht beeinträchtigt werden. Ist dies dennoch eingetreten, so muß dem Pferde zunächst wieder die ihm zusagendere schiefe Richtung solange zugestanden werden, bis die einseitigen Widerstände in Genick und Hinterhand mehr überwunden sind.

Erst im Verlaufe mehrerer Tage wird es gelingen, den Arbeitstrab bis zum Mitteltrabe zu steigern. Durch den Übergang aus dem Arbeitstrabe zum Mitteltrabe lernt das Pferd dem verstärkten Schenkeldruck folgen, mit der Hinterhand untertreten und vermehrt nachschieben.

Der Mitteltrab ist die beste Grundlage für alle späteren Lektionen und der beste Prüfstein für eine gute Dressur. Ohne Genickbiegung geritten, vereitelt er jeden Fortschritt in der weiteren Ausbildung des Pferdes. Der Mitteltrab ist zugleich das beste Mittel, durch falsche Versammlung entstandene Fehler zu beseitigen.

Zur Erzielung des Mitteltrabes werden die Pferde, nötigenfalls unter Beihilfe der Gerte, an die gleichmäßig anstehenden Zügel vermehrt vorgetrieben. Das hierdurch entstehende kräftigere Abschieben der Hinterfüße veranlaßt das Pferd, längere Tritte zu machen. Übereilt sich ein Pferd beim Zulegen, so wird das Tempo sogleich wieder gemäßigt und erst wieder verstärkt, wenn sich die langen ruhigen Tritte wieder gefunden haben. Durch das stärkere Herangehen an das Gebiß wird die Biegung des Genicks vermehrt; der Hals schiebt sich mehr zusammen und wird durch das Abstoßen des Pferdes vom Mundstück für die Zügelhilfen durchlässiger. Mit zunehmender Durchlässigkeit und vermehrtem Nachschub wird das Pferd infolge der Biegung der Hinterhand Hals und Kopf höher tragen. Hiermit beginnt die relative Aufrichtung (Bild 49).

Pferde, die im Mitteltrabe ungleich treten, müssen zunächst in den Arbeitstrab zurückgenommen und darin zu gleichmäßigem Treten veranlaßt werden. Das Zurückgreifen auf ein kürzeres Tempo empfiehlt sich auch bei

Bild 49.

Mitteltrab.

Pferden, die ohne Tätigkeit der Rückenmuskulatur gehend Hals und Kopf zu hoch tragen und mit der Hinterhand zurückbleiben. Erst wenn die Beizäumung gewonnen ist, darf im Tempo wieder zugelegt werden.

Pferde, die sich im Hals zu viel zusammenschieben, dabei mit hohem Rücken und steifer Hinterhand gehen, reitet man mit nur leicht anstehenden Zügeln vermehrt vorwärts und sucht den Hals zum Strecken zu bringen.

Pferde, die im Trabe mit der Hinterhand zu langsam, schleppend oder schwebend treten, müssen, sobald ihre Kräfte hinreichend entwickelt sind, durch lebhaftere Schenkelarbeit zum fleißigeren Treten aufgefordert werden. Auch arbeitet man sie besser einzeln.

Drängt ein Pferd auf die Hand, so schieben die

Hinterbeine zu stark. Die Hand kann diesem Auflegen nicht allein begegnen, sondern bedarf hierzu der Mithilfe der vortreibenden Schenkel. Nur hierdurch werden die Hinterfüße zu vermehrter Lastaufnahme veranlaßt, wenn es auch der Empfindung der meisten Reiter widerspricht, ein schon vorwärts drängendes Pferd auch noch mit den Schenkeln vorzutreiben. Folgt das Pferd dieser Hilfe, so wird es sich am Zügel abstoßen und an Selbsthaltung gewinnen.

Häufige Übergänge aus dem Mitteltrabe zum Arbeitstrabe bieten den Vorteil, daß das Pferd infolge der halben Paraden dem Drucke des Mundstückes nachgeben und sich im Halse mehr zusammenschieben muß. Hierdurch wird es für die Wirkung der Zügel durchlässiger. Damit Hals und Kopf nicht aus der richtigen Stellung kommen, muß der Übergang allmählich geschehen; die Hände dürfen nur wenig annehmen, während die Schenkel, im Druck etwas nachlassend, ruhig liegen bleiben und rechtzeitig dafür sorgen, daß die Hinterhand nicht zurückbleibt.

Der Übergang vom Arbeitstrab zum Mitteltrab und umgekehrt muß häufig geübt werden.

30. Erzielung des Gehorsams auf die einseitigen Hilfen.

Um das Pferd durch das Gegeneinanderwirken der inneren und äußeren Hilfen bearbeiten zu können, muß ihm zunächst der Gehorsam auf die einseitigen Hilfen gelehrt werden. Mittel hierzu bieten die Wendung auf der Vorhand, das Biegen und das Schenkelweichen.

Wendung auf der Vorhand.

Obwohl die Wendung auf der Vorhand keine schulgerechte Lektion ist, bietet sie doch das einfachste Mittel, dem jungen Pferde den Gehorsam auf die einseitigen Zügel- und Schenkelhilfen zu lehren, weil es zu dieser Wendung mechanisch gezwungen werden kann.

Biegen. Um das junge Pferd mit der Wirkung der Zügel, namentlich des inneren, vertraut und dabei auch handfromm zu machen, beginnt man schon beim ersten Anreiten der Remonten, sobald sie ohne Führpferde gehen, mit dem Biegen des Halses an der Hand.

Mit dem Biegen unter dem Reiter kann begonnen werden, sobald der Hals am Widerrist festgestellt ist und die Pferde im Arbeitstrabe und im Halten gleichmäßig an beiden Schenkeln und Zügeln stehen. Da jedoch dieses Ziel meist nicht gleichzeitig mit allen Remonten erreicht werden kann, so wird der Beginn dieser Übung bei den einzelnen Pferden zu verschiedenen Zeiten zu erfolgen haben.

Man lehrt dem jungen Pferde die Wirkung des biegenden Zügelanzuges zunächst auf der Stelle. Hierzu empfiehlt es sich, vorher durch längere Trabreprisen die Pferde gut an die Zügel zu stellen.

Mit dem Biegen im Gange unter dem Reiter beginnt man, sobald die Pferde die Biegung auf der Stelle verstanden haben. Anfänglich genügt der geringste Grad von Biegung.

Junge Pferde müssen gebogen werden, ehe sie müde geritten sind, weil sie sonst für die Biegung eine zu tiefe Halsstellung annehmen.

Schenkelweichen. Das Schenkelweichen wird zunächst im Schritt begonnen. Bei widerstrebenden Pferden kann der Reitlehrer dadurch unterstützend eingreifen, daß er das Pferd mit der einen Hand führt, während er mit der anderen durch Klopfen mit einer Gerte hinter dem Gurt die Seitwärtsbewegung veranlaßt.

Sobald das Schenkelweichen im Schritt richtig ausgeführt wird, ist es im Arbeitstrab zu üben.

Die Halsbiegung muß beim Schenkelweichen auf ein geringes Maß beschränkt werden. Jede stärkere Halsbiegung würde ein Ausfallen der äußeren Schulter begünstigen.

Das Schenkelweichen kann begonnen werden, wenn die Pferde den Gebrauch des einseitigen Zügels und Schenkels durch die Wendung auf der Vorhand und das Biegen gelernt haben. Da es sich jetzt nur um die Erzielung des Gehorsams auf die einseitigen Hilfen handelt und das Schenkelweichen die Gefahr in sich birgt, daß die jungen Pferde an Gehlust, Haltung und Gang verlieren, so ist es auf nur wenige Tritte zu beschränken. Dem Reiter muß es überlassen bleiben, wieder auf einen Hufschlag überzugehen, sobald er fühlt, daß die Übung dem Pferde noch zu schwer fällt.

Die weitere Ausgestaltung des Schenkelweichens darf erst in einer späteren Periode erfolgen.

31. Allmähliche Versammlung im Arbeitstrabe. Verstärken des Mitteltrabes.

Um die Remonte in ihrer Haltung mehr zu befestigen und nach und nach schwungvollere Tritte zu erzielen, muß der Arbeitstrab zeitweise etwas versammelter und kürzer geritten werden. Dadurch wird die Anlehnung leichter. Die taktmäßigen und schwunghaften Tritte müssen dabei erhalten bleiben; das Pferd soll nur erhabener und weniger raumgreifend treten. Mit der Verkürzung des Arbeitstrabes darf erst nach erlangter guter Haltung im Mitteltrabe begonnen werden. Die damit verbundene Versammlung bedingt eine angestrengtere Tätigkeit fast aller Muskeln und darf daher anfänglich nur in kurzen Reprisen verlangt werden.

Jeder Versammlung im Gange soll zweckmäßig ein freieres Tempo folgen, um sowohl die Verbesserung des Ganges zu erproben als auch die Gehlust der Pferde erneut anzuregen.

Mit dem Verstärken des Mitteltrabes wird begonnen, sobald er genügend befestigt ist. Man bezweckt durch das dabei erzielte vermehrte Untertreten und Abschieben der Hinterfüße und durch das freiere und weitere Vortreten der Vorderfüße eine Verbesserung des Mitteltrabes. Das Verstärken des Tempos wird nur auf den langen Seiten der Reitbahn vorgenommen. Die Tritte müssen ebenso ruhig wie im Mitteltrabe bleiben, aber raumgreifender sein. Zeigt das Pferd übereilte Tritte, so muß das Tempo verkürzt und der Takt des Ganges wieder geregelt werden. Es kann sich empfehlen, hierzu auf den Zirkel zu gehen. Der „starke Trab" darf erst im zweiten Jahre gefordert werden.

Bei Pferden mit schwacher Hinterhand und weichem Rücken sitzt der Reiter nicht so schwer ein und hält mit den Händen tief gegen. Bei Pferden mit starker Hinterhand und starrem Rücken läßt der Reiter die Hände etwas steigen und sitzt kräftiger ein.

Erzeugt der vermehrte Wurf des Reiters bei einem Pferde krampfhafte Tritte, so kann leicht getrabt werden.

32. Verbesserung der seitlichen Biegung durch vermehrte Anwendung der äußeren Hilfen.

Hat das Pferd gelernt, unbedingt sicher vorwärts zu gehen, den inneren Hilfen willig nachzugeben und eine gesammeltere Haltung im Trabe anzunehmen, so ist der Zeitpunkt gekommen, die äußeren Hilfen zu vermehrter Wirkung zu bringen. Erst die Gegenwirkung der äußeren Hilfen gegen die inneren gestattet es, dem Pferde die für die fernere Bearbeitung erforderliche Längsbiegung zu geben.

Lektionen, die das Pferd zum Gehorsam auf die äußeren Hilfen erziehen, sind in der jetzigen Dressurperiode das Reiten in Stellung sowie das Abbrechen und das Reiten auf dem Zirkel.

Das Reiten in Stellung lehrt das Pferd in vermehrter Zusammenschiebung diejenige Längsbiegung anzunehmen, die in geringerem oder stärkerem Grade bei der Versammlung des Pferdes bei allen Wendungen im Galopp und beim Reiten auf zwei Hufschlägen unentbehrlich ist. Der Schwung der Hinterhand gegen das Genick, die Reinheit des Ganges sowie der Gehorsam auf innere und äußere Hilfen werden aber nur dann gewahrt und gefördert, wenn auch beim Reiten in Stellung das Pferd stets relativ geradegerichtet und der Hals am Widerrist festgestellt bleibt. Das Pferd darf in Hals und Genick nicht stärker seitlich gebogen werden als im Rumpf. Durch kurze Reprisen und häufigen Stellungswechsel wird vermieden, daß die Pferde in einseitiger Biegung ermüden. Reiten in Stellung.

Das Abbrechen soll die durch das Biegen im Halten und im Gange erzielte seitliche Genickbiegung vervollkommnen und damit die völlige Durchlässigkeit des Pferdes sicherstellen. Alle der Arbeit auf der Stelle anhaftenden Nachteile weisen jedoch darauf hin, diese Lektion weder häufig vorzunehmen noch lange auszudehnen. Abbrechen.

Läßt sich das Pferd ohne jede Beeinträchtigung des Ganges auf gerader Linie im Schritt und im versammelteren Trabe willig in Stellung reiten, so wird es sich nunmehr auch der Kreislinie des Zirkels genau anpassen lassen. Durch die stärkere Biegung des inneren Hinterfußes bietet das Reiten auf dem Zirkel dem Reiter das Mittel, die schiebenden Kräfte der Hinterbeine allmählich in tragende umzusetzen. Reiten auf dem Zirkel.

33. Der Galopp.

Für den Galopp sind die Pferde hinreichend vorbereitet, wenn sie gut an der Hand stehen und sich in versammelterem Trabe in Stellung selbst tragen. Unter günstigen Ausbildungsverhältnissen kann mit dem Eingaloppieren der Pferde in kleinen Gruppen und einzeln nach etwa acht Wochen ununterbrochener Arbeit begonnen werden. In der ganzen Abteilung darf vor Mitte Februar nicht galoppiert werden.

Erste Übungen im Galopp.

Die Pferde sollen zunächst nur lernen, unter dem Reiter in den Galopp einzugehen und sicher auf dem betreffenden Fuße zu verbleiben.

Zur Einübung des Galopps geht man auf einen großen Zirkel, und erst, nachdem die Pferde sicher angaloppieren gelernt und Haltung gewonnen haben, auf die gerade Linie über. Man kann das Pferd durch die auf dem Zirkel an und für sich gebotene Längsbiegung besser zum Galopp vorbereiten; es kann nicht so fortstürmen wie auf gerader Linie, und nicht so leicht die Hinterhand in die Bahn stellen. Auch ist das Pferd leichter in den Galopp zu setzen und darin zu erhalten, weil die inneren Füße schon vorgreifen. Endlich kann der innere Hinterfuß nicht so viel Kraft zum Abschieben entwickeln, da er sich vermehrt biegen muß.

Ist man auf die Benutzung einer Reitbahn angewiesen, so empfiehlt es sich, bei den meist geringen Abmessungen der Bahnen unmittelbar nach der Entwicklung des Galopps auf dem Zirkel auf die ganze Bahn überzugehen und die Ecken entsprechend abzurunden.

Die geeignetste Gangart zur ersten Entwicklung des Galopps ist ein versammelter Trab; es ist besser, statt die Gangart zu kommandieren, die Reiter den richtigen Augenblick zum Angaloppieren selbst herausfühlen zu lassen. Im allgemeinen ist die Stelle des Zirkels die geeignetste, wo das Pferd nach dem freien Paradepunkte sich der Wand nähert.

Ein bestimmtes Tempo läßt sich für das Eingaloppieren nicht angeben. Die Reiter müssen einen natürlichen, ruhigen Sprung anstreben, der erst später gemäßigt oder gestreckt werden muß (Bild 50). Die Reprisen sind zunächst kurz zu bemessen. Zum Beenden des Galopps läßt man die Pferde in den Arbeitstrab und dann erst in den Schritt übergehen.

Bild 50.

Haltung der jungen Remonte beim ersten Galoppieren.

Um die Remonten auf dem Fuße zu befestigen, werden die Galoppreprisen auf derselben Hand allmählich verlängert. Niemals dürfen sie jedoch die Kräfte des Pferdes zu sehr in Anspruch nehmen.

Bleiben die Pferde im Galopp auf dem richtigen Fuße, so geht man aus dem Galopp zum Arbeitstrabe und aus diesem zum Schritt über und galoppiert bald darauf wieder an. Dies wird mehrere Male wiederholt.

Hierdurch lernen die Pferde das leichte Eingehen in den richtigen Galopp.

Um zu vermeiden, daß sich die Pferde gegenseitig stören, beginnt man die Entwicklung des Galopps mit höchstens vier Pferden gleichzeitig auf dem Zirkel. Pferde, denen das Angaloppieren besonders schwer fällt, werden am besten an der Longe eingaloppiert.

Beim Übergang vom Zirkel auf die ganze Bahn müssen die Reiter schon vor dem Paradepunkte, wo sie auf die ganze Bahn übergehen sollen, den äußeren Zügel vermehrt gegenhalten und zur Erhaltung des Galopps die Pferde mit beiden Schenkeln kräftig vordrücken.

Arbeitsgalopp.

Im Verlaufe der Übungen im Angaloppieren aus dem Arbeitstrabe wird sich aus dem dem einzelnen Pferde angeborenen natürlichen Galopp gewissermaßen von selbst ein bestimmtes gleichmäßiges Tempo, der Arbeitsgalopp, entwickeln.

Mit seiner Vervollkommnung kann der Galopp aus dem Schritt einzeln, anfangs am besten aus der Volte, entwickelt werden. Jede Traversstellung ist dabei zu vermeiden. Kommt im Arbeitsgalopp vollkommene Ruhe, Losgelassenheit und Gleichgewicht zum Ausdruck, dann ist für die Entwicklung des Mittelgalopps die beste Grundlage geschaffen.

Mittelgalopp.

Das dem Arbeitsgalopp zunächstliegende, die Schub- und Schnellkraft sowie die Losgelassenheit des Pferdes am meisten fördernde Galopptempo ist der Mittelgalopp.

Sobald die Pferde mit Sicherheit richtig angaloppieren und im Tempo befestigt sind, wird der Arbeitsgalopp durch vermehrtes Herantreiben der Hinterhand allmählich schwunghafter gemacht, bis der Mittelgalopp erreicht ist. Dieser nötigt die Pferde zu vermehrter Rückentätigkeit und Biegung der Hinterhand und bereitet die anderen Galopparten vor. Der Galoppsprung muß geräumig sein und ist durch halbe Paraden mit dem äußeren Zügel und durch vorherrschendes Vortreiben mit dem inneren Schenkel gleichmäßig zu gestalten.

Allmähliche Versammlung im Arbeitsgalopp.

Ist die Remonte im Mittelgalopp befestigt, so kann in den Sommermonaten durch wiederholtes Angaloppieren vornehmlich aus dem Schritt eine allmähliche Versammlung des Arbeitsgalopps zu einem gehalteneren Tempo angestrebt werden. Dieses kürzere Tempo darf nicht durch Verkürzen des Arbeits- oder Mittelgalopps erzielt werden, sondern muß lediglich der Erfolg häufigen Angaloppierens sein. Weitergehende Forderungen im Galopp, wie abgekürzter Galopp, Reiten enger Figuren im Galopp oder Verstärken des Mittelgalopps, sind mit Rücksicht auf die Spätreife der Remonten im ersten Dienstjahr verboten.

34. Verbesserung der Durchlässigkeit des Pferdes. Steigerung der Versammlung und Biegung.

Paraden.

Bisher konnten die Paraden vom Pferde noch nicht richtig ausgeführt werden, weil es noch nicht Haltung und Durchlässigkeit genug besaß, einen Teil der Last von der Vorhand auf die Hinterhand zu verlegen.

Erst, nachdem das junge Pferd durch die verschiedenen Trabtempos, die Übergänge aus der einen Trabart in die andere und zum Schritt sowie durch die Übungen im Biegen sich mit der Hinterhand mehr tragen gelernt hat, werden die Paraden zum Gegenstand der Übung gemacht.

Rückwärtsrichten.

Mit den Remonten kann das Rückwärtsrichten begonnen werden, wenn genügende Durchlässigkeit erlangt ist. Da dem jungen, ungerittenen Pferde das Rückwärtstreten ungewohnt ist und schwer fällt, empfiehlt es sich, die ersten Übungen ohne Reiter an der Hand vorzunehmen. Gibt das Pferd dem Drucke des Mundstücks willig nach, so kann mit der Übung unter dem Reiter begonnen werden. Der Reiter muß sich anfangs schon mit dem Zurücknehmen eines Fußes begnügen und das Pferd hierfür beloben. Die Übung ist niemals lange auszudehnen.

Wendungen im Gange.

Durch das Biegen, das Reiten in Stellung und die Arbeit auf dem Zirkel sind die Pferde am besten zu engeren Wendungen im Gange vorbereitet worden. Ist ein junges Pferd noch nicht dazu befähigt, so ist der Kreisbogen der Wendung entsprechend größer zu nehmen, damit ein Ausfallen der Hinterhand vermieden wird.

Zunächst sind die Ecken genauer auszureiten. Dann können die Pferde auch in Kehrtwendungen und Volten geübt werden. Um mit den Remonten diese engere Wendung mit richtiger Biegung einzuüben, empfiehlt es sich, mit nicht mehr als vier, sich auf einen Schritt Abstand folgenden Pferden in der zweiten Ecke einer langen Seite einen Kreis so anzulegen, daß das Tetenpferd an das letzte auf sechs Schritt Abstand herankommt. Diese größere Volte wird einige Male im Schritt, späterhin auch im Arbeitstrabe abgeritten; dann wird durch eine Kehrtwendung von der Tete aus auf die andere Hand gegangen, um an der anderen Ecke der langen Wand die gleiche Volte zu reiten. Auf diese Weise werden die jungen Pferde spielend mit dem Wege der im Laufe der Zeit allmählich auf sechs Schritt Durchmesser zu verengernden Volte vertraut gemacht und in der hierfür nötigen Biegung geübt. Wenn sich die Pferde diesem kleineren Kreise angepaßt haben, können Volten auch mit den einzelnen Pferden geübt werden.

Genaues Reiten der Volte mit richtiger Stellung

in unverändertem Tempo wird bei den meisten Pferden erst im späteren Verlaufe der Dressur nach der Lektion Zirkel verkleinern zu erreichen sein.

Das Einüben der Volte bereitet auch die Acht und die Schlangenlinien vor und vervollkommnet das Eckenpassieren.

Wendung auf der Hinterhand.

Sobald sich die jungen Pferde im versammelten Arbeitstrabe in taktmäßigen Tritten willig in Stellung reiten lassen, kann zur Steigerung der Versammlung die Wendung auf der Hinterhand geübt werden. Um die für das Festhalten des inneren Hinterfußes nötige Versammlung und Biegung der Hinterhand zu erzielen, läßt der Lehrer die Pferde aus dem versammelten Trabe zum Schritt und alsbald zum Halten parieren und jeden Reiter für sich die Wendung ausführen.

Die Wendung um den inneren Hinterfuß ist aber dem jungen Pferde nur dann möglich, wenn die Vorhand ganz allmählich durch den inneren Zügel Schritt für Schritt herumgeführt wird.

Vermehrte Anforderung im Schenkelweichen bis zur Annäherung an Schulterherein.

Nachdem der Gehorsam auf die inneren Hilfen erzielt ist und das Pferd die Gegenwirkung der äußeren Hilfen beachten gelernt hat, wird man diese allmählich vermehrt wirken lassen und so das Schenkelweichen dem Schulterherein nähern.

Schon hierbei zeigen sich die beim Schulterherein am häufigsten vorkommenden Fehler, nämlich Verwerfen des Halses infolge zu starken Einwirkens mit dem inneren Zügel, hierdurch bedingtes Ausfallen mit der äußeren Schulter und Losmachen vom Zügel.

Verkleinern des Zirkels.

Eine weitere Verstärkung der Biegung und damit gleichzeitig auch der Versammlung des Pferdes wird durch Verkleinern des Zirkels erreicht.

35. Reiten auf Kandare.

Zeitpunkt.

Nachdem die Remonten nach ununterbrochener neunmonatiger Dressur durch die bisher aufgeführten Lektionen soviel Haltung gewonnen haben, daß sie den genügenden Grad von Anlehnung an das Trensenmundstück, von Selbsthaltung und Durchlässigkeit bewahren, werden sie Anfang Juli auf Kandare gezäumt und mit dieser Zäumung später auch im Gelände geritten. Sie bietet den Vorteil, daß die Reiter die jungen Pferde im Freien mehr beherrschen können, daß aber auch die Remonten in besserer Haltung gehen und mehr auf den Beinen geschont werden. Auch gibt die Form, in der sich die einzelnen Remonten auf Kandarenzäumung tragen, dem Lehrer einen Fingerzeig für die bei Beginn des zweiten Ausbildungsjahres wieder aufzunehmende Bearbeitung auf Trense.

Gewöhnung an die Kandarenzäumung.

Bei Beginn des Reitens mit der Kandarenzäumung*) kommt es darauf an, eine auf beiden Seiten gleichwertige Zügeleinwirkung zu erzielen. Hierzu werden die Zügel entweder geteilt oder es wird die Trense angefaßt; in beiden Fällen muß die Wirkung der Trense vorherrschen. Auch kann man alle vier Zügel in der linken Hand vereinigen und durch die vorfassende rechte Hand die Anlehnung regeln. Das Reiten der Remonten auf Kandare am Schlusse des ersten Ausbildungsjahres hat fast ausschließlich unter Mitgebrauch der Trense zu geschehen.

Die jungen Pferde werden nur dann die Anlehnung an die Kandare vertrauensvoll selbst suchen, wenn ihnen nicht nur ein Längermachen des Halses, sondern auch ein gewisser Spielraum für das Vornehmen der Nase vor die

*) Bei Kandaren mit geraden Anzügen sind Scherenriemen anzubringen.

Senkrechte gestattet wird und wenn sie gut vorwärts geritten werden.

Um die Pferde nach und nach an die Kandare zu gewöhnen, läßt der Lehrer die ersten Tage nur im Schritt und Arbeitstrabe möglichst geradeaus reiten. Die Anlehnung an das Mundstück wird am besten bei verhältnismäßig langen Zügeln durch längere Trabreprisen in ruhigen, geräumigen Tritten gewonnen werden. Ist dies erreicht, so kann man auf den Zirkel und zu den Wendungen übergehen. Alle Zügelhilfen leitet man zunächst mit der Trense ein und läßt gleich darauf die Kandare wirken, so daß das Pferd nach und nach für die Einwirkungen dieses Mundstücks Verständnis erlangt. Die Paraden aus dem Trabe zum Schritt und aus dem Schritt zum Halten müssen ganz allmählich ausgeführt werden. Beim Durchreiten der Ecken ist der äußere Kandarenzügel, besonders auf der rechten Hand der linke, etwas nachzulassen. Der inwendige Kandarenzügel muß die durch die Trense gewonnene seitliche Biegung erhalten. Durch Verstärken des Tempos zum Mitteltrabe und durch Einschaltung von Galoppreprisen wird die Anlehnung verbessert.

Vor allem muß sich der Reiter hüten, das junge Pferd, wenn es die Kandare gut annimmt, durch Zurückarbeiten mit den Zügeln im Halse zu kraus zu machen.

Beim Übergang von der Trensen- zur Kandarenzäumung tritt häufig der Fehler ein, daß sich die Pferde überzäumen und sich somit durch eine falsche Biegung im Halse nach unten der Genick- und Ganaschenbiegung entziehen. Diesem Fehler muß durch vorherrschende Schenkelwirkung und Vermeiden von zu kurzen Gängen begegnet werden. Durch die Stellung der Nase hinter der Senkrechten entzieht sich das Pferd mehr oder minder der Einwirkung des Reiters auf die Hinterhand; auch wird dadurch die Tritt- und Sprungweite in allen Gangarten wesentlich verkürzt.

Stellt ein auf Kandare gezäumtes Pferd Hals und Kopf zu tief, so muß die Nase durch vortreibende Hilfen zuerst etwas vor die Senkrechte gebracht und das Genick mit Trense und Kandare höher gestellt werden. Alsdann wird in dieser Stellung die Beizäumung wieder verbessert.

Biegen und Abbrechen.

Um größere Nachgiebigkeit auf die Wirkung der Kandare zu erzielen, bedient man sich des Biegens im Gange und des Abbrechens auf der Stelle.

Beides darf nur in der Stellung von Hals und Kopf vorgenommen werden, die für das Pferd im Gange richtig ist, weil in einer zu tiefen Stellung die Kandare fehlerhaft wirken würde.

Haben Pferde beim Abbrechen die Neigung, eine zu tiefe Stellung einzunehmen, so müssen die Fäuste entsprechend höher gestellt werden. Der Zweck des Abbrechens, sich dadurch das Pferd im Gange besser in die Hand zu stellen, wird sonst nicht erreicht. Der Aufrichtungsgrad ist deshalb schon jetzt beim Abbrechen genau zu regeln, sonst geht die Arbeit auf der Stelle mit der im Gange nicht Hand in Hand. Bei normalem Gebäude muß das Genick der höchste Punkt des Pferdes bleiben.

Andiezügelstellen.

Nachdem das Pferd durch Biegen auf beiden Seiten nachgiebig gemacht ist, kann dazu übergegangen werden, das Pferd auch auf Kandare im Halten an die Zügel zu stellen und dabei Beizäumung und Aufrichtung zu verbessern. Dem Ausweichen des Pferdes wird bei steter und weicher Hand anfänglich dadurch begegnet, daß man es einige Tritte vordrückt. Es ist nunmehr anzustreben, das Pferd in dieser verbesserten Haltung auch im Gange zu erhalten.

Der inwendige Trensenzügel leitet in dieser Ausbildungsperiode die Wendung ein. Die Kandarenhand führt ihre Drehungen so aus, daß der inwendige Kandarenzügel nicht nur zuerst, sondern auch während der ganzen Wendung vorherrschend wirkt, bis das Pferd nach und nach auch die Wirkung des auswendigen Zügels kennen und dem Druck des Mundstückes auf die auswendige Lade nachgeben gelernt hat. Bei Einübung der Wendungen auf Kandare kann ein geringes Abweichen der Hand aus ihrer Stellung seitwärts gegen die auswendige Hüfte gestattet werden, um dem jungen Pferde den Willen des Reiters desto deutlicher zu machen. Bei fortschreitender Dressur treten die Zügelhilfen immer mehr zurück; Schenkel- und Gewichtshilfen wirken vor. Wenden.

Für die Führung auf dem Zirkel gelten dieselben Grundsätze wie für die Wendungen. Der auswendige Kandarenzügel wird etwas nachgelassen; beide inneren Zügel und der innere Schenkel sorgen für Weichheit der inneren Seite; der äußere Trensenzügel, der dem Pferde die Haltung gibt, und der äußere Schenkel bestimmen die Größe des Zirkels. Reiten auf dem Zirkel.

Wenn auch das Reiten mit der Kandarenführung allein erst im zweiten Dressurjahre zum Gegenstand der Übung zu machen ist, so kann doch in der jetzigen Ausbildungsperiode ab und zu der Versuch gemacht werden, die Remonten mit losgelassener Trense zu reiten. Loslassen der Trense.

Bei der Arbeit auf zwei Hufschlägen und allen Übungen im Biegen wird stets die Trense angefaßt. Bei Führung mit losgelassener Trense muß besonders vorsichtig und sorgsam verfahren werden.

36. Springen.

Die jungen Pferde müssen systematisch im Springen geübt werden. Da sie noch nicht die Widerstandsfähigkeit der Bänder und Sehnen der Beine besitzen, die erforderlich ist, um sie ohne Schaden unter dem Reiter springen zu lassen, so sind sie im ersten Halbjahr nur an der Hand einzuspringen. Erst nach beendeter Winterausbildung dürfen Springübungen über Hindernisse von geringen Abmessungen auch unter dem Reiter vorgenommen werden. Durch ungeschickte, besonders durch zu hohe Sprünge und solche, bei denen die Pferde auf allen vier Beinen gleichzeitig landen, werden die jungen Pferde leicht lahm, dadurch in der Dressur aufgehalten und oft dauernd geschädigt. An der Hand können die Remonten während des Sommers auch über Hindernisse aller Art von etwas größeren Abmessungen eingesprungen werden.*)

Einspringen an der Hand.

Zum ersten Einspringen bedient man sich einer dicken, etwa 5 bis 6 m langen Springstange.**) Eine zu leichte Stange würde beim Sprunge leicht fortgeschleudert werden und dem Pferde zwischen die Beine kommen. Zunächst werden die Pferde mehrere Tage am Schlusse

---

*) Es empfiehlt sich, Hürden, Koppelricks, Baumstämme, Mauern, trockene und nasse Gräben (diese nicht unter 1,40 m breit) und, wenn Mittel und Raum zur Verfügung stehen, Klettergruben und Profile von mäßig hoch gelegenen Straßen mit vorliegenden Gräben anzulegen. Die Hochsprünge sowohl auf dem Reitplatz wie im Sprunggarten sind, soweit möglich, fest anzulegen und zum Höher- und Niedrigerstellen einzurichten.

**) An dem dickeren Ende der Stange wird ein starker, eiserner Zapfen zum Einstecken in die Wand angebracht. Die Stange ist mit einer Strohflechte umwickelt. Auf der Mitte der langen Wand wird eine Eisenschiene mit vielen Löchern für den Zapfen der Stange angebracht. Zum Springen in der Mitte der Bahn sind erhöhbare Gestelle erforderlich.

der Unterrichtsstunde von den abgesessenen Reitern so über die auf den Boden gelegte Springstange geführt, daß sie über die Stange aus der Bahn rücken. Bleiben die Pferde ruhig, so legt man die Stange in das unterste Loch und läßt auf das andere Ende einen Mann mit dem Fuße treten. Allmählich wird die Stange so hoch gelegt, daß der Führer noch bequem über sie hinwegschreiten kann, ohne das Pferd dabei im Maule zu beunruhigen. Mit diesen vorbereitenden Übungen kann schon nach wenigen Tagen begonnen werden; es ist vorteilhaft, sie auf beiden Händen und auch in der Mitte der Bahn vorzunehmen.

Werden die Vorübungen von den Pferden richtig ausgeführt, so beginnt man das Freispringen (Bild 51).

Zum Einspringen an der Hand stellt man die abgesessene Abteilung jenseits des Sprunges entweder an der kurzen Wand, Front nach innen, mit hochgezogenen Bügeln so auf, daß der nach der langen Wand zu gelegene Flügel zwei Schritte von dieser (Aufstellung A) entfernt bleibt, oder mit Front gegen die lange Wand (Aufstellung B) jenseits des Hindernisses. Die Zügel werden durch den Kehlriemen gezogen und auf dem Halse geknotet. Die Pferde werden an dem dem Hindernis (H) entfernteren Flügel beginnend, einzeln von dem auf der äußeren Seite gehenden Reiter im Schritt an das Hindernis geführt. Zum Einfangen der Pferde wird jenseits des Hindernisses nahe der Ecke ein Mann (M) mit einer Haferschwinge aufgestellt. Der Lehrer (L) steht mit einer Peitsche diesseits des Hindernisses, soll aber von ihr nur dann Gebrauch machen, wenn Pferde stockend oder zu wenig nach vorwärts springen. Das nächste Pferd folgt, sobald das vorhergehende eingefangen ist.

Durch Absperren der jenseits des Hindernisses gelegenen offenen Seiten mit Longen, die von zwei Leuten

Bild 51.

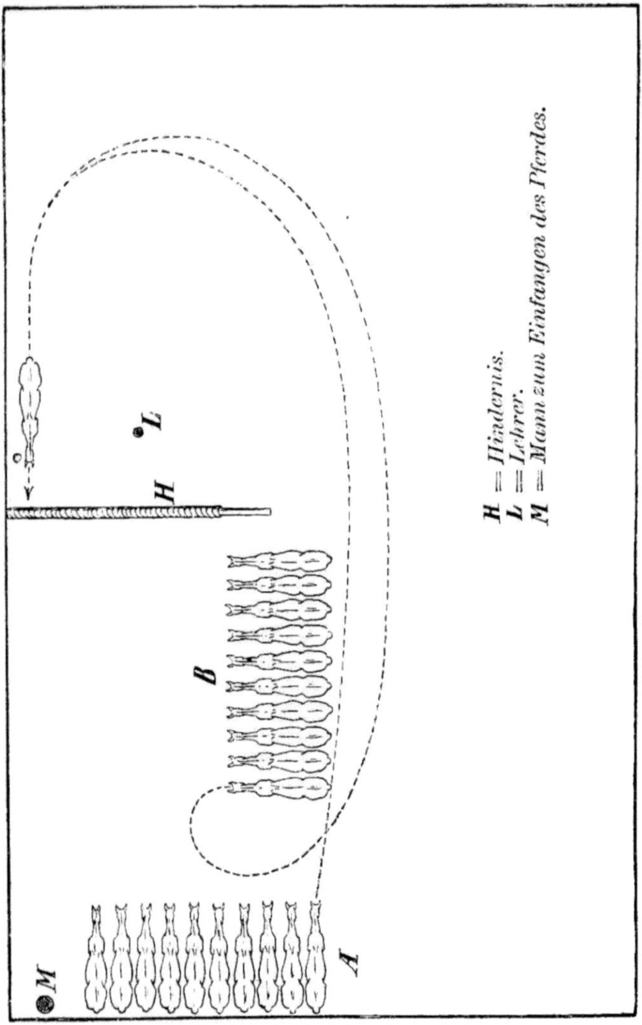

Einspringen an der Hand.

gehalten werden, wird das Herumspringen einzelner Pferde in der ganzen Bahn und das damit oft verbundene zeitraubende Einfangen vermieden.

Die Stange wird stets auf der Seite gehalten, von der gesprungen wird.

Zeigt ein Pferd Lust zum Springen, so muß der Führer gut mitgehen und die führende Hand so rechtzeitig öffnen, daß das Pferd das Hindernis senkrecht überwinden kann. Ist das Pferd unruhig und weicht vor dem Hindernis aus, so stellt es der Führer wiederholt gerade und läßt es erst springen, wenn es vollständig beruhigt ist. Mit dem Höherlegen der Springstange darf nicht zu rasch vorgegangen werden. Zeigt sich das Pferd beim Sprunge ungeschickt oder bleibt es an der Stange stehen, so ist sie sofort wieder tiefer zu legen. Um solchen Pferden den Absprung zu erleichtern, empfiehlt es sich, eine zweite Stange vor die Springstange auf die Erde zu legen.

Will man ein freistehendes Hindernis springen lassen, so stellt man die Abteilung mit Front gegen die Sprungrichtung auf und läßt die Pferde durch zwei Mann heranführen. Bricht ein Pferd aus, so ist es wiederholt an das Hindernis nahe heranzubringen, dann mit Rückwärtsrichten zu strafen und dieses Verfahren so lange zu wiederholen, bis ihm der Sprung als eine Befreiung von dem lästigen Rückwärtsrichten erscheint.

Beim Landen müssen die Vorderbeine den Boden früher berühren als die Hinterbeine. Nur bei einem in dieser Weise ausgeführten Sprunge wird die Fortbewegung nicht unterbrochen. Durch das Landen gleichzeitig auf den vier Beinen oder zuerst auf den Hinterbeinen werden leicht Gelenke und Rücken des Pferdes verprellt. Bei breiten Hindernissen erfordert diese Art des Springens einen unverhältnismäßig großen Kraftaufwand. Je mehr sich die Fortbewegung ohne Stocken dem Sprunge anschließt, je mehr also dieser dem Auge als ein mächtigerer, erhabenerer Galoppsprung erscheint, um so vollkommener ist die Ausführung.

Um die jungen Pferde zu solchen Sprüngen zu erziehen, empfiehlt es sich, öfters eine Stange auf den Boden oder in mäßiger Höhe und Entfernung vor das Hindernis zu legen. Pferde, die bei Hochsprüngen die Vorhand nicht genügend heben, läßt man vor dem Hindernis wiederholt einige Tritte vor- und zurücktreten und treibt die Hinterhand heran. Durch die dabei erzielte Hankenbiegung werden die Sprünge an Erhabenheit gewinnen.

Beim Einspringen besonders von verdorbenen Pferden kann man sich mit Nutzen der Longe bedienen. Um den Widerstand des Pferdes sicherer zu überwinden und ein Zerreißen des Zaumzeuges zu vermeiden, ist es vorteilhaft, einen Kappzaum aufzulegen.

Bei freistehenden Hindernissen oder wenn ein Pferd den Gehorsam versagt, benutzt man zweckmäßig zwei Longen. Bei dieser Art des Einspringens führt ein Mann das Pferd so an das Hindernis heran, daß es noch genügend Anlauf zum Sprunge hat, während die beiden Longenführer seitwärts vorwärts des Hindernisses mit gespannten Longen stehen. Auf diese Weise wird das Pferd gezwungen, auf einem bestimmten Platze und gerade zu springen; auch wird vermieden, daß es in der Parade eine Wendung auf der Vorhand macht, wodurch leicht die Beine beschädigt werden. Das Pferd wird durch das gleichmäßige Anstehen der je nach der Beschaffenheit des Hindernisses hoch oder tief zu haltenden Longen auf gerader Linie pariert.

Springen unter dem Reiter.

Nach beendeter Winterausbildung kann zum Überwinden von mäßigen Hindernissen unter dem Reiter geschritten werden, sobald die Pferde an der Hand sicher und geschickt springen. Man beginnt damit, die Pferde anfangs über die am Boden liegende, später über die niedrig eingelegte Stange hintereinander schreiten zu lassen. Demnächst wird die Abteilung auf der Hand, auf der man springen lassen will, auf einen Zirkel genommen. Der Zirkel wird so viel verkleinert, daß der Hufschlag freibleibt. Dann läßt man die Reiter einzeln, in der Gangart, aus der man springen lassen will, auf die ganze Bahn und über das Hindernis gehen. Es wird zunächst nach der Abteilung zu gesprungen. Anfangs läßt man die Reiter mit einer Hand in die Mähne fassen, um die Pferde beim Springen nicht zu stören. Nach dem Sprunge muß man das Pferd anfänglich auslaufen lassen, denn scharfe und plötzliche Paraden schädigen die Vorderbeine und sind häufig die Veranlassung, daß das Pferd später den Sprung verweigert.

Springen die Pferde auf diese Weise sicher, so kann man die ganze Abteilung mit zwei oder mehr Pferdelängen Abstand springen lassen. Zur Beruhigung wird nach dem Springen über die auf die Erde gelegte Springstange hinweggeritten.

Zunächst reitet man die jungen Pferde im ruhigen Trabe gegen das Hindernis; fällt das Pferd kurz vor dem Hindernis in den Galopp, so muß man es im Galopp springen lassen. Erst nachdem die Pferde ganz sicher eingesprungen sind, darf der Reiter die Gangart bestimmen, aus der das Pferd springen soll.

Unsichere Pferde reitet man gegen das Hindernis nur in der Gangart und in dem Tempo, in dem man sie in der Gewalt behält.

Werden junge Remonten auf Kandarenzäumung gesprungen, so muß die Trense vorherrschen.

37. Besondere Übungen.

Einzelreiten. Das Einzelreiten ist für die Dressur der Remonten von höchster Wichtigkeit. Auf derselben Hand darf man es bei mäßigen Anforderungen schon frühzeitig, auf beiden Händen gleichzeitig aber erst dann beginnen, wenn die Pferde einigermaßen in der Gewalt der Reiter sind. Es stellen sich sonst leicht Ungezogenheiten ein, die in der Folge schwer abzugewöhnen sind.

Die schwierigste Art, das Einzelreiten außerhalb der geschlossenen Abteilung, ist zuletzt vorzunehmen. Hierzu muß das Herausreiten aus dem Gliede vorgeübt werden.

Herausreiten aus der Abteilung. Der den Pferden innewohnende Herdentrieb muß frühzeitig bekämpft werden. Man beginnt damit schon beim ersten Anreiten, indem man die Remonte anfangs mit dem Führpferde, später allein, ab und zu eine Wendung aus der im Gange befindlichen Abteilung heraus quer über die Bahn ausführen läßt. Das Herausreiten aus der stehenden Abteilung stellt schon höhere Anforderungen. Als Vorübung empfiehlt sich das Herausreiten aus der geöffneten und später aus der mit verkleinerten Zwischenräumen aufgestellten Abteilung. Eine Aufstellung mit kleineren Zwischenräumen als drei Schritt kann erst vorgenommen werden, wenn der Reiter befähigt ist, das Pferd richtig hinzustellen und kleine Bewegungen vor-, rück- und seitwärts mit ihm auszuführen. Das Herausgehen aus dem geschlossenen Gliede darf von den jungen Remonten nicht eher gefordert werden, als bis sie gut an der Hand stehen.

Anfänglich ist das Herausreiten aus dem Gliede am Schluß der Stunde vorzunehmen und mit sofortigem Einrücken zu verbinden.

Das Reiten im Gelände muß dazu benutzt werden, die Remonten mit leichteren Hindernissen aller Art vertraut zu machen und ihnen die Scheu vor dem Wasser zu nehmen. Das für das Soldatenpferd unentbehrliche Klettern ist oft zu üben. Reiten im Gelände.

Beim Reiten im Gelände empfiehlt es sich, den Herdentrieb auszunutzen, um den Gehorsam und das Selbstvertrauen beim Überwinden von Hindernissen, hauptsächlich durch das gute Beispiel sicherer, älterer Führpferde zu erzielen und dann erst den Gehorsam in der Einzelübung zu befestigen.

Die Remonten werden vom Frühjahr ab allmählich an Lanze und Stechgegenstände gewöhnt, so daß im Sommer auch das Stechen nach Gegenständen betrieben werden kann. Gewöhnung an die Lanze.

Die Lanzen sind den Reitern erst dann zu geben, wenn den Pferden durch genügende Bewegung der Stallmut genommen ist. Alle Bewegungen mit der Lanze sind so einzurichten, daß die Pferde nicht erschreckt werden. In der ersten Zeit sind die Lanzenflaggen zu rollen.

Zur Gewöhnung an den Straßenverkehr und an die Truppe benutzt man die Sommermonate. Die Mitnahme zuverlässiger, älterer Führpferde ist zweckmäßig. Gewöhnung an Straßenverkehr und Truppe.

Fehlerhaft ist es, ein ruhig gehendes Pferd durch plötzliches Verkürzen der Zügel und vermehrtes Anfassen schon von weitem auf jeden auffallenden Gegenstand aufmerksam zu machen und dadurch gleichsam zum Scheuen zu veranlassen. Ebenso falsch ist es, vor jedem furchterregenden Gegenstande halten zu bleiben und dem Pferde eine genaue Musterung zu gestatten. Der Reiter muß vor allem trachten, das Pferd in der Vorwärtsbewegung zu erhalten, ohne die Verbindung zwischen Hand und Pferdemaul aufzugeben. Niemals darf das Pferd gezwungen werden, gerade auf den Gegenstand seiner Furcht loszugehen; es muß ihm vielmehr gestattet werden, frühzeitig etwas seitlich auszubiegen. Ist das Pferd willig an dem Gegenstand vorübergegangen, so ist es sofort zu beloben. Stutzen in einer Abteilung die vorderen Pferde, so müssen die hinteren Reiter kurz entschlossen ihre Pferde vorwärts treiben. Ist ein Pferd vorüber, so folgen die anderen meist ohne Schwierigkeit nach.

Um die jungen Pferde an die Truppe zu gewöhnen und ihnen die Furcht vor plötzlichen Bewegungen, Gewehrgriffen und lauten Geräuschen, wie Musik und Schießen, zu nehmen, läßt man sie zunächst in angemessener Entfernung arbeiten. Bleiben die Pferde ruhig, so kann man sich der übenden Truppe allmählich nähern, doch ist es ratsam, erst dann zum Halten überzugehen, wenn sich die Pferde vollständig beruhigt haben. Marschierenden Abteilungen folgt man derart, daß man niemals zum Kehrtmachen gezwungen wird. Der Reiter muß jedes Erschrecken und Kehrtmachen des Pferdes zu vermeiden suchen, denn man braucht oft lange Zeit, einen üblen Eindruck wieder zu verwischen.

Nur dasjenige Pferd wird wirklich straßenfromm und truppensicher, von dem bei seiner ersten Erziehung nachteilige Eindrücke möglichst ferngehalten worden sind und das dabei niemals den Reiz des Ungehorsams kennen gelernt hat.

Alte Remonten.

38. Weitere Ausbildung des Ganges und Vervollkommnung der Durchlässigkeit und Versammlung.

Nach der Unterbrechung der Ausbildung durch die Herbstübungen werden die Remonten wieder auf Trense gezäumt und in den im ersten Jahre geübten Lektionen vervollkommnet.

Haben die Pferde in den drei Gangarten bei gerade gerichtetem Körper und einem am Widerrist festgestellten Halse die ihrem Gebäude entsprechende Selbsthaltung wiedergewonnen, so ist die Gymnastik der Hinterhand durch allmählich erhöhte Anforderungen in den versammelten Gangarten und durch die Seitengänge weiter zu fördern.

Das Hauptaugenmerk muß auch im weiteren Verlaufe der Dressur auf Förderung des Ganges und der Durchlässigkeit gerichtet bleiben.

Haben die Remonten wieder eine gute Haltung im Mitteltrabe erlangt, und führen sie die Paraden und das Zurücktreten richtig aus, so kann der Arbeitstrab allmählich zum abgekürzten Tempo versammelt werden. Das Pferd soll im abgekürzten Trabe erhabenere und weniger raum- Abgekürzter Trab.

Bild 52.

Abgekürzter Trab.

greifende, aber weder stampfende noch schwebende Tritte machen. Indem es sich in den Hanken vermehrt biegt, trägt es sich höher und verbindet die höchste Versammlung mit der größten Durchlässigkeit (Bild 52).

Viele Pferde suchen sich der ihnen unbequemen Versammlung dadurch zu entziehen, daß sie sich auf die Hand legen, andere indem sie hinter die Zügel kriechen und mit flachen und kurzen Tritten vorwärts gehen. Der abgekürzte Trab darf daher niemals zu kurz und nicht zu andauernd geritten werden. Reprisen in freieren Gängen sind einzulegen.

Legt sich das Pferd auf die Zügel, so muß der Reiter es durch kurze halbe Paraden und Verbesserung der Hals- und Kopfstellung sowie durch mehr klopfende als drückende Tätigkeit der Schenkel, besonders des inneren, zu besserem Selbsttragen veranlassen. Kriecht das Pferd hinter die Zügel, so muß es der Reiter mit den Schenkeln mehr vordrücken und im Tempo zulegen, um die Anlehnung wiederzugewinnen.

Starker Trab.

Durch die im abgekürzten Trabe erzielte vermehrte Biegung der Hinterhand wird der Mitteltrab sich so verbessert haben, daß zur Gewinnung weitgreifenderer Tritte der starke Trab ausgebildet werden kann (Bild 53). Er nimmt die Schubkraft der Hinterhand voll in Anspruch und fördert den Mitteltrab und den abgekürzten Trab. Die im zweiten Ausbildungsjahre wesentlich erhöhten Anforderungen an Biegung und Versammlung gebieten gelegentliches Einschalten des starken Trabes zu erneuter Anregung der Gehlust.

Die Entwicklung des starken Trabes muß ganz allmählich erfolgen, weil sonst leicht übereilte Tritte entstehen. Klappt ein Pferd in die Eisen, so muß das Tempo verkürzt und die Haltung verbessert werden.

Das Verkürzen des Trabtempos hat ebenso allmählich zu erfolgen wie das Verstärken.

Bild 53.

Starker Trab.

Der starke Trab ist nur auf den langen Seiten zu reiten. Er wird besonders geräumig sein, wenn eine Galoppreprise vorausgegangen ist.

Um die Aufmerksamkeit und Folgsamkeit des Pferdes auf die äußeren Hilfen zu erhöhen, wird das Reiten in Konterstellung im Schritt und im abgekürzten Trabe geübt. Da hierbei die Wendung gegen die Biegung mit dem äußeren Zügel ausgeführt werden muß und somit der äußere Zügel der führende ist, werden die jungen Pferde viel leichter gezwungen, den äußeren Hilfen zu folgen, als durch das Reiten in der der Hand entsprechenden Stellung. Auch fördert die beim Wenden in Konterstellung dem äußeren Zügel zufallende Beschränkung des Vortrittes des äußeren Hinterfußes die Nachgiebigkeit auf die äußeren Hilfen. Konterstellung.

Das Reiten in Konterstellung dient als Vorübung für Renvers und Kontergalopp.

Seitengänge. Das junge Pferd wird durch die bisherigen Lektionen so viel Selbsthaltung gewonnen haben, daß etwa vier Wochen nach Wiederaufnahme der Dressur im zweiten Jahre mit dem Reiten der Seitengänge begonnen werden kann.

Der Reiter erreicht die durch die Seitengänge beabsichtigte stärkere Biegung des inwendigen Hinterfußes am sichersten im Schulterherein, weil er die Wirkung des inneren Schenkels durch den gleichseitigen Zügel unterstützen kann. Deshalb ist auch ein Ausweichen des inneren Hinterfußes im Schulterherein leichter zu verhindern als im Travers und Renvers, wo sich biegender innerer Zügel und seitwärts treibender äußerer Schenkel entgegenarbeiten müssen.

Die Remonten sind erst dann zum Travers richtig vorbereitet, wenn die Erhaltung der gleichmäßigen Biegung dem Reiter im Schulterherein keine Schwierigkeiten mehr bereitet.

Im Travers wird nicht nur der innere Hinterfuß vermehrt gebogen, sondern auch der äußere schiebende Hinterfuß mehr als im Schulterherein unter die Gewichtsmasse getrieben. Infolge der hierdurch erzielten stärkeren Biegung der Hinterhand wird die Vorhand mehr entlastet. Dadurch und weil führender Zügel und Fußsetzung nicht geändert zu werden brauchen, wird das Pferd durch Travers am besten für alle engeren Wendungen vorbereitet.

Mit Renvers kann man beginnen, sobald die Pferde im Reiten in Konterstellung geübt worden sind und im Travers einige Sicherheit erlangt haben. Die Schwierigkeit der Lektion Renvers liegt in den Wendungen.

Anfangs übe man alle Seitengänge mit jungen Pferden nur auf geraden Linien. Später wird durch richtiges Durchreiten der Ecken im Seitengange der Gehorsam auf Schenkel und Zügel wesentlich gefördert werden.

Man muß sich stets mit kurzen Reprisen begnügen und die Anforderungen an Abstellung nach dem Grade der erzielten Biegung und Versammlung nur allmählich steigern. Durch die Seitengänge soll die Schubkraft zwar gemäßigt, aber niemals unterdrückt werden. Sobald der Gang unrein oder ausdruckslos wird, also eine zu starke Beschränkung der Schubkraft anzeigt, muß die seitliche Abstellung wieder verringert werden. Richtig gerittene Seitengänge werden verbesserte Haltung, erhabenere, schwungvollere Tritte und gleichmäßig weiche Anlehnung zur Folge haben.

Haben die Remonten im Mittelgalopp bei schwungvollem Gang eine gute Selbsthaltung erlangt, so kann mit dem abgekürzten Galopp begonnen werden. Im abgekürzten Galopp soll das Pferd mit den Hinterbeinen bei gebogenen Hanken die Last vermehrt tragen. Die Sprünge werden sich dadurch langsamer und weniger raumgreifend folgen. Die Last wird von den weit untergreifenden Hinterfüßen bei jedem Sprunge kräftig abgeschwungen. Abgekürzter Galopp.

Der abgekürzte Galopp (Bild 54) fördert am meisten die Biegsamkeit der Hinterhand, gibt dem Pferde eine vollkommenere Haltung, bereitet es zu den Paraden aus stärkeren Gangarten, zu den Wendungen, zum geschickten Überwinden von Hindernissen aller Art und zum Einzelgefecht vor.

Am leichtesten wird der abgekürzte Galopp durch häufiges Angaloppieren aus dem Schritt und abgekürzten Trabe erreicht. Nach wenigen Galoppsprüngen hat die Parade zu erfolgen. Hierdurch lernt das Pferd die Hanken biegen, sich selbst tragen und erhält gleichzeitig die beste

Bild 54.

Abgekürzter Rechtsgalopp.

Vorbereitung für die ganze Parade. Vor jedem Angaloppieren ist die Haltung zu verbessern. Geht das Pferd schließlich auf leichte, fast zeichenartige Hilfen in den abgekürzten Galopp ein und bleibt es auch darin in genügender Selbsthaltung, dann kann auch aus dem Mittelgalopp zum abgekürzten Galopp übergegangen werden. Zur vollen Biegung der Hinterhand ist hierbei die Hebelwirkung des richtig aufgerichteten Halses auszunutzen.

Die Übung im häufigen Angaloppieren muß schon frühzeitig nach der Wiederaufnahme der Dressur begonnen und täglich vorgenommen werden. Man bedient sich hierzu am besten des Zirkels, weil die gebogene Linie das Pferd zum Verkürzen des Tempos geneigt macht.

Öfterer Handwechsel sowie Wechsel zwischen Zirkel und ganzer Bahn und zwischen abgekürztem Galopp und Mittelgalopp ist nötig. Hört der Schwung im abgekürzten Galopp auf, so muß eine Reprise in freierem Tempo eingelegt werden. Ein bestimmter Sprung muß sich im abgekürzten Galopp bei jedem Pferde bemerkbar machen.

Trägt sich das Pferd sicher im abgekürzten Galopp, so muß auch dem Geraderichten des Pferdes Aufmerksamkeit zugewandt werden. Hierdurch wird auch dem Hereinstellen der Hinterhand in die Bahn am besten begegnet, das meistens durch Ziehen am inneren Zügel und ungenügende Tätigkeit des inneren Schenkels verursacht wird.

Das Angaloppieren ist auch aus dem Halten zu üben. Hierzu müssen die Hinterfüße gut herangestellt sein. Dem Pferde ist anfänglich zu gestatten, vor dem Angaloppieren im Schritt anzugehen.

Hankenbiegen.

Um die Biegsamkeit und Tragkraft der Hinterhand zu vervollkommnen, kann mit den Remonten das Hankenbiegen vorgenommen werden, sobald sie sich im abgekürzten Galopp selbst tragen. Der Reiter darf hierbei die Anforderungen an die Versammlung nur ganz allmählich erhöhen und niemals die Reprisen zu lange ausdehnen. Jede gewaltsame Einwirkung ist zu unterlassen. Nach jeder Reprise ist das Pferd zu loben.

Kontergalopp.

Der Kontergalopp darf erst geritten werden, wenn das Pferd sich im abgekürzten Galopp auf gerader Linie und in den Wendungen sicher trägt. Anfänglich sind die Ecken nötigenfalls bis zur Zirkellinie abzurunden. Nach erlangter Sicherheit im Kontergalopp sind auch die Galoppchangements zu üben.

Kurzkehrtwendung.

Sobald sich die Pferde in guter Versammlung im Travers im Schritt und abgekürzten Trabe durch die Ecken führen lassen, kann mit dem Einüben der Kurzkehrtwendung begonnen werden.

Bei den ersten Übungen, die stets einzeln vorzunehmen sind, muß den Reitern genügend Zeit gelassen werden. Erst wenn die Kurzkehrtwendung im Schritt und abgekürzten Trabe richtig ausgeführt wird, darf sie im Galopp geübt werden. Bei Ausführung der Kurzkehrtwendung im Galopp sollen die Pferde mit einigen Sprüngen um den möglichst festzuhaltenden inneren Hinterfuß herumgaloppieren. Erst wenn es dem Reiter gelingt, den inneren Hinterfuß unter Beibehaltung des Galopptempos in der Wendung festzuhalten, darf das für den Waffengebrauch nötige Herumwerfen des Pferdes in einem Schwunge ausgeführt werden.

39. Arbeit auf Kandare.

Hat der Reiter durch die Arbeit auf Trense die zur vollen Beherrschung des Pferdes gebotene Beizäumung, Aufrichtung und Durchlässigkeit erreicht, so wird das erlangte Maß von Ausbildung durch das Reiten auf Kandare befestigt und vervollkommnet. Die Hebelwirkung der Kandare ermöglicht es auch dem Reiter, die auf Trense gewonnene Reitform des Pferdes ohne jeden Kraftaufwand mit einer Hand zu erhalten.

Die Remonten werden Mitte Januar auf Kandare gezäumt. Sobald sie sich an diese Zäumung gewöhnt haben, werden sie in allen bisherigen Lektionen vervollkommnet.

Da der Soldat beim Waffengebrauch darauf angewiesen ist, das Pferd nur mit der linken Hand zu führen, so ist das Reiten mit einer Hand, mit durchgezogener, aber auch mit losgelassener Trense rechtzeitig und häufig zu üben.

Beim Reiten mit losgelassener Trense darf der Reiter selbständig vorübergehend mit der rechten Hand in die Kandarenzügel fassen oder von der Trense vorübergehend Gebrauch machen, wenn es sich darum handelt, Fehler des

Pferdes, namentlich in der Stellung, zu verbessern. Dies ist besonders beim Einzelreiten zu beachten.

Es ist anzustreben, daß die alten Remonten bei Beendigung der Dressur in allen Gangarten und besonders beim Einzelreiten auch mit losgelassener Trense geritten werden können. Bei den Seitengängen ist die Trense stets anzufassen, beim Springen anzufassen oder durchzuziehen.

40. Springen.

Nachdem die Remonten im Sommer des ersten Jahres Hindernisse von geringen Abmessungen unter dem Reiter gesprungen haben, werden die Übungen im Springen mit Beginn des zweiten Jahres wieder aufgenommen und die Anforderungen nach und nach gesteigert.

Jedem Überwinden eines neuen Hindernisses unter dem Reiter sollte der Lehrer ein Springen an der Hand vorausgehen lassen.

Die Anforderungen im Springen sind stets nach dem Gebäude und den Kräften des Pferdes zu bemessen. Die Ausbildung muß einzeln und in der Abteilung erfolgen. Schließlich müssen die Pferde alle Hindernisse einzeln gehorsam springen.

Sobald die Pferde beim Springen im Gehorsam gefestigt sind, muß auch mit Zügeln in einer Hand gesprungen werden.

41. Besondere Ausbildung für die Einstellung in die Eskadron.

Zur Vorbereitung der Remonten für ihre Verwendung im Gliede muß nach Beendigung der Winterdressur und vor Beginn des eigentlichen Exerzierens, soweit es die örtlichen und klimatischen Verhältnisse ermöglichen, der

Verstärken des Tempos aus dem Mittelgalopp.

Mittelgalopp als Vorübung für den Exerziergalopp allmählich verstärkt werden.

Das Verstärken des Galopps hat auf langen Linien zu erfolgen.

Schließen.

Das Schließen ist nur in dem Umfange zu üben, wie es im Gliede gebraucht wird.

Reiten mit Gliederabständen.

Um die jungen Pferde zur Verwendung im Gliede vorzubereiten, müssen sie lernen, mit den verschiedenen, beim Exerzieren vorkommenden Abständen in sicherem Tempo zu gehen. Besonders notwendig ist die Übung im Reiten auf einen Schritt Abstand, weil das Halten des Tempos hierbei am schwersten ist.

Waffenübungen.

Die Lanzenübungen sind so frühzeitig zu beginnen, daß die Pferde bei Einstellung in die Eskadron jede Scheu vor Lanze und Stechgegenständen verloren haben. Die Pferde sind auch an den Degen zu gewöhnen.

IV. Teil.

Ausbildungsgrundsätze für Rekruten, ältere Reiter und Offiziere.

Rekruten.

42. Allgemeines.

Die Reitfertigkeit der Rekruten beeinflußt die Leistungen der Eskadron nicht nur für das laufende Ausbildungsjahr, sondern auch für die Folgezeit. Die Ausbildung der Rekruten verlangt daher die gewissenhafteste Arbeit. Der Hauptwert ist dauernd auf die Erlangung des richtigen Sitzes zu legen. Einmal angenommene Sitzfehler lassen sich später nur schwer beseitigen.

Mit Gang und Ziel der Rekrutenausbildung wohl vertraute Lehrkräfte und rittige, frische Pferde sind unerläßliche Vorbedingungen, wenn die Rekruten nach nur sechs Monaten zur Einstellung in die Eskadron fertig ausgebildet sein sollen. Es bedarf vor dem Eintreffen der Rekruten und auch später im Laufe der Ausbildung gründlicher Belehrung des Rekrutenoffiziers und der nach dessen Anweisung arbeitenden Unteroffiziere über den Unterrichtsgang.

In der Zeit zwischen Manöver und Eintreffen der Rekruten sind die Rekrutenpferde, auf die in Aussicht genommenen Abteilungen verteilt, unter Beobachtung der erforderlichen Schonung durch gute Reiter zu arbeiten. Gegen Ende dieser Vorbereitung empfiehlt es sich, die Pferde auch ausgebunden reiten zu lassen. Sie sollen dadurch lernen, sich an den Ausbindezügeln abkauend, ruhig mit Abstand im Trabe und Galopp hintereinander herzugehen, auch wenn die Zügel geknotet sind. Außerdem ist es zweckmäßig, einige Pferde jeder Abteilung, die zur Ausbildung schwach veranlagter oder zurückgebliebener Rekruten dienen sollen, an der Longe zu arbeiten. Geht im Laufe der Rekrutenausbildung die Haltung einzelner Pferde verloren, so sind sie durch gute Reiter wieder in die richtige Form zu bringen.

Von großer Bedeutung für den Erfolg der Ausbildung ist die richtige Zusammenstellung von Reiter und Pferd. Bau, Art der Bewegung, Dressurgrad und Temperament des Pferdes beeinflussen den Sitz in hohem Maße. Manche Reiter sitzen deshalb auf einigen Pferden gut, auf anderen schlecht. Der Reitlehrer muß verstehen, die für die Reiter passenden Pferde herauszufinden. Um die Reitfertigkeit zu erhöhen, ist später für einzelne Stunden ein Wechsel der Pferde vorzunehmen.

Solange die Witterung es erlaubt, findet der Reitunterricht auf den Reitplätzen statt; doch ist auch die zeitweilige Benutzung der Reitbahn zur Ausbildung der Rekruten notwendig. Sobald der Sitz einigermaßen befestigt ist, müssen die Rekruten wenn möglich wöchentlich einmal auf dem Exerzierplatz oder im Gelände reiten. Hierbei ist das Reiten langer Linien und freierer Tempos sowie das Überwinden von Hindernissen aller Art zu üben.

Der tägliche Reitunterricht soll grundsätzlich mindestens anderthalb Stunden dauern. Es bedarf einer zweckmäßigen Arbeitseinteilung durch den Reitlehrer, wenn diese Zeit ohne Überanstrengung von Pferd und Mann ausgenutzt werden soll. Je mehr Zeit für den Reitdienst zur Verfügung gestellt werden kann, um so gründlicher kann die Einzelausbildung sein und um so mehr können die Pferde durch Einlegen von Ruhepausen geschont werden. Diese

Schonung ist im Hinblick auf die im Manöver überstandenen Anstrengungen und den Haarwechsel geboten. Die Ruhepausen sind zur Vorbereitung des Rekruten für die später als Meldereiter und Schütze an ihn herantretenden Anforderungen auszunutzen.

Dem praktischen Reiten muß eine eingehende theoretische Belehrung am lebenden Pferde oder am Übungspferde vorangehen.

Lektionen, die an das Verständnis des Mannes besondere Anforderungen stellen, müssen zuerst mit dem einzelnen Reiter durchgenommen werden. Die hierauf verwendete Zeit bringt sich reichlich wieder ein. Am schnellsten werden neue Lektionen von den Rekruten begriffen, wenn der Lehrer oder ein Hilfslehrer, der bei keiner Abteilung fehlen sollte, sie zu Pferde vormacht und hierbei auch die vorkommenden Fehler und deren Abstellung zeigt. Zu warnen ist vor dem Einleiern von Lektionen, wozu mancher Lehrer namentlich vor Besichtigungen neigt. Der Lehrer muß vielmehr häufig neue überraschende Anforderungen stellen. In den Schrittpausen, und später in allen Gangarten, unterhalte sich der Reitlehrer häufig mit den Rekruten, um ihre geistige Tätigkeit zu wecken und sie das laute Sprechen bei schneller Bewegung des Pferdes zu lehren. Auf diese Weise werden die Leute zu aufmerksamen Reitern erzogen, ihre Entschlußkraft und Selbständigkeit geweckt, sowie ihre reiterliche Einwirkung gefördert. Einer so ausgebildeten Rekruten-Abteilung wird man die Unternehmungslust und die Dienstfreudigkeit an den Augen ansehen. Solcher Geist wird aber nur durch einen Lehrer geweckt, der durch Lust und Liebe zur Sache, durch flottes persönliches Reiten und frisches Wesen ein Vorbild für seine Leute ist.

Der Gesundheitszustand der Rekruten ist dauernd zu überwachen, da sonst Ausfälle unvermeidlich sind. Wundreiten, Unfälle sowie Erkältungen lassen sich durch Fürsorge, Belehrung und richtiges Maßhalten in den Anforderungen vermeiden.

Der Reitlehrer muß den Rekruten zur Liebe für sein Pferd erziehen und ihm klar machen, daß gute Pflege und Behandlung sowie jede erlaubte Schonung in seinem eigenen Interesse liegt. Ein williges, frisches, seinem Reiter treues Pferd ist die beste Waffe.

43. Anzug und Pferdeausrüstung.

Der Rekrut kommt zum ersten Reitunterricht im Reitanzug mit Mütze, ohne Sporen. Die Anlegung der Sporen ist als Auszeichnung dem einzelnen Reiter je nach dem Grade seiner Fortschritte zu gestatten. Im weiteren Verlauf der Ausbildung wird der Helm, später der vollständige Dienstanzug angelegt. Die Lanze bekommt der Rekrut so bald wie möglich in die Hand. Zuletzt wird mit allen Waffen und ab und zu auf gepacktem Sattel geritten.

Besonderer Wert ist auf gutes Verpassen der Kleidungsstücke zu legen. Unbequem sitzende Kleidungsstücke machen den Reiter steif; nicht passende oder vielfach im Futter geflickte Hosen veranlassen das Durchreiten.

Die Pferde sind gesattelt und auf Trense gezäumt.

Da die Ausbildung in den ersten Wochen ohne Zügel stattfindet, der Rekrut außerdem zunächst auch nicht in der Lage ist, sein Pferd in Haltung zu reiten, so ist es vorteilhaft, dem Pferde durch Ausbinden eine solche Haltung zu geben, daß es mit einer gewissen Rückentätigkeit geht. Hierdurch erhält der Rekrut von Anfang an das Gefühl für das richtige Gehen des Pferdes.

Die Ausbindezügel sind so an die Sattelgurte oder in die Packösen zu schnallen, daß die Pferde nur in mäßigem

Grade beigezäumt werden. Zum Springen sind die Ausbindezügel zu lösen.

Ist die Ausbildung so weit gediehen, daß der Rekrut unabhängig sitzen und auf sein Pferd einigermaßen einwirken kann, so sind die Ausbindezügel fortzulassen.

Es ist auch gestattet, die Pferde gleich auf Kandare zu zäumen. Die Kandarenzügel werden hierbei durch Vorschieben des Schiebers soweit verkürzt, daß eine geringe Beizäumung stattfindet. Das Ende der Kandarenzügel wird in den Aufhängeriemen des Sattels eingeschlauft. Die Kinnkette darf hierbei nicht zu scharf eingelegt sein. Bei dieser Zäumung benutzt der Rekrut, wenn er mit Zügeln reiten soll, nur die Trense.

44. Erster Unterricht zur Erlangung des Sitzes.

Es kommt in der ersten Zeit nur darauf an, daß der Rekrut das Gleichgewicht auf dem Pferde erlangt und sich losläßt. Das Gewinnen des Gleichgewichts wird durch leichtes Schlußnehmen mit den inneren Flächen der Oberschenkel und dem flachen Knie unterstützt; ein Festklemmen mit den Unterschenkeln darf nicht stattfinden.

Der junge Reiter soll Vertrauen zum Pferde gewinnen; damit ihm dies nicht durch Herunterfallen genommen wird, ist ihm vorübergehend ein Festhalten an Mähne oder Sattel zu gestatten.

Ein losgelassener Sitz wird am besten dadurch erreicht, daß man den Rekruten ganz natürlich sitzen läßt und nur darauf hält, daß er die Oberschenkel im Hüftgelenk weit auseinandernimmt, sie etwas nach innen herumdreht und die Unterschenkel und Füße herunterhängen läßt.

Grundfalsch ist es, von vornherein den Rekruten in die Form des vorschriftsmäßigen Sitzes pressen zu wollen. Erst völlige Losgelassenheit — dann militärische Form!

Zunächst ist die Grundlage des Sitzes, der Sitz auf dem vorgeschobenen, breiten Gesäß, zu erreichen. Demnächst wird die Lage des Oberschenkels bei tiefem Knie und die des Unterschenkels sowie die Haltung des Oberkörpers geregelt. Die Fußspitzen werden leicht angehoben.

Anfangs reiten die Rekruten nur im Rühren. Mit dem Reiten im Stillgesessen wird erst begonnen, wenn völlige Losgelassenheit erreicht ist; doch muß auch weiterhin viel im Rühren geritten werden.

Zum Reitunterricht wird die Abteilung geöffnet aufgestellt. Die Trensenzügel werden über dem Pferdehals geknotet. Das Aufsitzen erfolgt, indem der Mann möglichst ohne fremde Hilfe und ohne in die Zügel zu fassen auf sein Pferd zu kommen sucht. Das vorschriftsmäßige Aufsitzen wird erst gelehrt, wenn der Rekrut am hochgestellten Übungspferd ohne Pauschen den Sprung in den Stütz und die Einnahme des Reitsitzes gelernt hat.

Demnächst ordnet sich die Abteilung im Schritt, wenn nötig zuerst hinter einem ausgebildeten Tetenreiter, auf der ganzen Bahn mit einem Schritt Abstand. Dann wird in einem gemäßigten Tempo angetrabt. Die Rekruten sind anzuweisen, ihrem Vordermann in den Nacken zu sehen und sich bei allen Wendungen etwas nach innen zu neigen.

Die Trabreprisen müssen in der ersten Zeit sehr kurz bemessen werden, damit die Reiter bei der ungewohnten Tätigkeit nicht zu sehr ermüden und sich nicht durchreiten. Durch häufiges Haltenlassen ist ihnen Gelegenheit zu geben, sich zurecht zu setzen. Hierzu erfaßt der Reiter mit der inneren Hand den Vorder-, mit der äußeren Hand den Hinterzwiesel, nimmt einen Oberschenkel nach dem anderen vom Pferde ab und zurück und schiebt das Gesäß gut nach vorn. Später wird dies ohne Mitwirkung der Hände ausgeführt.

Sobald wie möglich ist mit den Rekruten der Galopp

zu beginnen, da in dieser Gangart die Erhaltung des Gleichgewichts und das Vorschieben des Gesäßes am leichtesten zu erlernen sind. Der Galopp wird anfänglich auf einem großen Zirkel und zwar aus dem Schritt entwickelt, weil der Rekrut im Schritt am sichersten sitzt und schon etwas einwirken kann. Als Hilfe zum Angaloppieren genügt die Verlegung des Gewichts auf den inwendigen Gesäßknochen und ein Klopfen mit dem inwendigen Unterschenkel bei zurückgenommenem äußerem. Der Hauptfehler beim Galoppieren ist ein klappendes Gesäß. Die Ursache hierfür liegt in falscher Anspannung der Muskeln, Steifmachen der Gelenke und Festklemmen der Kniee und Unterschenkel. Der Reitlehrer muß daher auf völlige Losgelassenheit und gutes weiches Mitgehen im Sattel halten. Der Reiter ist darüber zu belehren, wie sich ihm der Rechts- und Linksgalopp verschieden unter dem Gesäß bemerkbar macht.

Mehrmals in der Unterrichtsstunde wird auf- und abgesessen.

Mit den Reitübungen sind von vornherein Freiübungen nach der Turnvorschrift für die berittenen Truppen zu verbinden und während der ganzen Rekrutenausbildung vorzunehmen. Freiübungen und Lanzenübungen müssen auch außerhalb der Reitstunden im Reitsitz auf dem Übungspferd oder auf Tonnen vorgenommen werden; dabei fördern namentlich Lanzendeckungen die für einen schmiegsamen Sitz notwendige Losgelassenheit der Hüften.

45. Erlernung der Zügelführung.

Das erste Erfordernis für eine gute Zügelführung ist die Unabhängigkeit vom Zügel.

Sie ist nur durch einen völlig gefestigten Sitz im Gleichgewicht zu erlangen. Man gibt daher dem Rekruten die Zügel erst in die Hand, wenn dieser Sitz gewonnen ist.

Um dem Reiter eine richtige Vorstellung von dem Maß der Anlehnung zu geben, mit der das Pferd am Zügel stehen soll, faßt der Lehrer die Zügel dicht am Gebiß an und wirkt auf die Zügelhand des Reiters ebenso ein, wie es das Pferd bei normaler Anlehnung am Mundstück tut. Ist der Reiter derart unterwiesen, so wird von ihm verlangt, daß er mit seiner Hand in dauernder Verbindung mit dem Pferdemaul bleibt. Die Zügel dürfen weder schlottern noch zu straff anstehen. Dazu ist es nötig, daß Schulter-, Ellbogen- und Handgelenk so losgelassen sind, daß die Hände bei jeder Bewegung des Maules mitgehen können und immer dieselbe Anlehnung erhalten. Erst wenn der Rekrut Verständnis und Gefühl für die richtige Anlehnung erlangt hat, beginnt man auch die vorgeschriebene Haltung von Arm und Hand zu fordern.

46. Erlernung der Hilfen.

Ist durch Freiübungen und immer wiederholtes Zurechtsetzen ein in allen Gangarten sicherer und losgelassener Sitz erreicht und das Verständnis für richtige Zügelführung gewonnen, so ist dem Rekruten der Gebrauch der Hilfen zu lehren. Er soll dadurch lernen, allmählich auch formend auf sein Pferd einzuwirken, damit er die bisher durch die Ausbindezügel bewirkte Haltung jetzt durch eigene Einwirkung zu erhalten und zu verbessern vermag. Auch ist ihm klar zu machen, daß ein durchlässiges und in Haltung gehendes Pferd nicht nur dem Reiter die Annahme des richtigen Sitzes wesentlich erleichtert, sondern auch aufmerksamer auf die Hilfen eingeht. Von Anfang an ist ihm einzuprägen, daß den Schenkel- und Gewichtshilfen eine wichtigere Rolle zufällt als den Zügelhilfen.

Zuerst muß der Rekrut die vortreibenden Hilfen erlernen; dazu dient jedes Anreiten und das Verstärken der bisher gerittenen Tempos zum Mitteltrab und Mittelgalopp. Im häufigen Übergang zu den kürzeren Tempos erlernt er die verhaltenden Hilfen (Paraden).

Bei Einübung der Paraden ist dem Rekruten klar zu machen, daß sie nicht nur durch Einwirken der Hand auszuführen sind, sondern daß auch ein vermehrtes Vortreiben der Hinterbeine durch die Schenkel bei gespanntem Kreuz stattzufinden hat.

Durch die Beherrschung der vortreibenden und verhaltenden Hilfen wird der Rekrut nunmehr auch das befohlene Tempo und damit seinen Platz in der Abteilung einhalten können. Zur Prüfung der Einwirkung und des Gefühls für das richtige Tempo empfiehlt sich gelegentliches Wechseln mit dem Tetenreiter. Beim Reiten in der Abteilung ist schon jetzt darauf zu halten, daß alle Reiter die befohlene Gangart sofort und gleichzeitig ohne Rücksicht auf Abstand aufnehmen.

Häufiger Wechsel in den Tempos und Gangarten bietet ein gutes Mittel, dem Rekruten das Gefühl für Tempo anzuerziehen.

Durch Wendungen auf der Vorhand und Schenkelweichen erlernt der Rekrut die Anwendung des seitwärts treibenden und des verwahrenden Schenkels.

Die Wendungen im Gange werden dem Rekruten zunächst dadurch gelehrt, daß man von ihm ein genaueres Eckenpassieren verlangt.

Der abgekürzte Trab darf in der für Dressurabteilungen verlangten Versammlung vom Rekruten nicht gefordert werden. Dies würde ihn zu vorherrschender Arbeit mit der Hand veranlassen und bei den Pferden kurze, schleichende Tritte herbeiführen. Der abgekürzte Trab darf auch nur in kurzen Reprisen und im häufigen Wechsel mit Mitteltrab geritten werden.

Ist Übereinstimmung zwischen Schenkeln und Zügeln erreicht, so muß vom jungen Reiter verlangt werden, daß er bei der ersten Aufstellung in der Bahn sein Pferd richtig hinstellt und das Abbrechen und Aufmarschieren vorschriftsmäßig ausführt. Dem richtigen Hinstellen des Pferdes ist besonderer Wert beizulegen. Der Reiter lernt hierbei seine Hilfen nach der Empfindlichkeit des Pferdes abzustimmen, also fühlen.

Der Rekrut muß nunmehr auch den Hufschlag der ganzen und halben Bahn, der Zirkel-, Changierungs- und Schlangenlinien genau einhalten lernen. Dies zwingt ihn zu vermehrter Schenkeltätigkeit und Wechsel im Sitz und Gewichtsverteilung. Beim Reiten auf dem Zirkel erklärt man dem Rekruten, daß er sein Gewicht nach innen verlegen und dauernd von einem Paradepunkt zum andern wenden muß. Ebenso ist er in der Anwendung der erweiternden und verengernden Hilfen zu unterweisen.

Sobald der Rekrut zum genauen Einhalten der Zirkellinie befähigt ist, wird das Reiten in Stellung geübt. Dadurch lernt er Lektionen wie Zirkel verkleinern und vergrößern, Volten, Kehrtwendungen und Wendungen auf der Hinterhand genauer ausführen. Auch wird er nun regelrecht angaloppieren können.

Der Wechsel in der Stellung des Pferdes bedarf besonders eingehender Belehrung beim Einzelreiten. Der junge Reiter läßt sich zu den beim Stellungswechsel zu beachtenden Hilfen meist nicht die genügende Zeit; er vergißt dabei oft das Wichtigste, seinen Sitz zu ändern und damit die für das Pferd verständlichste Hilfe, die Gewichtshilfe, anzuwenden. Die Folgen sind unrichtige Stellung und Biegung des Pferdes beim Wechseln von einer Hand zur anderen. Da sich dies besonders im Galopp zeigt, belehre man den Rekruten, nicht eher den neuen Galopp zu entwickeln, als bis er selbst den für die neuen Hilfen erforderlichen Sitz eingenommen und seinem Pferde die neue Stellung gegeben hat.

In der ersten Ausbildungsperiode war der Galopp lediglich eine Sitzübung und die Art der Entwickelung nebensächlich. Jetzt muß der Rekrut lernen, mit richtigen Hilfen aus dem Schritt und Trabe anzugaloppieren, im Galopp einzuwirken und aus dem Galopp wieder in den Schritt und Trab überzugehen. Auch hier muß eingehende Einzelbelehrung über die Anwendung und Wirkung der Hilfen eintreten. Die Hauptfehler, Ziehen am inwendigen Zügel, Hintenüberneigen des Oberkörpers, Klappen des Gesäßes sind zu bekämpfen. Durch häufiges Angaloppieren wird die Geschicklichkeit der Reiter in der Einwirkung mehr gefördert als durch lange Galoppreprisen.

Galoppiert ein Pferd falsch, so muß der Rekrut nach vorwärts durchparieren und wieder angaloppieren, ohne den Hintermann zu stören. Zweckmäßig benutzt er für diese Korrektur eine Ecke, weil in ihr der richtige Galopp am leichtesten zu entwickeln ist. Wird der Zweck auf diese Weise nicht erreicht, so reitet der Mann vor der Ecke zur kurzen Wand in flachem Bogen in die Bahn, pariert durch und reitet so an, daß er seinen Platz nach der zweiten Ecke wieder erreicht. Entsprechend ist zu verfahren, wenn ein Pferd korrigiert werden soll, das galoppiert anstatt zu traben.

47. Reiten mit Bügeln.

Zur Erlangung eines gestreckten Sitzes muß der Rekrut mindestens sechs Wochen ohne Bügel reiten. Aber schon in dieser Zeit ist es gestattet, ihm zu Anfang oder zu Ende der Stunde für einige Minuten die Bügel zu geben, damit er so die Bügelhaltung spielend erlernt.

Die Rekruten neigen anfangs dazu, unter Aufgabe des richtigen Sitzes die ihnen ungewohnten Bügel bei steifem Knie- und Fußgelenk durch Herunterdrücken der Fußspitze halten zu wollen. Nützlich ist daher die Anweisung, nicht zu viel auf den Bügel zu achten, sondern den bisher erlernten Sitz, namentlich die Haltung der Unterschenkel nicht zu ändern und das Fußgelenk völlig loszulassen. Der Bügel erhält seine richtige Lage bei federndem Fußgelenk dann von selbst. Um den ohne Bügel erlangten gestreckten Sitz zu erhalten, ist es geboten, immer wieder einige Zeit ohne Bügel zu reiten.

48. Reiten auf Kandare.

Spätestens Mitte Januar muß die Reitausbildung der Rekruten so weit gefördert sein, daß mit dem Reiten auf Kandare begonnen werden kann. Im Unterricht, und zwar am Pferde, sind Lage des Gebisses, Halten der Zügel, die Fehler einer unrichtig getragenen und unsteten Hand in ihrer Wirkung auf das Pferdemaul und die Verrichtungen der Hände bei den Zügelhilfen eingehend zu besprechen.

Der Rekrut ist bei dem ersten Reiten auf Kandare darüber zu belehren, daß diese wie ein Hebel, also viel stärker wirkt als die Trense und daher eine feinere Einwirkung der Hand erfordert. Für die Führung auf Kandare ist ein durch Freiübungen gelöstes, bewegliches Handgelenk besonders erforderlich.

Zunächst läßt der Reitlehrer bei leicht anstehenden Kandarenzügeln nur mit angefaßter Trense reiten. Es ist vor allem Wert darauf zu legen, das Pferd durch treibende Hilfen und freie Gänge auf gerader Linie und auf dem Zirkel an die Kandare heranzureiten. Nur allmählich wird man von den einfachen Lektionen und Hufschlagsfiguren zu den schwierigeren übergehen. Bei allen Wendungen haben die Reiter sich zu überzeugen, daß der auswendige Kandarenzügel dem Pferde gestattet, in die Wendung einzugehen und dies durch Verlängern des betreffenden Zügels sicherzustellen. Beim Stellungswechsel sind die Zügel ohne Befehl neu zu ordnen. Mit der Zeit geht man zur Führung mit einer Hand über, wobei in der Regel die Trensenzügel durchgezogen werden. Das Reiten auf Kandare mit losgelassener Trense läßt in seiner Wirkung auf Haltung und Gang des Pferdes erkennen, ob der Rekrut unabhängig von den Zügeln sitzen gelernt hat. Der junge Reiter ist dazu zu erziehen, stets selbständig die Trense vorübergehend zu Hilfe zu nehmen, wenn Mängel in der Haltung, Stellung und Nachgiebigkeit seines Pferdes es erfordern.

Das Leichttraben, auch mit Fußwechsel, ist mit dem Rekruten gründlich zu üben. Es fördert nebenbei die Losgelassenheit des Sitzes und das Reitergefühl.

Ferner muß dem Rekruten gelehrt werden, in welcher Weise er durch das Zusammenwirken von vortreibenden und verhaltenden Hilfen sein Pferd versammeln kann. Das Leichtwerden der Hand im Augenblick des Nachgebens des Pferdes bedarf besonderer Überwachung.

Zu den bisherigen Lektionen treten nun das Rückwärtsrichten, die Kurzkehrtwendung, der abgekürzte Galopp und der Kontergalopp hinzu.

Beim Rückwärtsrichten ist die Neigung des Rekruten zu bekämpfen, den Oberkörper zurückzuneigen und lediglich mit den Händen einzuwirken.

Die Kurzkehrtwendung bedarf einer eingehenden Vorübung durch die Wendung auf der Hinterhand. Bei beiden Wendungen wird hauptsächlich der Fehler gemacht, daß der Reiter die Wendung allein mit den Zügeln ohne Schenkel und Gewichtshilfen ausführen will.

Wie der abgekürzte Trab, so soll auch der abgekürzte Galopp nicht zu kurz geritten werden, weil der Rekrut sonst leicht veranlaßt wird, die Verkürzung der Gangart hauptsächlich durch Zügeleinwirkung zu erstreben. Der

Galopp darf nicht in derselben Versammlung wie von ausgebildeten Reitern verlangt werden und ist nur in kurzen Reprisen mit darauffolgenden freieren Gängen zu reiten. Die Einübung erfolgt am zweckmäßigsten zunächst einzeln durch häufiges Angaloppieren aus dem Schritt und nicht durch Verkürzen des Mittelgalopps. Fällt ein Pferd bei der Einzelausbildung aus dem abgekürzten Galopp gegen den Willen des Reiters in den Trab, so ist es sofort zum Schritt durchzuparieren und von neuem anzugaloppieren.

Beim Angaloppieren, namentlich von der Stelle, macht der junge Reiter häufig den Fehler, daß er nicht rechtzeitig mit den Händen nachgibt, um den Galoppsprung herauszulassen.

Der Kontergalopp darf erst geritten werden, wenn der abgekürzte Galopp befestigt ist.

Besonderer Wert muß bei Führung auf Kandare auf die Ausführung der Paraden, mit Rücksicht auf ihre Wichtigkeit für das Exerzieren und auf die Schonung der Pferdebeine gelegt werden, namentlich aus den starken Gangarten. Der junge Reiter hat von Anfang an zu lernen, daß jede Parade durch treibende Hilfen unterstützt werden muß. Um den Rekruten nicht zu einem zu starken Gebrauch der Hände zu verleiten, muß ihm beim Einüben der Paraden Zeit gelassen werden, sein Pferd allmählich auszuparieren.

Auf Reitplätzen kann gegen Ende der Winterausbildung zum Verstärken des Mittelgalopps übergegangen werden. Es ist besonders darauf zu achten, daß der Reiter das stärkere Tempo nicht plötzlich, sondern allmählich entwickelt und, ohne mit dem Gesäß zu klappen, tief im Sattel sitzen bleibt.

Seitengänge dürfen von Rekruten nicht geritten werden.

49. Springen der Rekruten.

Das Springen hat möglichst bald zu beginnen und täglich stattzufinden. Anfangs geht die Abteilung im Schritt über die am Boden liegende Stange, später ist die Stange höher zu legen; außerdem sind auch andere kleine Hindernisse einzeln und in der Abteilung in allen Gangarten zu überwinden. Möglichst bald sind auch die Springgärten zu benutzen.

Die Rekruten springen zunächst ohne Zügel. Die zusammengeknoteten Zügel bleiben auf dem Pferdehalse liegen, Ausbindezügel sind zu lösen. Die Arme können anfangs natürlich herabhängen, später werden sie auf der Brust verschränkt oder es wird mit Hüften fest gesprungen. Ein Festhalten an der Mähne ist bei den ersten Springübungen zu gestatten, um das Herunterfallen zu vermeiden. Ein leichtes Neigen des Oberkörpers nach vorn ist beim Sprunge namentlich in schneller Gangart geboten. Hierdurch wird es dem Rekruten leichter, den Schluß zu behalten und es wird vermieden, daß der Reiter mit dem Oberkörper hinter der Bewegung des Pferdes zurückbleibt und den Sitz verliert.

Hat der Rekrut einen sicheren und richtigen Sitz im Sprunge ohne Bügel und Zügel erlangt, so wird das Springen mit Bügeln und langen, anstehenden Zügeln auch im Durcheinanderreiten und beim Einzelreiten geübt. Beim Springen mit Bügeln ist darauf zu halten, daß die Unterschenkel möglichst am Pferde bleiben. Das Springen muß auch mit Zügeln in einer Hand geübt werden.

Der Rekrut ist darüber zu belehren, daß das Pferd im Sprunge sich mehr strecken und dementsprechend mehr Zügelfreiheit haben muß.

Beim Einzelspringen ist von vornherein darauf zu achten, daß nach dem Sprunge geradeaus weiter geritten wird.

Am Schluß der Ausbildung springen die Rekruten zu mehreren nebeneinander mit und ohne Zwischenräume.

Beim Springen mit Lanze auf der Lende ist darauf zu achten, daß die Lanze aufgesetzt bleibt. Geringes Hochgehen der Spitze ist dabei weniger fehlerhaft als das Fallenlassen der Spitze, wodurch der Hintermann gefährdet wird. Auch das Springen mit quergehaltener Lanze, wie es der einzelne Reiter im Gelände braucht, ist zu üben.

Kletterübungen sind, wo irgend möglich, im Gelände abzuhalten und die Anforderungen darin allmählich zu steigern.

50. Einzelreiten der Rekruten.

Das Einzelreiten ist ein vorzüglicher Prüfstein für den erreichten Ausbildungsgrad. Der Rekrut soll beim Einzelreiten zum selbständigen, fühlenden Reiter erzogen werden, der sein Pferd zu beherrschen und nach Bedarf zu korrigieren weiß. Um die Aufmerksamkeit der Rekruten zu wecken, sind mit dem Einzelreiten besondere Übungen zu verbinden. Dazu gehören Rangierübungen aller Art, schnelles Sammeln in verschiedenen Fronten, Auf- und Absitzen aus der unrangierten Abteilung und ähnliche Übungen sowie kleine Aufträge, die das Denkvermögen in Anspruch nehmen.

Möglichste Abwechslung unter Vermeidung jedes Schemas ist auch beim Einzelreiten geboten.

Mit fortschreitender Ausbildung muß immer mehr das Bestreben des Reiters hervortreten, Fehler des Pferdes in Gang und Haltung durch entsprechende Hilfen selbständig zu verbessern.

51. Besondere Übungen zur Vorbereitung auf die Einstellung in die Eskadron.

a) Genaues Geradeausreiten aus der Abteilung heraus in befohlenem Tempo auf einen bestimmten Punkt.

Hierbei ist zu beachten, daß der Reiter, nachdem er aus der Abteilung herausgeritten ist, in aller Ruhe sein Pferd in die befohlene Richtung stellt und es dann, das Ziel stets im Auge behaltend, in die befohlene Gangart setzt und darin erhält. Eine stärkere Gangart ist allmählich aus der kürzeren zu entwickeln; fehlerhaft ist es, sie vom Fleck weg reiten zu wollen. Dabei mißglückt meist das Geradeausreiten; oft kommt es zum Kleben.

Auch diese Übungen sind mit der Erfüllung von kleinen Aufträgen, Überbringen von Meldungen mit Rufen des Namens eines Vorgesetzten wie im Felddienst zu verbinden. Die Rekruten müssen in allen Gangarten schnell, laut und deutlich auf Fragen antworten können.

b) Reiten aller Lektionen mit Lanze.

c) Stechen nach Gegenständen und Gewandtheitsübungen mit der Lanze.

d) Reiten zu Zweien und zu Vieren mit Abständen.

e) Sammeln in allen Gangarten und in verschiedenen Marschrichtungen.

f) Schnelles und lautloses Auf- und Absitzen, auch zum Gefecht zu Fuß, in jeder Formation. Auf das Stillstehen der Pferde ist der größte Wert zu legen.

g) Erlernung der in 26 Ex. R. f. d. K. vorgeschriebenen Zeichen.

h) Paradeaufstellung.

i) Reiten im geöffneten und geschlossenen Gliede, auch im Schrägmarsch. Schließen.

k) Abbrechen zu Einem aus der zweigliedrigen Abteilung und Aufmarsch.

Die Ausführung erfolgt für jedes einzelne Glied sinngemäß nach den für eingliedrige Abteilungen gegebenen Festsetzungen, indem jeder Nummer des ersten die entsprechende Nummer des zweiten Gliedes folgt.

l) Bilden der Marschkolonnen und Aufmärsche.

m) Reiten im rangierten und unrangierten Zuge.

n) Springen in einem und in zwei geöffneten und geschlossenen Gliedern.

o) Verstärken des Mittelgalopps als Vorübung für den Exerziergalopp in dem Maße, wie es örtliche und klimatische Verhältnisse gestatten.

Es ist zu fordern, daß im Frühjahr alle Rekruten ausgebildet in die Eskadron eingestellt werden. Die reiterliche Fortbildung darf damit nicht aufhören; während der Periode der Exerzier- und Felddienstübungen muß dauernd an ihr weitergearbeitet werden.

Ältere Reiter und Offiziere.

52. Abteilung A, B, C, D.

Ein Teil der Pferde wird im Sommer beim Exerzieren, Felddienst und Manöver unter jungen und weniger geschickten Reitern die gute Haltung, den richtigen Gang und die Fügsamkeit auf die Hilfen mehr oder weniger verloren haben. Daher müssen alle Pferde, auch die ältesten, immer wieder einer gründlichen Winterdressur unterzogen werden. Zunächst ist die für die Durchlässigkeit notwendige Beizäumung wiederzugewinnen. Der Gang der Dressur hat sich dem der Remonten anzuschließen.

Zugleich mit der Rittigkeit der Pferde ist die weitere Ausbildung der Reiter zu fördern. Guter Sitz, Reitergefühl und richtige Einwirkung sollen möglichst bei jedem Manne erreicht werden. Zur Erzielung eines guten Sitzes empfiehlt sich längeres Reiten ohne Bügel. Wo Pferde in ihrer Haltung korrigiert werden sollen, wird man dem Reiter die Bügel lassen müssen. Will man einzelne

Reiter auf schwierigen Pferden zur Verbesserung ihres Sitzes ohne Bügel reiten lassen, so kann man die Pferde wie die Rekrutenpferde ausbinden. Theoretische Unterweisung im Unterricht wird die Tätigkeit des Lehrers erleichtern und die Leistungen der Schüler erhöhen.

Nach dem für die Pferde anstrengenden Manöver muß die Dressur anfänglich durchaus schonend betrieben werden, so daß sich der Futterzustand der Pferde dabei heben kann. Es werden kurze Reprisen geritten. Die Arbeitstempos haben den Vorzug vor freieren Tempos. Die Einzelarbeit überwiegt.

Das Überwinden von Hindernissen ist in allen Abteilungen fleißig zu üben. Wenn auch die älteren Pferde alle Hindernisse schon oft unter dem Reiter überwunden haben, so empfiehlt sich doch öfteres Springen an der Hand, ehe man die Pferde unter dem Reiter springen läßt. Das Vertrauen von Reiter und Pferd wird hierdurch wesentlich gefördert.

Die in der Reitvorschrift gestellten Forderungen müssen von allen Reitern nach Möglichkeit erfüllt werden. Dem Sachverständnis und der Einsicht der Regimentskommandeure und Eskadronchefs bleibt es überlassen, das Maß der Forderungen der Beanlagung und dem Leistungsvermögen von Mann und Pferd anzupassen.

Für die einzelnen Abteilungen gelten die nachstehenden besonderen Bestimmungen.

Der Reitunterricht beginnt sobald wie möglich nach Abteilung A.
den Herbstübungen, und zwar auf Trense. Die jungen Dienstpferde werden im Verlaufe der Übungen des Sommerhalbjahres, besonders auch unter dem Einflusse des nicht zu umgehenden wiederholten Reiterwechsels mehr oder minder auseinandergefallen sein. Vorgeschrittene körperliche Reife und Dressurgrad dieser Pferde gestatten, mit ihnen den

Ausbildungsgang der alten Remonten schneller zu durchlaufen und erhöhte Anforderungen in den einzelnen Lektionen zu stellen. Schwächere oder schwierige Pferde sind besonders durch Einzeldressur zu fördern. Die Arbeit auf Kandare kann Mitte Dezember und muß Mitte Januar beginnen.

Abteilung B. Auch mit der Abteilung B wird der Reitunterricht möglichst bald nach den Herbstübungen auf Trense begonnen. Es empfiehlt sich, diese Abteilung etwa sechs Wochen ohne Bügel reiten zu lassen.

Mit den Reitern dieser Abteilung wird der ganze Gang der Remontedressur durchgenommen. Die Seitengänge sind erst dann zu üben, wenn die Pferde bei richtiger Ganaschen- und Genickbiegung wieder die nötige Selbsthaltung gewonnen haben und ihr Hals am Widerrist festgestellt ist. Pferde, die ihre Haltung verlieren, müssen durch erfahrene Reiter nachgearbeitet werden.

Mitte Januar wird die Abteilung auf Kandare gezäumt.

Während bei der Abteilung A die Ausbildung der Pferde in erster Linie steht, tritt bei der Abteilung B die praktische und theoretische Ausbildung der Reiter in den Vordergrund. Sitz der Reiter und Haltung der Pferde müssen hohen Anforderungen genügen. Die Einwirkung der Reiter muß so weit gefördert werden, daß sie später zur Dressur von Remonten verwendet werden können.

Abteilung C. Der Unterricht der Abteilung C beginnt auf Trense oder Kandare. Maßgebend für die zu wählende Zäumung ist der Dressurgrad der Pferde und die Reitfertigkeit der für diese Abteilung verfügbaren Reiter. Trensenarbeit wird nur dann von Nutzen sein, wenn es dem Reiter in kurzer Zeit gelingt, die zur Wiedergewinnung der Durchlässigkeit nötige Beizäumung zu erreichen. Da sich in dieser Abteilung das jüngere, weder in B, noch bei den Rekruten verwendbare Pferdematerial der Eskadron befindet, so sind diese Pferde im allgemeinen nach den für A gegebenen Grundsätzen zu arbeiten. Einzelne, besonders schwierige Pferde, bei denen die richtige Anlehnung am Zügel nicht zu erreichen ist, wird man von geeigneten Persönlichkeiten durch Longen- oder Handarbeit fördern müssen. Ebenso ist ein Nacharbeiten dieser Pferde durch gute Reiter zu empfehlen.

Unbedingt muß zunächst die Durchlässigkeit durch Lektionen auf einem Hufschlage angestrebt werden. Seitengänge dürfen ohne diese Vorbedingung nicht geritten werden.

Es ist aber danach zu streben, die Leistungen der Abteilung allmählich zu heben und denen der Abteilung A zu nähern.

Die Pferde der Abteilung D werden während der Wintermonate häufig zu Felddienstübungen und Patrouillenritten verwendet. Die hierdurch erschwerte Bahnarbeit und die mannigfachen Schwierigkeiten, die eine mehr oder minder große Zahl der Pferde der Bearbeitung auf Trense entgegenstellt, nötigen dazu, sie gleich oder doch früh auf Kandare zu zäumen. Einzelne Pferde können nach dem Ermessen des Eskadronchefs länger auf Trense geritten werden. Abteilung D.

Mit Rücksicht auf die Schwierigkeiten, mit denen diese Abteilung zu kämpfen hat, muß es dem Regimentskommandeur überlassen bleiben, das Maß der am Schlusse der Ausbildung zu fordernden Leistungen zu bestimmen. Sie werden nach der Güte und Rittigkeit des Pferdematerials in den Eskadrons verschieden sein.

Da bei diesen, zumeist älteren Pferden die Gänge oft nicht mehr frisch sind, so ist häufiger Wechsel zwischen kürzeren und freieren Gängen bei kurzen Reprisen angezeigt. Die Arbeit auf zwei Hufschlägen tritt in den Hintergrund. Seitengänge dürfen nicht Gegenstand der Besichtigung sein. Es kommt darauf an, unter Verzichtleistung auf schwierige Lektionen, diese Pferde in eine brauchbare Reitform zu bringen und den Gang zu verbessern.

Der Eskadronchef muß bestrebt sein, durch gute Ausbildung von Remonten und Rekruten auch den Abteilungen C und D ein Material an Pferden und Reitern zuzuführen, das gestattet die Anforderungen zu steigern.

53. Offiziere.

Die Ausbildung der Offiziere findet in zwei Abteilungen auf Chargen- und eigenen Pferden statt. Am Unterricht haben alle Oberleutnants und Leutnants teilzunehmen.

Außerdem müssen alle jüngeren Leutnants zur Förderung ihrer Reitfertigkeit ein Dienstpferd*), möglichst eine Remonte in einer Remonte-Abteilung reiten. Rekrutenoffiziere können im Winter davon befreit werden.

In der Chargenpferd-Abteilung muß etwa sechs Wochen ohne Bügel geritten werden.

Der Reitunterricht hat sich in vollem Umfange auf die in der Reitvorschrift niedergelegten Lektionen zu erstrecken und verfolgt den Zweck, die Offiziere neben Förderung der persönlichen Reitfertigkeit zu Reitlehrern heranzubilden. Das Dressursystem der alten Remonten auf Trense und Kandare ist nicht nur praktisch im Sattel, sondern auch durch theoretische Unterweisung zu lehren.

---

*) Sind Offiziere im Besitz von mehr als einem eigenen Pferde, so kann ihnen gestattet werden, ein eigenes Pferd an Stelle des Dienstpferdes zu reiten.

Am Schlusse der Winterausbildung muß in der Abteilung der Chargenpferde eine vollkommene Durchbildung von Reiter und Pferd erreicht sein. Die eigenen Pferde müssen trotz der Verschiedenartigkeit des Materials so weit in Form, Gang und Gehorsam gefördert werden, daß sie ihrer Dienstbestimmung vor der Front zu entsprechen vermögen.

Dem Überwinden von Hindernissen ist besonderes Augenmerk zuzuwenden. Die Anforderungen sind, dem besseren Pferdematerial entsprechend, höher zu bemessen als bei den Mannschaften.

Gesteigerte Einzelleistungen sind zur Förderung der persönlichen Reitfertigkeit und zur gegenseitigen Aneiferung anzustreben. Sind Persönlichkeiten vorhanden, die den Offizieren Unterricht in der hohen Schule oder Anleitung im Rennreiten erteilen können, so sind sie auszunutzen. Auch sind die Offiziere im Longieren zu unterweisen und mit der Arbeit an der Hand bekannt zu machen, sofern geeignete Lehrkräfte zur Verfügung stehen.

Anhang.

1. Bearbeitung des Pferdes ohne Reiter.

Die dienstlichen Verhältnisse werden es selten gestatten, die verschiedenen Arten der Bearbeitung des Pferdes ohne Reiter allgemein und für die Mehrzahl der Pferde in ihrem ganzen Umfange anzuwenden. Dennoch treten bei der Dressur Fälle ein, bei denen man sich sowohl der Arbeit an der Hand wie der Longe mit Nutzen bedienen kann. Der Reitlehrer, insbesondere der Offizier, sollte daher mit den verschiedenen Arten der Bearbeitung ohne Reiter so bekannt sein, daß er die Fälle, in denen ihre Anwendung von Nutzen ist, zu erkennen und ein richtiges Verfahren einzuschlagen vermag. Ebenso ist anzustreben, daß in jeder Eskadron einige Unteroffiziere mit den dazu erforderlichen Verrichtungen und Handgriffen vertraut sind.

Stets ist zu bedenken, daß jede Bearbeitung des Pferdes ohne Reiter nur ein Hilfsmittel zur Belehrung junger oder zur Korrektur älterer verdorbener Pferde ist. Die Dressur unter dem Reiter bleibt stets die Hauptsache.

Abkauenlassen und Biegen an der Hand.

Das Gebiß wirkt unmittelbar auf den Unterkiefer des Pferdes; daher setzt die Muskulatur des Unterkiefers der Wirkung des Gebisses den ersten Widerstand entgegen. Dieser wird überwunden durch den mehr oder weniger starken Druck des Gebisses auf die Laden. Wenn auch die meisten Schwierigkeiten im Genick zu suchen sind, so gehen doch auch manche von der Kiefermuskulatur aus, die daher ebenfalls zu bearbeiten ist.

Als erstes Mittel für die Bearbeitung der Kiefermuskulatur dient das Abkauenlassen an der Hand auf Trense. Es hat den Vorteil, daß es bereits vorgenommen werden kann, ehe das Pferd gelernt hat, das Gewicht des Reiters zu tragen, und ehe es den Schenkelhilfen gehorcht.

Der Reiter stellt sich vor das Pferd und erfaßt mit der linken Hand den rechten und mit der rechten Hand den linken Trensenzügel dicht an den Trensenringen. Beide Zügelenden befinden sich in der linken Hand. Der Reiter übt dann mit beiden Händen einen weich beginnenden, dann gleichmäßig wechselnden Druck mit dem Trensenmundstück senkrecht auf die Laden aus, um das Pferd dadurch zur Nachgiebigkeit gegen das Gebiß und zum Zurücknehmen des Unterkiefers zu bewegen. Das Pferd wird dabei zunächst das Maul ein wenig öffnen und im weiteren auch den Kopf zurücknehmen. Zu dieser letzteren Wirkung darf es vorläufig nicht kommen, sondern der Reiter gibt, sobald sich die Neigung dazu zeigt, nach, wodurch wieder ein Schließen des Maules erfolgt, so daß die ganze Arbeit ein geringes Zurück- und Vorgehen des Unterkiefers, ein leichtes Öffnen und Schließen des Maules, das Abkauen, zur Folge hat. Dieses Abkauen zeigt an, daß die Muskeln des Unterkiefers einem geringen Druck des Gebisses auf die Laden keinen Widerstand mehr entgegensetzen. Das Kauen bringt einen Reiz auf die Speicheldrüsen und damit vermehrte Speichelabsonderung hervor, durch die das Schäumen des Pferdemaules veranlaßt wird.

Kommt das Pferd dem Drucke nicht nach, so wird nach und nach die Kraft des Druckes gesteigert. Erfolgt leichtes Nachgeben, so wird das Pferd gelobt, noch besser durch ein Stückchen Mohrrübe oder Brot belohnt.

Hat sich das Pferd an den Druck des Gebisses auf beide Laden gewöhnt, so beginnt man mit dem Biegen an der Hand. Es bezweckt ein Nachgeben des Pferdes, zunächst auf den einseitigen Zügel, während der andere nach vorn wirkt und den Hals zum Langmachen veranlaßt. Das Langmachen des Halses ist nötig, damit die festen Teile nachgiebig werden und die Muskeln sich so aneinander fügen, daß der Hals durchlässig und doch am Widerrist stet wird.

Das Biegen an der Hand kann auf zwei Arten ausgeführt werden.

Bei der einen Art stellt sich der Reiter vor das Pferd und erfaßt die Zügel wie zum Abkauenlassen. Will er das Pferd z. B. rechts biegen, so nimmt die linke Hand den Kopf und Hals des Pferdes nach der rechten, jetzt inneren Seite herum, während die rechte Hand in der Richtung nach der rechten Schulter des Abbiegenden oder je nachdem in tieferer oder höherer Richtung wirkt und vorzieht.

Es wird also durch die Wirkung der linken (inneren) Hand die Biegung genommen, durch die rechte (äußere) Hand der Hals des Pferdes je nach Bedarf gerade gerichtet und lang gemacht. Der Reiter muß die Wirkung beider Hände dahin in Übereinstimmung bringen, daß der Hals des Pferdes nur so weit an der Biegung teilnimmt, daß der Mähnenkamm nach der inneren Seite überkippt und die Biegung mehr an den Ganaschen stattfindet. Biegt sich das Pferd an den Ganaschen, so wirken die Hände dahin, daß der innere Ganaschenrand sich unter (in seltenen Fällen über) die Ohrspeicheldrüse an die Halsmuskeln anlegt, während der äußere Ganaschenrand gleichsam von den Halsmuskeln abgehoben wird. Es ist darauf zu achten, daß der Mähnenkamm stets nach der inneren Seite überkippt; der Hals wird dann auf der inneren Seite flach, wobei sich zwei Längsrinnen bilden, während er sich auf der äußeren Seite wölbt.

Bild 55.

Bei der anderen Art tritt der Reiter, um einen sicheren Stand zu haben, in Spreizstellung an die Seite des Pferdekopfes, nach der er biegen will. Der innere Zügel wird zunächst dicht am Trensenringe erfaßt, während der äußere um etwa zwei Handbreiten länger genommen wird. Alsdann schiebt der Reiter die innere Hand, indem er den Trensenzügel entsprechend durchgleiten läßt, so gegen die Ohrspeicheldrüse, daß der Trensenzügel in der Verlängerung der Maulspalte zum Genick verläuft (Bild 55). Der äußere Zügel wird in der entgegengesetzten Richtung nach vorwärts und nach der Seite der Kopfstellung hin angenommen. In dieser Stellung halten die Hände, vorherrschend die biegende innere, je nach dem Widerstande des Pferdes mit einer gewissen Zähigkeit aus, bis das Pferd nachgibt. Die gegen die Ganasche in Richtung der Maulspalte gerichteten Anzüge, mögen sie den Pferdekopf vorübergehend auch noch so hoch aufrichten, zwingen das Pferd zu einer Genickbiegung, also auch zum Herunterstellen der Nase. Sobald das Pferd sich im Genick seitlich zu biegen beginnt, muß das Gegenhalten sofort unterbrochen werden. Gibt das Pferd nicht nach, sondern drückt gegen die biegende Hand, so unterbricht diese das Gegenhalten vorübergehend und erneuert es sofort wieder in verstärktem Maße so oft, bis das Pferd zu kauen beginnt und auf die Biegung eingeht. Für jedes Nachgeben auf den biegenden Zügel muß der Reiter das Pferd beloben.

Gibt sich das Pferd bei den erneuten Biegungsversuchen allmählich willig her, dann läßt der Reiter die innere Hand nicht mehr in den Maulwinkel, sondern mehr auf die Laden wirken (Bild 56). Versagt das Pferd bei der Einwirkung auf die Lade die Kopfstellung, so richtet der Reiter den Anzug des inneren Zügels sofort wieder gegen den Maulwinkel.

Bild 56.

Um ein Zurücktreten des Pferdes aus der Stellung zu verhindern, und um die Biegung an der Ganasche zu unterstützen, wird der äußere Zügel nach vorwärts und nach innen angenommen. Entzieht sich das Pferd der Biegung durch Ausweichen der Hinterhand, so wird es zum Biegen an die Bande gestellt.

Wenn das Pferd durch die Anzüge in der Verlängerung der Maulspalte gelernt hat, sich in den Ganaschen zu biegen, so daß die Anzüge auf die Laden übertragen werden können, so muß der Reiter den bei der ersten Art des Biegens an der Hand geschilderten Grad von Ganaschenbiegung zu erreichen suchen.

Auch auf Kandare kann sich das Abkauenlassen an der Hand empfehlen.

Die Arbeit auf Trense wurde in einer tieferen Stellung von Hals und Kopf begonnen, und mit eintretender Nachgiebigkeit in der Stellung betrieben, die das Pferd im Gange seinem Gebäude entsprechend annehmen soll. Die Arbeit auf Kandare muß dagegen sofort in der Stellung von Hals und Kopf begonnen werden, die als die beste Stellung bezeichnet ist. Wird auf Kandare in einer zu tiefen Stellung von Hals und Kopf gearbeitet, so daß die Nase des Pferdes hinter die Senkrechte kommt, so ist die Wirkung der Kandare fehlerhaft; die Anzüge wirken dann nicht mehr auf das ganze Pferd, sondern allein auf den Hals.

Der Reiter stellt sich an die linke Schulter des Pferdes und ergreift mit der rechten Hand die beiden Kandarenzügel, durch den Zeigefinger geteilt, etwa eine Handbreit hinter den Ringen. Die linke Hand wird vor der Pferdenase gehalten und verhindert mit den über den Hals heruntergenommenen Trensenzügeln ein Zurückkriechen des Pferdes. Sie hat ferner die Aufgabe, Kopf und Hals mit den Trensenzügeln nach Bedarf aufzurichten. Daher müssen die Anzüge mit der Trense nicht nur wagerecht, sondern auch von unten nach oben wirken.

Die Zügel sollen nicht fortwährend in der gleichen Stärke wirken; es muß mit kurzen, leichten Anzügen, aus denen immer wieder nachgegeben wird, begonnen werden. Auf die erste Nachgiebigkeit des Pferdes hin geben auch die Hände nach, und das Pferd wird gelobt. Dann wird von neuem begonnen, eine gesteigerte Nachgiebigkeit verlangt und in dieser Weise fortgefahren. Die Nachgiebigkeit zeigt sich durch Kauen des Pferdes. Es genügt aber nicht, daß das Pferd mit der Kinnlade allein nachgibt und kaut, sondern es soll im Genick nachgeben und das Gebiß loslassen. In dem Zügelanzuge ist so lange auszuharren, bis volle Nachgiebigkeit erzielt ist.

Versammelnde Arbeit an der Hand.

Die versammelnde Arbeit an der Hand bezweckt, das Verständnis des Pferdes für das Zusammenwirken der vortreibenden und verhaltenden Hilfen zu wecken und es so zunächst ohne Reiter zu lehren, an das Gebiß heranzutreten, sich daran abzustoßen und sich zu versammeln. Durch das mit der Peitsche bewirkte vermehrte Untertreten der Hinterbeine und durch die gegenwirkenden halben Paraden mit der Hand lernt das Pferd sich in Hanken und Genick biegen und sich aufrichten. Die Haltung des Pferdes wird verbessert und so die Arbeit unter dem Reiter unterstützt. Auch der Reiter lernt durch diese Arbeit sein Gefühl in der Hand verfeinern und gewinnt Verständnis für richtige Versammlung.

Die Anwendung dieser Handarbeit empfiehlt sich bei Pferden, die Schwierigkeiten beim Reiten zeigen und daher nachgearbeitet werden sollen. Sie ist namentlich bei Pferden angebracht, denen es aus Schwäche oder wegen ungünstigen Gebäudes schwer wird, sich zu versammeln, und verspricht hier mehr Erfolg als verlängerte Arbeit unter dem Reiter, weil bei der Handarbeit jede Überanstrengung vermieden wird.

Man kann von dieser Arbeit aber auch bei jungen Pferden Gebrauch machen, die keine besonderen Schwierigkeiten zeigen. Sie lernen dadurch schneller, sich in der für ihren Gebrauch notwendigen Form zwanglos zu bewegen. Auch wirkt die Handarbeit sehr vorteilhaft auf das Temperament; heftige und empfindliche Pferde beruhigen sich und werden handfromm, faule werden lebhafter.

Die Handarbeit wird am besten zu Anfang der Reitstunde, und zwar auf beiden Händen ausgeführt. Es genügen zehn Minuten. Bei jungen Remonten übt man zunächst, bis die Pferde die Arbeit kennen, in den Erholungspausen. Auch während des Einzelreitens können auf einem Teil des Hufschlages einzelne Pferde an der Hand gearbeitet werden. Nicht vorteilhaft ist es, die Arbeit vorzunehmen, solange die Pferde Stallmut zeigen, mithin nicht nach Ruhetagen.

Zur Arbeit an der Hand wird das Pferd an die

Bande gestellt; der Reiter steht auf der inwendigen Seite in Höhe des Pferdekopfes, mit Front nach der Kruppe.

Bild 57.

a. äußerer Trensenzügel.
b. innerer Trensenzügel.

Der äußere Trensenzügel wird über den Hals des Pferdes, etwa zwei Handbreiten hinter den Ohren, gelegt und von der Backenseite aus durch den inneren Trensenring gezogen, so daß er leicht ansteht. Das Zügelende wird nach oben zurückgeschlagen, auf den anderen Teil des Zügels gelegt und mit der vollen Hand festgehalten (Bild 57). In diese Hand wird noch der innere Trensenzügel so hineingelegt, daß er nicht herunterhängt. Die andere Hand führt die Gerte und legt sie längs des Pferdeleibes an (Bild 58). Dann geht der Reiter längs des Hufschlags rückwärts und veranlaßt das Pferd durch Stimme, Zungenschlag und Nachziehen zum Vorwärtsgehen. Zunächst ist das Pferd an die Gerte zu gewöhnen und ihm beizu-

Bild 58.

bringen, daß es ihre vortreibende Hilfe zu beachten hat. Die Hand, die die Zügel führt, muß stets mitgehen und das Bestreben haben, „vor dem Pferdemaul zu sein“. Hals und Kopf des Pferdes dürfen anfänglich nicht eingeengt werden. Erst wenn das Pferd sicher auf die Gerte vorwärts geht, was in einigen Tagen erreicht sein wird, beginnt die eigentliche Arbeit.

Der Reiter regt das Pferd durch stärker vortreibende Hilfen zu lebhafterem Treten an. Die Zügelhand verhindert durch halbe Paraden, die nach aufwärts rückwärts gegen das Genick gerichtet werden, ein Fortstürmen des Pferdes und veranlaßt es hierdurch, in Verbindung mit den vortreibenden Hilfen, sich zu versammeln. Gleichzeitig muß die Hand bestrebt sein, das Pferd mit dem auswendigen Zügel geradezurichten und muß hierzu die Vorhand des Pferdes etwas in die Bahn führen, sobald sich ein Ausweichen der Schulter gegen die Wand bemerkbar macht.

Vortreibend wirkt auf das Pferd die Stimme, der Zungenschlag, das Drohen mit der Gerte und schließlich ihre mehr oder minder starke Anwendung. Man berührt das Pferd mit der Gertenspitze entweder unmittelbar hinter dem Gurt oder am inwendigen Hinterschenkel oder abwechselnd an diesem und über den Rücken hinweg an dem auswendigen Teil der Kruppe. Die Hand, die die Gerte führt, muß ebenso weich sein wie die Zügelhand. Alle Hilfen mit der Gerte müssen so gegeben werden, daß die ganze Gerte federt. Hierzu müssen Schulter-, Faust- und Ellenbogengelenk losgelassen sein. Die Stärke der Hilfen richtet sich nach dem Temperament des Pferdes. Man muß danach streben, mit möglichst schwachen Hilfen auszukommen.

Fortgesetzt gleichmäßig angewandte Hilfen stumpfen ab und sind deshalb nur anfänglich und zur Beruhigung heftiger Pferde am Platz. Später und besonders bei trägen Pferden wendet man verschieden starke Hilfen an. Zunächst sind die Gertenhilfen so zu bemessen, daß das Pferd veranlaßt wird, lebhaft zu arbeiten; sie werden durch ermunternden Zuruf oder Zungenschlag unterstützt. Unmittelbar darauf wendet man Stimme und Zungenschlag ebenso stark wie vorher, die Gerte aber schwächer an; das Pferd arbeitet dann in der Regel ebenso lebhaft wie vorher. Lassen die Tritte nach, so steigert man die Gertenhilfen wieder, geht aber, sobald Erfolg da ist, wieder zu schwächeren über. Die einzelnen Arbeitsreprisen sind möglichst kurz zu bemessen.

Sobald das Pferd willig arbeitet, beendet man die Reprise und lobt das Pferd mit Stimme und Hand. Auf diese Weise erzieht man Pferde, die schon auf leichte Hilfen lebhaft treten.

Die Übereinstimmung der treibenden und verhaltenden Hilfen ist für den Erfolg der Handarbeit von größter Bedeutung. Die treibende Hilfe hat vorzuherrschen, doch darf man sich nicht mehr Gewicht auf die Hand treiben, als man aufnehmen kann. Bei Pferden, die große Genickschwierigkeiten haben, oder dem Reiter leicht die Hand nehmen, kann man mit Vorteil Ausbindezügel verwenden; es gelten dann die hierfür beim Longieren gegebenen Vorschriften.

Anfangs wird in freiem, dann in versammeltem Schritt, möglichst bald aber im kurzen Trabe gearbeitet. Erst wenn die Arbeit sehr weit vorgeschritten ist, darf man den Pferden gestatten, in halben Tritten piaffeartig vorwärtszugehen. Bei Nichtbeachtung dieses Grundsatzes kommen die Pferde leicht dazu, sich mit steifem Rücken hinter dem Zügel zu verkriechen. Tritt dieser Fehler ein, so muß die Peitsche kräftiger vortreiben. Ein hierdurch veranlaßtes Ausschlagen mit den Hinterbeinen hat keinen Nachteil, sondern löst die Spannung der Rückenmuskulatur.

Unarten kommen bei richtiger Arbeit selten vor, wenn dem Pferde die Haltung nach und nach und ohne Zwang abgefordert wird.

Kriecht ein Pferd zurück, so war die Wirkung der Hand zu stark und der Pferdehals zu sehr eingeengt. Weigert sich ein Pferd vorwärts zu gehen, trotzdem ihm mehr Freiheit gelassen ist, so läßt man es in einer Volte um sich herumtreten, wobei die Gerte den inneren Hinterfuß vortreibt und die Zügelhand das Pferd vorzieht. Aus der Volte geht man schulterhereinartig und dann geradeaus weiter.

Dieselbe Korrektur wendet man an, wenn Pferde gegen die Gerte drücken. Unter Umständen verengert man die Volte so stark, daß eine Wendung auf der Vorhand entsteht.

Springt ein Pferd plötzlich vorwärts, so waren die vortreibenden Hilfen zu stark. Beruhigung des Pferdes, halbe Paraden und unter Umständen Rückwärtsrichten stellen den Fehler ab.

Das Steigen wird gleichfalls in den meisten Fällen durch harte Hilfen hervorgerufen; der Reiter hat in der Regel mit Gewalt versammeln wollen. Das plötzlich eingeengte Pferd sucht sich durch Steigen dem ungewohnten Zwange zu entziehen. Diese Unart muß sofort abgestellt werden, da sie sonst zur Gewohnheit werden und die Fortsetzung der Arbeit sehr erschweren kann. Am besten wird der Reiter den Fehler dadurch beseitigen, daß er mit der Zügelhand das Backenstück ergreift und sich von dem steigenden Pferde mit hochziehen läßt. Merkt das Pferd, daß es nicht loskommt, so gibt es fernere Steigeversuche meist auf. Andernfalls muß man Kappzaum und Longe verwenden.

Lassen sich die Pferde an der Hand durch leichte Hilfen willig versammeln, so können sie mit fortschreitender Dressur auch unter dem Reiter in versammelten halben Tritten gearbeitet werden. Der Reitlehrer oder ein in der Handarbeit ausgebildeter anderer Reiter hilft hierbei anfänglich mit der Bahnpeitsche. Auf diese Weise entwickelt sich von selbst aus der Handarbeit allmählich das Hankenbiegen unter dem Reiter. Diese die Dressur sehr fördernde Lektion wird durch vorhergegangene Arbeit an der Hand wesentlich erleichtert.

Einige beanlagte und gut gebaute Pferde werden unter feinfühlenden Reitern im Laufe der Zeit sogar die Piaffe, die Hankenbiegung in der Vollendung, leisten.

Ungeschickt ausgeführt schadet die Arbeit an der Hand. Nur sachkundige und erfahrene Reitlehrer werden sich ihrer mit Vorteil bedienen.

Longenarbeit.

Für die Bearbeitung an der Longe gelten dieselben Grundsätze wie bei der Arbeit unter dem Reiter. Die Longenarbeit hat ihre Aufgabe erfüllt, wenn es gelingt das Pferd dahin zu bringen, daß es sich losläßt, die Anlehnung in der Tiefe sucht, sich vom Gebiß abstößt und im gleichmäßigen schwunghaften Gang immer erneut an das Gebiß herantritt. Longieren und Reiten müssen Hand in Hand gehen und sich gegenseitig ergänzen.

Fälle, in denen sich die Longenarbeit empfiehlt.

Da die Longenarbeit ihrem Wesen nach in erster Linie beizäumend wirkt, so wird man sie bei der Dressur besonders in den Fällen mit Nutzen anwenden, wo sich Schwierigkeiten in der Haltung von Hals und Kopf zeigen oder der Gang verbessert werden muß. Auch ist sie beim Anreiten der Remonten ein gutes Hilfsmittel, empfindliche Pferde an Sattel und Zaum zu gewöhnen und sie handfromm zu machen. Bei der späteren Dressur wird man mit Vorteil zur Longe greifen, wenn Unregelmäßigkeiten, die sich infolge falscher Bearbeitung unter dem Reiter in Gang und Haltung eingestellt haben, zu berichtigen sind. Die Longenarbeit eignet sich daher besonders zur Korrektur solcher Pferde, die mit Hirschhals und weggedrücktem Rücken gehen. Auch bei Pferden mit kurzem, straffem Rücken, die sich unter dem Reiter zusammenziehen und sich nicht loslassen, kann sich vor dem Reiten ein Longieren mit geringer Einstellung empfehlen.

Endlich können Pferde, die krank gewesen sind und nur leichte Arbeit ohne Reiter tun sollen, an der Longe abgetrabt werden, wobei ihnen die nötige Haltung spielend abgewonnen wird.

Ausrüstung.

Das Pferd wird zum Longieren grundsätzlich gesattelt und auf Trense gezäumt. Es sind ferner erforderlich: eine etwa 7 m lange Longe, eine Peitsche, so lang, daß das Pferd beim Longieren stets damit erreicht werden kann, und zwei Ausbindezügel. Vorteilhaft ist die Benutzung eines über den Sattel geschnallten Laufgurtes, an dem sich auf beiden Seiten mehrere Ösen befinden, in denen die Ausbindezügel höher oder tiefer befestigt werden können. Fehlt ein solcher Gurt, so sind die Ausbindezügel am Sattelgurt zu befestigen.

Longenführer.

Für eine gute Longenarbeit ist es erforderlich, daß der Longenführer Longe und Peitsche zu gleicher Zeit selbst führen und gebrauchen kann. Nur so ist die nötige Übereinstimmung der vortreibenden und verhaltenden Hilfen zu erzielen. Die Einwirkungen mit der Longe erfolgen nach denselben Grundsätzen wie die mit den Zügeln beim Reiten, weshalb die Verbindung zwischen Hand und Pferdemaul stets vorhanden sein muß. Die Einwirkungen mit der Longe sind der Empfindlichkeit des Pferdes anzupassen. Ein richtiges Gefühl in der Hand ist daher zur Longenarbeit ebenso erforderlich wie beim Reiten.

Der Longenführer bleibt stets vorwärts des Pferdes. Während des Haltens oder bei der Bearbeitung auf der Stelle steht er je nach Umständen mit mehr oder weniger Abstand vor dem Pferde, mit dem Gesicht ihm zugewandt. Bei der Arbeit auf gerader Linie im Schritt geht er entweder vorwärts oder rückwärts neben dem Pferde. Auf dem Zirkel tritt er in die Mitte und nimmt schräge Front gegen die Longe.

In der ersten Zeit ist namentlich bei jungen Pferden die Unterstützung durch einen Gehilfen zu empfehlen. Er darf sich nie plötzlich oder von hinten dem Pferde nähern, sondern muß stets langsam und von vorn herantreten. Auch muß er, um von einer Seite des Pferdes auf die andere zu gelangen, stets um den Longenführer herumgehen. Er darf nicht hinter dem Pferde herumgehen, auch darf er nicht unter der Longe durchkriechen.

Handhabung der Longe.

Vor dem Einschnallen muß der Longenführer die Longe richtig zusammengelegt haben. Hierzu greift die linke Hand in die am Ende befindliche Schlinge. Die rechte Hand streicht von hier aus die Longe unverdreht, so weit wie der ausgestreckte Arm reicht, aus und legt diesen Teil in die linke Hand. Demnächst wird eine neue Spanne ausgestrichen, eingeschlagen und dies Verfahren so lange fortgesetzt, bis die ganze Longe mit Ausnahme der letzten Spanne in gleichmäßigen Einschlägen in der geschlossenen linken Hand übereinander liegt. Zusammenlegen der Longe.

Die Longe wird in das Kinnstück der Trense so eingeschnallt, daß der Dorn der Schnalle nach der Brust Einschnallen der Longe.

des Pferdes zeigt. Will man die Wirkung des inwendigen Zügels verstärken, so kann die Longe in den inneren Trensenring eingeschnallt werden.

Anfassen der Longe.

Die Longe wird stets mit der inneren Hand, also auf der rechten Hand mit der rechten, auf der linken mit der linken Hand geführt. Die führende Hand umfaßt den freien Teil der Longe je nach Umständen näher oder weiter vom Schnallende mit allen vier Fingern. Der Daumen wird auf die Longe da, wo sie über das zweite Gelenk des Zeigefingers hinwegläuft, aufgesetzt. Die Hand, die den eingeschlagenen Teil der Longe hält, wird, wenn Widerstand zu leisten ist, auf den Rücken gelegt und dort wenn nötig in das Kreuz eingestemmt. Der eingeschlagene Teil der Longe darf zwischen den beiden Händen nicht so tief herabhängen, daß der Longenführer mit den Füßen hineintreten kann. Die Longe darf nie bis zur Schlinge abgewickelt werden, damit das Pferd sie dem Longenführer nicht aus der Hand reißen kann.

Verlängern und Verkürzen der Longe.

Beim Verlängern läßt die führende Hand die Longe durch die etwas geöffneten Finger gleiten, während die andere Hand einen Schlag nach dem andern abwickelt.

Zum Verkürzen zieht die äußere Hand, rückwärts ausholend, die Longe durch die leicht geöffnete führende Hand hindurch, greift bis hinter diese vor und wickelt die Longe wieder gleichmäßig auf.

Alle Hilfen mit der Longe wirken am besten, wenn der Longenführer die führende Hand in gleicher Höhe mit dem Pferdemaul hält. Ellenbogen- und Handgelenk werden leicht gekrümmt. Die Spitze des Daumens ist gegen den Kopf des Pferdes gerichtet. Diese Handstellung und Armhaltung ist auch nach Beendigung aller Einwirkungen sofort wieder anzunehmen.

Einwirkungen mit der Longe.

Das **Gegenhalten** wird angewandt, wenn ein Pferd rückwärts geht oder auf dem Zirkel nach außen drängt. Zum Gegenhalten neigt der Longenführer den Oberkörper etwas zurück und stemmt, um nicht vornüber gezogen zu werden, einen oder beide Füße vorwärts in den Boden.

Das Hereinnehmen besteht in wiederholtem leichtem oder stärkerem Annehmen der Hand gegen die Schulter. Es wird durch Gegenhalten aus dem Oberkörper unterstützt und wird angewendet, wenn ein Pferd sich auf dem Zirkel mit Gewalt in die Longe legt.

Zum Hinausweisen macht der Longenführer mit der Longenhand eine Bewegung nach aufwärts vorwärts, so daß die Longe in eine schlängelnde Bewegung nach vorwärts gesetzt wird. Diese Hilfe wird so oft angewendet, bis sie wirkt, und kann durch Peitsche und Stimme unterstützt werden. Sie wird gebraucht, wenn ein Pferd in den Zirkel hineindrängt.

Das Aufrichten geschieht durch einen leicht hebenden Anzug vorwärts. Hierzu muß die Longenhand zunächst etwas annehmen und dann eine rasche Bewegung auf- und vorwärts machen.

Paraden und halbe Paraden gibt der Longenführer durch schüttelnde Bewegungen im Handgelenk, oder indem er die Longe annimmt und wieder nachgibt, ohne die Verbindung mit dem Pferdemaul aufzugeben. Die halbe Parade dient dazu, ein Pferd zu beruhigen, aus einem unregelmäßigen, übereilten Gang in einen taktmäßigen, langsameren zu setzen oder Gangart und Tempo zu verkürzen. Sie wird nach Bedarf wiederholt und so weit verstärkt, daß das Pferd einen kurzen Ruck mit der Longe erhält. Die Hand macht dazu eine schnellende Bewegung nach oben. Dies kann, in noch stärkerem Maße angewendet, auch als Strafe wirken.

Handhabung der Peitsche.

Die Peitsche besorgt bei der Longenarbeit das Treiben. Sie wird immer in der auswendigen Hand geführt. Führt der Longenführer Longe und Peitsche zugleich, so nimmt er in der Regel die ganze Longe in die führende Hand. Da die gleichzeitige Handhabung von Longe und Peitsche Übung und Gewandtheit verlangt, so muß einem noch unerfahrenen Longenführer, namentlich beim ersten Laufen des Pferdes an der Longe, ein Gehilfe als Peitschenführer beigegeben werden.

Anfassen der Peitsche.

Die Peitsche wird am unteren Ende des Stiels mit der leicht geschlossenen Hand so angefaßt, daß nur der Knopf außerhalb der Hand zu sehen ist. Der Arm wird von der Schulter aus erhoben und der Peitschenstiel so gegen das Pferd ausgestreckt, daß die Spitze auf die Kruppe zeigt. Die Schnur schleppt auf dem Boden nach. Ist das Pferd im Longieren schon gefördert, so darf der Arm so weit gesenkt werden, daß sich die Peitschenspitze etwa in Höhe des Sprunggelenks befindet.

Peitschenhilfen.

Das Treiben geschieht, indem die Hand eine kreisförmige Drehung von oben nach unten und von hinten nach vorn macht und so die Peitschenschnur in eine schwingende Bewegung von unten nach oben versetzt. Gleichzeitig kann man, um die vortreibende Wirkung zu verstärken, das Pferd mit der Spitze der Schnur dicht über dem Sprunggelenk berühren. Die Wirkung des Treibens darf nicht durch grobe Peitschenhiebe, sondern muß durch viele kleine, kurz aufeinander folgende Hilfen erzielt werden. Zum Hinausweisen geht die Peitsche soweit vor, daß die Spitze auf die Schulter zeigt.

Die Peitschenhilfen müssen der Empfindlichkeit des Pferdes und dem beabsichtigten Zweck angepaßt werden. Sie können sich bei eintretendem Ungehorsam bis zur Strafe steigern. Der Peitschenführer muß dazu seine Peitsche so in der Gewalt haben, daß er genau die Stelle trifft, wo den Umständen nach die Hilfe oder Strafe anzubringen ist. Diese Stellen sind die Hinterbeine über dem Sprunggelenk und der Bauch hinter den Sattelgurten. Bei einem stark nach innen drängenden Pferde wird die Peitsche in einem hohen Bogen von hinten nach vorn und von oben nach unten so gebraucht, daß das Pferd an der Schulter getroffen wird.

Eine unzeitige oder zu harte Strafe verdirbt das Pferd, eine unzulängliche und unrichtige fordert die Widersetzlichkeit noch mehr heraus. Ein kräftiger Hieb, rechtzeitig und an der richtigen Stelle angebracht, führt dagegen in der Regel sofort zum Gehorsam.

Unterstützung der Longen- und Peitschenhilfen durch die Stimme.

Die Stimme ist bei der Longenarbeit ein wesentliches Hilfsmittel.

Gedehnte oder kurze, gleichmäßige oder verschiedene Betonung der Kommandos und Zurufe werden die Hilfen leichter verständlich machen.

Heftige oder ängstliche Pferde beruhigt man durch Zureden. Ein Zungenschlag wirkt vortreibend.

Bei fortgesetzt richtigem und gleichmäßigem Gebrauch der Stimme werden die Pferde schon auf Zuruf hin ohne weitere Hilfen die Gangarten wechseln.

Erstes Laufen an der Longe.

Nachdem die Longe befestigt ist, werden die Ausbindezügel so lang eingeschnallt, daß sie bei ungezwungener Haltung des Pferdes nur mäßig anstehen. Die Zügel werden anfänglich gleich lang geschnallt, keinesfalls der innere kürzer. Zunächst kommt es darauf an, daß das Pferd den Zirkel kennen und einhalten lernt. Zu diesem Zweck führt es der Longenführer entweder selbst auf dem innezuhaltenden Hufschlag oder läßt es durch einen Gehilfen darauf führen.

Man beginnt zweckmäßig das Longieren auf der linken Hand, weil die Linkswendung dem Pferde leichter wird. Nachdem der Gehilfe das Pferd einige Male auf dem Zirkel am inwendigen Zügel herumgeführt hat, geht er langsam an der Longe entlang bis zur Mitte des Zirkels, wo er wenn nötig das Führen der Peitsche übernehmen kann. Behält der Longenführer selbst die Peitsche, so tritt der Gehilfe hinter ihn. Beginn des Longierens.

Bei Pferden, die, sobald sie losgelassen werden, fortstürmen und die Hilfen nicht beachten, ist Geduld nötig. Man begnüge sich zunächst damit, daß das Pferd vorwärts geht, und lasse es sich austoben. Bleibt das Pferd stehen, so muß es, wenn es auf die Peitschenhilfen nicht sofort wieder antritt, von dem Gehilfen aufs neue angeführt werden. Hat das Pferd sich beruhigt, so beende man die Reprise, belohne es durch etwas Hafer oder ein Stück Brot und nehme es auf die andere Hand.

Hat das Pferd begriffen, was man von ihm verlangt, und hält es den Hufschlag des Zirkels, so führt es der Longenführer selbst an. Hierzu geht er mit verkürzter Longe neben dem Pferde bis zum Hufschlag des Zirkels und begleitet es, selbst rückwärts schreitend, kurze Zeit, während er es durch Zureden und leichte halbe Paraden im ruhigen Gang erhält. Die mit gesenkter Spitze gleichlaufend zum Pferde gehaltene Peitsche sorgt durch leichte treibende Hilfen für fließende Vorwärtsbewegung. Allmählich sucht der Longenführer, die Longe unter leichter Anlehnung verlängernd, die Mitte des Zirkels zu erreichen. Er bewegt sich hierbei auf einem immer kleiner werdenden Kreise und dreht sich so, daß er sich mit der Longenhand stets vor dem Pferde befindet. In der Mitte angekommen, setzt er das Pferd durch Zuruf oder durch eine leichte Peitschenhilfe in ein ruhiges Trabtempo.

Anfang der eigentlichen Bearbeitung.

Die eigentliche Bearbeitung an der Longe kann beginnen, sobald das Pferd die Furcht vor der Peitsche verloren hat, den Hufschlag hält, sich losläßt und die Hilfen hinreichend beachtet.

Maß der Einstellung.

Da der Hauptzweck der Longenarbeit, die Entwicklung oder Berichtigung des Ganges, ohne eine gewisse Haltung und Anlehnung an das Mundstück nicht erreicht werden kann, so sind nunmehr die Ausbindezügel zu verkürzen.

Das Maß der Einstellung ist je nach den Umständen verschieden. Junge ungerittene Pferde oder solche, die zur Erzielung eines besseren, regelmäßigeren Ganges longiert werden, dürfen nicht sofort kurz ausgebunden werden. Sie müssen lernen, mit langem Hals die Anlehnung an das Gebiß zu nehmen. Ein älteres Pferd dagegen, das Hals und Kopf zu hoch trägt, sich nicht loslassen und unter dem Reiter das Gebiß in der Tiefe nicht annehmen will, muß entsprechend kürzer ausgebunden werden, damit der Zweck, den Hals durch Longieren zum Fallenlassen zu bringen, erreicht wird. Selbst bei starker Einstellung muß es aber dem Pferde möglich sein, nachzugeben. Andernfalls bringt die Longenarbeit mehr Schaden als Nutzen.

Je nachdem man vorherrschend beizäumen oder gleichzeitig auch aufrichten will, werden die Ausbindezügel tiefer oder höher eingeschnallt. Mit fortschreitender Dressur ist eine geringe Stellung nach innen geboten.

Es ist falsch, die Pferde an der Longe unausgebunden oder ohne Anlehnung an den Ausbindezügeln haltungslos herumlaufen zu lassen.

Zunächst muß das Pferd lernen, taktmäßig und losgelassen am Zügel zu traben. Alle Hilfen müssen in so genauer Übereinstimmung gegeben werden, daß weder ein plötzliches Stutzen noch ein Vorprellen stattfindet. Durch grobe Hilfen wird der Gang gestört und das Pferd aus dem Takt gebracht. Die treibenden und die verhaltenden Hilfen müssen so gegeneinander abgewogen werden, daß schwunghafter Gang bei guter Haltung und völliger Losgelassenheit erreicht wird. Der Trab.

Hat man zum Halten pariert, so nimmt der Longenführer die Peitsche mit der Spitze nach hinten unter den Arm, geht, die Longe einschlagend, an das Pferd heran und belobt es.

Soll jetzt die Hand gewechselt werden, so faßt der Longenführer in den Ausbindezügel und läßt das Pferd mit Hilfe der Peitsche auf dem Hufschlage eine Wendung auf die andere Hand machen. Das Pferd darf hierbei weder vor der Peitsche fliehen noch zurücktreten. Dann wird die Länge der Ausbindezügel der neuen Stellung entsprechend berichtigt und wenn nötig die Longe umgeschnallt. Hierauf begibt sich der Longenführer wieder in die Mitte des Zirkels.

Hat das Pferd gelernt, im Takt an der Longe zu traben, so muß es der Longenführer durch halbe Paraden dazu bringen, daß es das Gebiß losläßt. Die Peitsche sorgt dafür, daß der schwunghafte Gang erhalten bleibt. Ein Longieren, bei dem das Pferd nicht lernt sich vom Gebiß abzustoßen, verleitet es sich auf den Zügel zu legen und verfehlt seinen Zweck.

Tritt das Pferd in einem gehaltenen Arbeitstrabe taktmäßig mit durchlässigem Genick an die Zügel heran, so kann zunächst zu einem freieren und demnächst zum abgekürzten Tempo übergegangen werden. Es ist jedoch zu fordern, daß Takt und Schwung des Ganges nicht verloren gehen.

Aufrichten und Versammeln.

Die Aufrichtung muß auch an der Longe mit der nach und nach eintretenden vermehrten Biegung der Hinterbeine Hand in Hand gehen und dem Gebäude des Pferdes stets angepaßt sein. Auch darf das Pferd nicht früher versammelt werden, als bis es sich losgelassen hat. Der schwungvolle, taktmäßige Gang ist stets der Maßstab für die Richtigkeit der Versammlung. Das Versammeln wird durch verstärkte halbe Paraden bei gleichzeitig vermehrtem Treiben mit der Peitsche bewirkt. Die halben Paraden sollen durch das ganze Pferd möglichst bis in die Hinterbeine gehen.

Der Galopp.

Hat das Pferd gelernt, an der Longe Mittel- und abgekürzten Trab schwunghaft und losgelassen zu gehen und den Tempowechsel richtig auszuführen, so kann mit dem Galopp begonnen werden. Es können aber auch Fälle eintreten, in denen der Galopp mit Nutzen früher angewendet werden kann.

Beim jungen Pferde darf der Galopp angenommen werden, wenn das Pferd ihn anbietet; er führt sehr bald die Losgelassenheit herbei und bringt das Pferd mit langem Hals richtig an die Zügel. Fehlerhafter Schritt und Trab werden leichter und schneller durch den Galopp gebessert, als wenn das Pferd nur in den betreffenden Gangarten selbst gearbeitet wird.

Zur ersten Entwicklung des Galopps darf das Pferd nicht so kurz ausgebunden werden, wie es im abgekürzten Trabe bereits zulässig war. Es muß im Galopp den Hals strecken können, damit es imstande ist, mit den Hinterbeinen genügend unterzugreifen. Erst wenn das Pferd sicher auf dem Fuße bleibt und sich im Galopp tragen gelernt hat, kann vermehrtes Einstellen erfolgen.

Zum Entwickeln des Galopps nimmt man das Pferd in den abgekürzten Trab. Zeigt es darin eine gute Haltung, so stört man durch einen oder mehrere hebende Anzüge mit der Longe die Trabbewegung und berührt mit der Peitsche das Pferd nahe hinter dem Gurt in dem Augenblick, wo der innere Hinterfuß im Begriff steht vorzutreten. Die Peitsche wird mit dem Takt des Galoppsprungs gehoben und gesenkt. Springt das Pferd richtig an, so bleibt die Hand bei anstehender Longe ruhig stehen.

Stürmt das Pferd, so wird durch Schütteln mit der Longe die halbe Parade gegeben, während gleichzeitig die Peitsche nochmals vortreibt. Diese Hilfen werden nach Bedarf wiederholt und durch Stimme und Zungenschlag unterstützt. Das Pferd darf nicht durch grobe Hilfen in den Galopp gleichsam hineingeworfen werden.

Das Pferd soll in einem natürlichen Galopp gut vorwärtsgehen. Kann es sich in diesem Galopp tragen und greift es dabei mit den Hinterfüßen gut unter, so wird zum Mittelgalopp übergegangen. Der Longenführer treibt das Pferd mit der Peitsche vermehrt vorwärts, während er durch halbe Paraden die Haltung zu verbessern sucht. Setzt das Pferd die Hinterhand gut unter, steht es sicher am Zügel und ist der Galopp schwunghaft, so können die Ausbindezügel kürzer geschnallt werden. Hierdurch wird, wenn sich das Pferd dabei am Gebiß abstößt, die Biegsamkeit der Hinterhand vermehrt. Bleibt das Pferd mit der Hinterhand zurück, so muß die Einstellung verringert werden.

Während der beim Eingaloppieren nötigen Pausen sind Zurücktreten, Biegen an der Hand und Abkauenlassen im Halten zu üben.

Nach dem Galopp empfiehlt es sich, das Pferd zunächst wieder traben zu lassen, da durch einen guten Galopp auch der unmittelbar folgende Trab gebessert wird.

Hat das Pferd im Mittelgalopp Haltung gewonnen, so wird zum abgekürzten Galopp übergegangen. Häufig wiederholte halbe Paraden und lebhafte, leichte Peitschenhilfen führen die stärkere Versammlung herbei. Die Hilfen müssen aber besonders fein gegeneinander abgewogen werden; ungeschickte Hilfen bringen das Pferd leicht aus der Haltung. Der Galopp darf nicht zu sehr verkürzt werden.

Zur vermehrten Biegung der Hinterhand und zur Verbesserung der Haltung kann das Verkleinern des Zirkels im abgekürzten Galopp geübt werden. Hierzu verkürzt der Longenführer die Longe ganz allmählich, ohne die Verbindung zwischen Longenhand und Pferdemaul aufzugeben und gibt wiederholt halbe Paraden. Der Zirkel darf höchstens auf sechs Schritt Durchmesser und nur ganz allmählich verkleinert werden. Längeres Arbeiten auf dem kleinen Zirkel ist nachteilig.

In halben Tritten vorwärts. Hankenbiegen.

Die versammelnde Arbeit an der Hand kann auch an der Longe mit einem ausgebundenen Pferde an der Wand geübt werden. Grundsätze und Hilfen sind die gleichen.

Es genügt für die Truppe, wenn es gelingt, das Pferd durch die Longenarbeit bei schwunghaften Gängen immer wieder zum Abstoßen am Zügel und erneutem Herantreten zu bringen. Um die durch die Longenarbeit gewonnene Haltung des Pferdes unter dem Reiter zu erhalten, kann es sich empfehlen, das Pferd vor der Wiedereinstellung in die Abteilung noch einige Zeit unter dem Reiter an der Longe zu arbeiten.

2. Die Gerte.

Die Gerte ist ein unentbehrliches Hilfsmittel bei der Dressur. Sie weckt und erleichtert beim jungen Pferde das Verständnis für die Schenkelhilfen. Bei Widersetzlichkeit wird die Gerte als Strafe gebraucht.

Die Gerte muß mindestens 1 m lang sein, damit der Reiter das Pferd hinter seinem Schenkel am Leibe treffen kann, ohne die Stellung der Hand verändern zu müssen. Das Pferd darf dabei nicht im Maul gestört werden. Die Gerte wird mit der Spitze nach unten und rückwärts gehalten und vorwiegend auf der inneren Seite des Pferdes gebraucht.

Auch beim Führen des Pferdes wird die Gerte in der linken Hand, mit der Spitze nach unten und rückwärts, getragen. Geht das Pferd nicht vorwärts, so gibt der Führer, ohne stehen zu bleiben und ohne sich umzusehen, von hinten mit der Spitze eine leichte Hilfe.

Beim Aufsitzen bleibt die Gerte unverändert in der linken Hand. Hat der Reiter mit der linken Hand die Mähne ergriffen, so muß er darauf achten, daß die Gerte auf der linken Schulter des Pferdes still liegen bleibt. Will man einem aufgesessenen Reiter die Gerte reichen, so muß man ruhig und so dicht an das Pferd herantreten, daß es durch die Gerte nicht erschreckt wird.

Zum Reiten auf der rechten Hand wird die Gerte nach dem Aufsitzen, ohne das Pferd zu erschrecken, auf die rechte Seite gebracht, ehe die rechte Hand die Zügel ergreift. Die über den rechten Oberschenkel laufende Gerte wird am dicken Ende mit der vollen rechten Hand umfaßt und nach rückwärts abwärts gehalten.

Beim Wechsel von der rechten auf die linke Hand und zum Absitzen bei rechts getragener Gerte wird diese wie beim Aufsitzen in die linke Hand genommen.

Alle Bewegungen der Gerte müssen dem Pferde möglichst verborgen bleiben und beim Wechsel von einer Hand zur anderen beendigt sein, ehe die bisherige inwendige Seite gegen die Wand kommt.

Der Reiter gebraucht die Gerte, indem er sie an der Schulter oder am Leibe des Pferdes unmittelbar hinter seinem Schenkel anlegt oder anfallen läßt.

Wird die Gerte als starke Hilfe oder als Strafe gebraucht, so legt der Reiter die rechten Zügel von oben in die linke Hand, nimmt die Gerte mit der Spitze nach oben in die rechte Hand und gibt dem Pferde von oben herab einen oder mehrere kräftige Hiebe unter den Bauch. Auf der linken Hand wirft er die Gerte durch eine kurze Drehung des rechten Handgelenks so über den linken Unterarm, daß sie das Pferd am Leibe trifft. Will der Reiter mit der Gerte strafen, so setzt er sich mit etwas zurückgehaltenem Oberleib fest in den Sattel und nimmt dem Pferde den Kopf hoch, um es am Ausschlagen und Bocken zu hindern, gibt aber nach, sobald es vorwärts geht.

Auf Kandare wird die Gerte stets mit der rechten Hand gehalten. Auf der rechten Hand wird sie abwärts gerichtet getragen, so daß sie über dem rechten Oberschenkel liegt. Auf der linken Hand trägt sie der Reiter aufwärts und läßt sie zur Anwendung über den linken Unterarm hinter dem linken Schenkel anfallen.

3. Hilfszügel.

Die Anwendung von Hilfszügeln ist möglichst zu vermeiden. Gelingt es jedoch in vereinzelten Fällen nicht mehr, ein dem Zügelanzuge im Halse oder Genick nach oben widerstrebendes Pferd in die gewünschte Beizäumung zu bringen, so kann vorübergehend der nachstehend beschriebene Schlaufzügel verwendet werden (Bild 59).

Zwei, je etwa 2,75 m lange, links und rechts durch eine Schleife oder einen flachen Haken am Sattelgurt in der Höhe der Knielage des Reiters befestigte Zügel werden durch den gleichseitigen Trensenring unterhalb des Zügels durchgezogen und dann in die betreffende Hand des Reiters

Bild 59.

genommen. Die beiden Zügelenden sind durch eine Schnalle verbunden. Jeder Schlaufzügel läuft, die rauhe Seite gegen das Pferd gekehrt, von innen nach außen durch den Trensenring und wird so in die gleichseitige ganze Hand genommen, daß das Zügelende mit der rauhen Seite nach oben unter dem Daumen liegt.

Die Schlaufzügel unterstützen nicht nur das Beizäumen, sie ermöglichen auch das Geradestellen des Pferdes und erleichtern durch ihre seitlich verwahrende Wirkung das Feststellen loser Hälse an den Schultern.

Um das Pferd mit der Wirkung des Schlaufzügels vertraut zu machen, macht der Reiter zweckmäßig vor dem Aufsitzen einseitige Zügelanzüge, die das Pferd zum Nachgeben veranlassen sollen. Bei jedem Reiten in Stellung, namentlich bei allen Wendungen, muß der äußere Zügel entsprechend nachgelassen werden.

Die Verwendung des Schlaufzügels wird nur dann von Erfolg begleitet sein, wenn er nicht dazu gebraucht wird, das Pferd in eine Stellung zu zwängen. Es soll durch ihn dem Pferde nur eine Grenze angewiesen werden, aus der es nicht nach oben herausschlagen soll. Der Reiter muß bestrebt sein, das Pferd zum Abstoßen am Hilfszügel zu bringen. Gibt das Pferd nach, so muß die Wirkung des Hilfszügels allmählich verringert und nach und nach ausgeschaltet werden. Er soll das Pferd gleichsam nur durch sein Gewicht mahnen in der gewünschten Stellung zu verbleiben, mithin hauptsächlich verwahrend

Bild 60.

wirken. Der Gebrauch des Schlaufzügels muß stets mit tätiger Einwirkung der Schenkel verbunden sein; sonst bringt er die Pferde auf die Vorhand und auch hinter den Zügel, macht sie im Maule stumpf und schädigt den Schwung und die Geräumigkeit des Ganges. Eine gewaltsame Einwirkung mit dem Schlaufzügel, um die Beizäumung rascher zu fördern, hat meist Widersetzlichkeiten zur Folge.

Beim Überwinden von Hindernissen ist der Schlaufzügel vollkommen auszuschalten.

Ist auf Kandarenzäumung ausnahmsweise ein Hilfszügel erforderlich, so kann ein Martingal verwendet werden (Bild 60). Er ist so lang zu schnallen, daß die Trensenzügel bei richtiger Handstellung und normaler Haltung des Pferdes nicht gebrochen werden. Die Ringe des Martingals sollen etwa eine Handbreit tiefer als der höchste Punkt des Widerristes stehen. An den durch die Martingalringe laufenden Trensenzügeln sind stets Lederschieber anzubringen.

Bei der Dressur darf der Martingal nicht verwendet werden.

4. Lehre vom Körperbau des Pferdes.

Allgemeines.

Die Leistungsfähigkeit des Pferdes wird durch die Beschaffenheit seines Körpers wesentlich beeinflußt.

Das Knochengerüst oder Skelett wird eingeteilt in die Knochen des Kopfes, des Rumpfes und der Gliedmaßen. Die Benennung der wichtigsten Einzelknochen ergibt Bild 61.

Die Verbindung der einzelnen Knochen miteinander ist entweder unbeweglich wie bei den Knochen des Kopfes und Beckens, wenig beweglich wie bei den Wirbeln oder ganz beweglich durch Gelenk wie bei den Gliedmaßen. Die Gelenke sind durch Gelenkkapseln abgeschlossen und durch Gelenkbänder gefestigt. Die Innenfläche der Gelenkkapseln sondert die Gelenkschmiere ab.

Der wichtigste Teil des Skelettes ist die Wirbelsäule. Ihr beweglichster Abschnitt nächst den Schweifwirbeln ist die Halswirbelsäule. Die Verbindungen der übrigen

Bild 61.

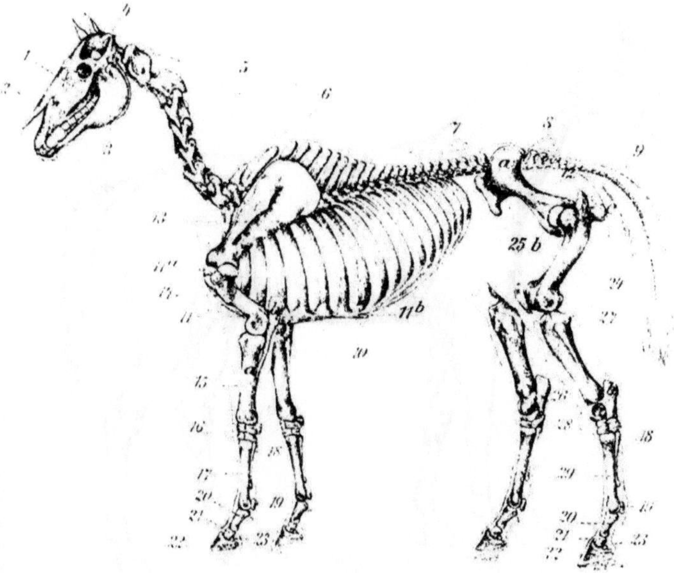

Knochengerüst.

1 Jochbein
2 Nasenbein
3 Unterkieferbein
4 Hinterhauptsbein
5 Halswirbel *(7)*
6 Rückenwirbel *(18)*
7 Lendenwirbel *(6)*
8 Kreuzwirbel *(5)* bzw. Kreuzbein
9 Schweifwirbel *(18–21)*
10 Rippen
11 Brustbein
11a Habichtsknorpel
11b Schaufelknorpel
12 Beckenknochen
12a Hüftbein
12b Schambein
12c Sitzbein mit Sitzbeinhöcker
13 Schulterblatt
14 Armbein
15 Vorarmbein
15a Speiche
15b Ellenbogenbein mit Ellenbogenhöcker
16 Vorderkniegelenksknochen
17 Vorderschienbein
18 Griffelbein
19 Gleichbein
20 Fesselbein
21 Kronbein
22 Hufbein
23 Strahlbein
24 Oberschenkelbein
25 Kniescheibe
26 Unterschenkelbein
27 Wadenbein
28 Sprunggelenksknochen
28a Rollbein
28b Sprungbeinhöcker
29 Hinterschienbein

Bild 62.

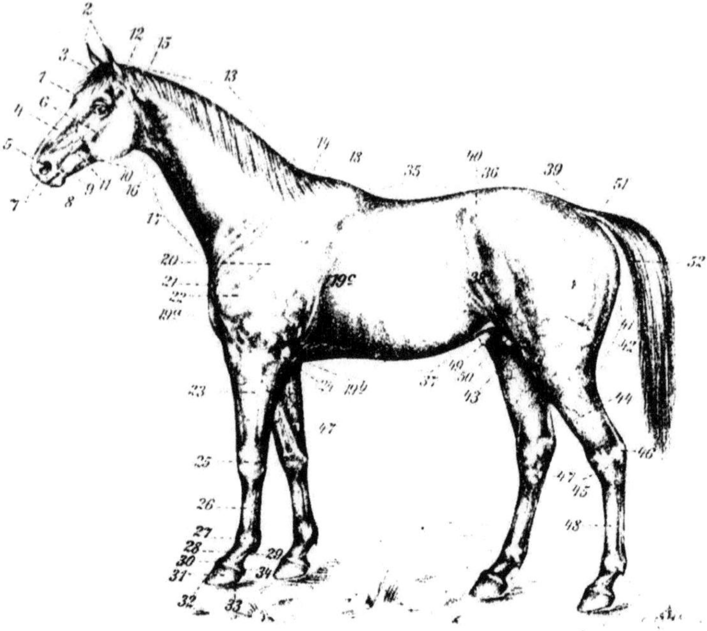

Benennung der äußeren Körperteile.

1	Stirn	26	Vorderschienbein
2	Ohren	27	Fesselkopf
3	Scheitel	28	Fessel (Köthe)
4	Nasenrücken	29	Köthenzopf
5	Nüstern	30	Hufkrone
6	Jochleiste	31	Huf (Seitenwand)
7	Ober- und Unterlippe	32	Huf (Zehenwand)
8	Kinngrube	33	Huf (Trachtenwand)
9	Maulwinkel	34	Ballen
10	Ganasche	35	Rücken
11	Backe	36	Lende
12	Genick	37	Bauch
13	Mähnenrand des Halses	38	Flanken
14	Halskerbe	39	Kruppe
15	Ohrdrüsengegend	40	Hüfte
16	Drosselrinne	41	Hinterbacke
17	Kehlrand des Halses	42	Oberschenkel
18	Widerrist	43	Knie
19a	Vorderbrust	44	Unterschenkel
19b	Unterbrust	45	Sprunggelenk
19c	Brustwand	46	Hacke
20	Schulter	47	Kastanie
21	Bugspitze	48	Hinterschienbein
22	Oberarm	49	Schlauch
23	Vorarm	50	Hodensack
24	Ellenbogenhöcker	51	Schweifansatz
25	Vorderknie	52	Sitzbeinspitze

Wirbel werden durch Zwischenknorpelscheiben hergestellt; die Wirbel sind daher nur wenig beweglich.

Bei der von der Reitkunst als richtig anerkannten Haltung von Hals und Kopf bilden die drei ersten Halswirbel einen nach vorn und unten geöffneten Bogen, die drei letzten Halswirbel einen nach hinten und oben geöffneten Bogen.

Sämtliche Rücken-, Lenden- und Kreuzwirbel sind mit Dornfortsätzen von ungleicher Länge und Richtung versehen. Diese Dornfortsätze sind durch den Rückenlendenteil des elastischen Nackenbandes sowie durch starke Bänder fest miteinander verbunden.

Die Rücken- und Lendenwirbel (Wirbelbrücke) stellen beim stehenden Pferd eine nach hinten ansteigende, nahezu gerade Linie dar. Die Beweglichkeit der einzelnen Wirbel untereinander ist gering. Die Wirbelbrücke pflanzt die Bewegung von den Hintergliedmaßen auf den Vorderkörper fort und trägt hauptsächlich die Last der Eingeweide und des Reiters. Ihre Tragfähigkeit ist um so größer, je kürzer sie ist.

An den Knochen der Gliedmaßen sind die Winkel, die die einzelnen Knochen in den Gelenken miteinander bilden, von Bedeutung. Eine gute Winkelung (Bild 63 und 64) ist mit entscheidend für die Leistung der Gliedmaßen und damit des Pferdes; sie beeinflußt auch wesentlich die Elastizität des Ganges, die wiederum für das Gefühl des Reiters und für die Gesunderhaltung der Bewegungswerkzeuge wichtig ist. Je stumpfer die Gelenke gewinkelt sind, um so kräftiger wird die Erschütterung von Knochen zu Knochen nach oben fortgeleitet; sie wird um so mehr in den Gelenken gebrochen, je weniger steil die Knochen zueinander stehen.

Den Knochen als passiven Bewegungswerkzeugen stehen als aktive die Muskeln gegenüber. Die Wirkung eines Muskels kommt zustande, indem er sich abwechselnd durch Zusammenziehen verkürzt und durch Abspannung wieder verlängert. Dadurch werden die zugehörigen Knochen bewegt. Je nach der Art der Wirkung werden die Muskeln als Beuge-, Streck-, Drehmuskeln usw. bezeichnet (Bild 65 u. 66). Jeder Muskel hat, meist an Knochen, einen festen Ursprungspunkt und einen beweglichen Anheftungspunkt.

Die Anheftung der Muskeln an die Knochen erfolgt

Bild 63 und 64.

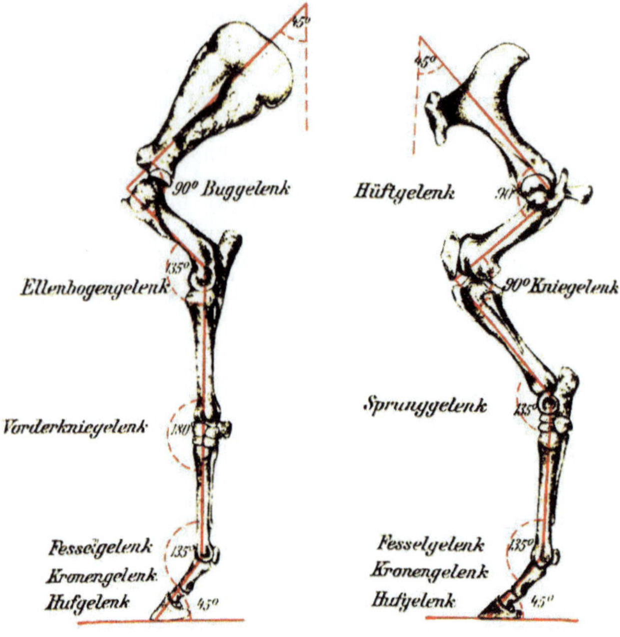

Gelenkwinkelung.

oft durch feste, entweder strangförmige oder bandartige Gebilde, *Sehnen*. Bei starken Anstrengungen ermüden die Muskeln, nicht aber die Sehnen. Die Muskeln der unteren Gliedmaßenknochen des Fessel-, Kron- und Hufbeins, haben lange Sehnen, die mit wenig nachgiebigen Zugsträngen vergleichbar sind. An Stellen, an denen die Sehnen neben Knochen hin- und hergleiten oder, wie z. B. an der hinteren Fläche des Fesselgelenkes zeitweise einem starken Druck ausgesetzt sind, finden sich *Sehnenscheiden* in Gestalt länglicher, meist dünnhäutiger Säcke, deren Innenfläche eine der Gelenkschmiere ähnliche Flüssigkeit absondert.

Bild 65.

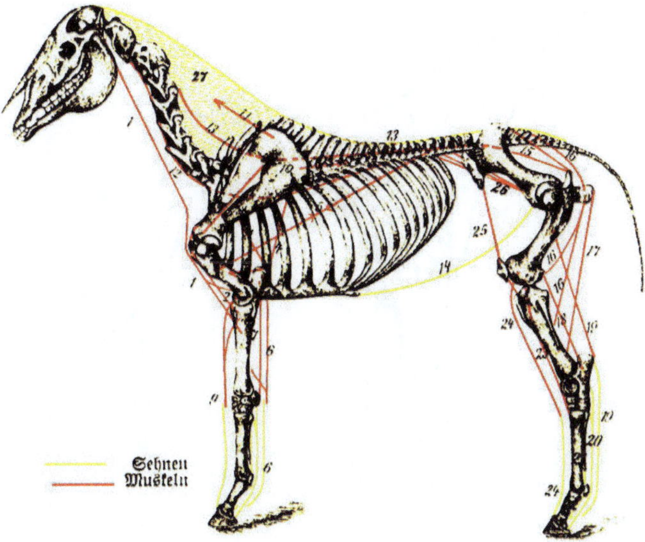

Muskellage.

1 Gemeinschaftlicher Kopf-, Hals-, Armmuskel
2 Beugemuskeln des Vorarms
3 Vorderer Grätenmuskel
4 Streckmuskeln des Vorarms
5 Beugemuskeln des Armbeins
6 Kronbeinbeuger
7 Hufbeinbeuger
8 Fesselbeinbeuger
9 Gemeinschaftlicher Strecker des Fessel-, Kron- und Hufbeins
10 Rückenteil des Kappenmuskels
11 Halsteil des Kappenmuskels
12 Beugemuskeln des Halses
13 Langer Rückenmuskel und Streckmuskeln des Halses
14 Bauchmuskeln
15 Kruppenmuskeln
16 und 17 Aus- und Einwärtszieher der Hintergliedmaße
18 Streckmuskeln des Sprunggelenks (Achillessehne)
19 Kronbeinbeuger
20 Hufbeinbeuger
21 Fesselbeinbeuger (oberes Gleichbeinband)
22 Unteres Gleichbeinband
23 Beugemuskeln des Sprunggelenks
24 Gemeinschaftlicher Strecker des Fessel-, Kron- und Hufbeins
25 Spanner der breiten Schenkelbinde
26 Lendenmuskeln
27 Nackenband

Bild 66.

Muskeln.

- *1* Gemeinschaftlicher Kopf-, Hals-, Armmuskel
- *2* Langer Beuger des Vorarms (von 1 verdeckt)
- *3* Grätenmuskeln
- *4* Strecker des Vorarms
- *5* Breiter Rückenmuskel
- *6* Kronbeinbeuger, *7* Hufbeinbeuger, *8* Fesselbeinbeuger } der Vordergliedmaße
- *9* Gemeinschaftlicher Strecker des Fessel-, Kron- und Hufbeins (Zehenstrecker)
- *10* Rückenteil, *11* Halsteil } des Kappenmuskels
- *12* Langer Rückenmuskel
- *13* Tiefere Halsmuskeln
- *14* Brustmuskeln
- *15* Kruppenmuskeln
- *16* und *17* Aus- und Einwärtszieher der Hintergliedmaße
- *18* Streckmuskeln des Sprunggelenks (Achillessehne)
- *19* Kronbeinbeuger, *20* Hufbeinbeuger, *21* Fesselbeinbeuger (oberes Gleichbeinband) } der Hintergliedmaße
- *22* Unteres Gleichbeinband
- *23* Gerader Bauchmuskel
- *24* Gemeinschaftlicher Strecker des Fessel-, Kron- und Hufbeins (Zehenstrecker)
- *25* Spanner der breiten Schenkelbinde

Die eigenartige Anheftung und Lagerung der Sehnen und Gelenkbänder ermöglicht es, daß die Pferde ohne wesentliche Ermüdung der Muskeln lange Zeit stehen und im Stehen ausruhen können.

Soll eine Vordergliedmaße vorwärts bewegt werden, so werden zunächst unter Entspannung der Beugesehnen die Gelenke in leichte Beugestellung gebracht. Alsdann tritt der gemeinschaftliche Kopf-, Hals-, Armmuskel mit den übrigen Rumpf-Schenkelmuskeln und den Beugemuskeln des Vorarms in Tätigkeit und schwingt durch gleichzeitige Vorwärtsbewegung des unteren Schulterblattendes, Streckung des Buggelenkes und Beugung des Ellenbogengelenkes die ganze Gliedmaße nach vorn.

Sobald die vorgeschwungene Gliedmaße etwa in Höhe der anderen angelangt ist, werden wesentlich durch die Tätigkeit der Streckmuskeln des Vorarms und der unteren Knochen sämtliche Gelenke gestreckt. Schließlich gelangt der Huf an den Boden und nimmt von neuem die Last auf, die ihm von der Hinterhand zugeschoben wird.

Die Bewegung der Hintergliedmaßen, von denen der Hauptantrieb zur Fortbewegung ausgeht, wird ebenfalls zunächst durch Entspannung der Beugesehnen eingeleitet. Das Vorwärtsschwingen erfolgt in der Hauptsache durch die Tätigkeit der Lendenmuskeln unter gleichzeitiger Beugung der Gelenke. Sobald die Gliedmaße die Höhe der anderen erreicht hat, fangen sämtliche Gelenke, zuerst das Kniegelenk, an, sich zu strecken. Die hierbei beteiligten Muskeln sind die auf dem Oberschenkelbein gelegenen Kniescheibenmuskeln und die an der Vorderfläche des Unterschenkels gelegenen Streckmuskeln. Unter zunehmender Streckung erreicht die Gliedmaße den Boden und wird alsbald belastet. Die kräftigen Aus- und Einwärtszieher, Kruppen- und Rückenmuskeln bewegen bei feststehendem Huf alsdann den Rumpf nach vorwärts.

Beurteilung des Körperbaues.

Die Widerristhöhe eines gut gebauten Pferdes ist einerseits etwas kleiner als die Rumpflänge — das Pferd ist länger als hoch —, anderseits etwas größer als die Kruppenhöhe. Pferde, bei denen Widerrist und Kruppe in einer Höhe liegen oder letztere gar höher ist, heißen überbaut. Solche Pferde ebenso wie die kurzen greifen sich leicht.

Ein regelmäßig gebautes Pferd ist in der Vorhand etwas schmaler als in der Hinterhand. Eine zu schmale Vorhand, die meist mit kurzer, steiler Schulter und bodenweiter Stellung der Gliedmaßen verbunden ist, ist für die Leistungsfähigkeit wenig günstig. Die Hinterhand soll im Interesse eines guten Nachschubes breit sein.

Kopf. Die Form des Kopfes und die Feinheit seiner Umrisse sind im wesentlichen nur auf die Schönheit des Pferdes von Einfluß. Ein sehr schwerer Kopf ist infolge Überlastung der Vorhand für den Reitgebrauch nicht erwünscht.

Von der Seite gesehen ist die von den Ohren zur Nase verlaufende Gesichtslinie entweder gerade oder nach außen gewölbt (Ramskopf) oder nach innen eingebogen (Hechtskopf).

Der hintere Ganaschenrand soll nur eine geringe Wölbung zeigen. Zu breite Ganaschen erschweren dem Pferde die Genickbiegung, ein zu enger Kehlgang erschwert die Beizäumung.

Das Genick muß mäßig breit, lang und sanft gewölbt sein. Ein breites und kurzes Genick erschwert die seitliche Biegung und Beizäumung, zumal wenn die Ohrspeicheldrüsen breit sind und vertieft liegen, was häufig bei dieser Genickform der Fall ist.

Hals und Rumpf. Der Hals muß beim Reitpferde genügend lang und gut bemuskelt sein, damit die von ihm zu den Vordergliedmaßen verlaufenden Muskeln geräumige Schulterbewegungen auslösen können.

Mit Aufsatz wird die Art und Weise bezeichnet, mit der sich der Hals aus der Vorderbrust erhebt. Die Abbildung 62 veranschaulicht einen günstig angesetzten Hals. Ein zu hoher Aufsatz ist oft mit niedrigem Widerrist und Rücken verbunden; während ein tief angesetzter Hals zwar meist mit einem tragfähigen Rücken vereinigt ist, aber ebenso wie ein kurzer Hals die Dressur erschwert.

Ein sehr langer und dünner Hals ist häufig zu beweglich und unstet, auch gestattet er selten die erforderliche ruhige Anlehnung an das Mundstück. Dasselbe gilt in erhöhtem Maße von dem Schwanenhals, bei dem hoher Aufsatz und Länge in der Regel noch mit hohem Kopfansatz verbunden sind. Der Hirschhals ist meist tief angesetzt, in seinem unteren Teil nach vorn herausgedrückt und zu hoch aufgerichtet. Hiermit sind fast immer kurzes Genick und breite Ganaschenbildung verbunden, so daß dem Pferde die Beizäumung erschwert wird und es die Neigung zeigt, ihr mehr oder weniger nach oben auszuweichen.

Der Widerrist soll hoch und lang sein, da dann die Tragfähigkeit des Rückens stärker ist und die sich an die Dornfortsätze anheftenden Muskeln an langen Hebelarmen wirken. Bei dieser Widerristform ist die Schulterfreiheit in der Regel gut. Im Gegensatz hierzu muß der kurze und niedrige Widerrist bei Reitpferden als ein Mangel angesehen werden, da hierbei die Sattellage meist ungünstig ist. Ein hoher und dabei kurzer Widerrist ist Beschädigungen durch den Sattel leicht ausgesetzt.

Der Rücken soll eine möglichst wagerechte Linie bilden und nicht zu lang sein. Seine Tragfähigkeit ist mit abhängig von der Entwickelung der Muskeln des Rückens, der oberen und unteren Halsmuskeln, sowie der Bauchmuskeln. Übermäßige Länge des Rückens beeinträchtigt das Tragvermögen und erschwert das richtige Ineinandergreifen der Tätigkeit von Hinter- und Vorhand. Die Nachteile eines langen Rückens können bis zu einem gewissen Grade durch kräftige Entwicklung der Lenden ausgeglichen werden. Der Senkrücken, bei dem die Rückenlinie nach unten durchgebogen ist, ist für den Reitgebrauch im allgemeinen nachteilig. Der Karpfenrücken, bei dem die Rückenlinie in ihrem hinteren Teil nach oben aufgewölbt ist, veranlaßt in der Regel einen harten Gang.

Die Beschaffenheit der Kruppe ist wegen ihrer Mitwirkung bei der Kraftübertragung von hinten nach vorn auf die gesamte Leistungsfähigkeit von weitgehendem Einfluß. Vorteilhaft ist eine mäßig schräge Lage der Kruppe bei genügender Breite und Länge. Bei derartiger Beschaffenheit der Kruppe sind die wichtigsten, der Tätigkeit der Hinterhand dienenden Muskeln kräftig entwickelt und können ihre Wirkung gut ausüben. Die kurze Kruppe entbehrt dieser Vorzüge ebenso wie die schmale. Bei der horizontalen Kruppe ist die Kraftübertragung wesentlich erschwert. Das gleiche ist der Fall bei der abschüssigen Kruppe, auch sind bei dieser Form in der Regel die Bewegungen der Hintergliedmaßen weniger ausgreifend.

Die Brust soll lang, breit, tief und gut gewölbt sein, damit sie einer möglichst kräftigen Entwicklung der Lunge und des Herzens genügend Raum gewährt. Die auf einer flachen Wölbung der vorderen Rippen und einer schwachen Ausbildung der Brustmuskeln beruhende schmale Brust deutet auf mangelhafte Entwicklung der Atmungswerkzeuge und verbürgt keine sichere Sattellage.

Der Umfang des Bauches soll dem des Brustkorbs entsprechen und Platz für eine gute Entwicklung der Eingeweide bieten. Die untere Bauchlinie soll allmählich nach hinten ansteigen. Ein zu flacher Rippenbau oder ein ganz runder Leib, sowie ein dicker Bauch oder aufgeschürzte Flanken beeinträchtigen die Lage des Sattels.

Die Flanken sollen kurz sein; dann ist das Pferd gut geschlossen, und eine feste Verbindung zwischen Hinterhand und Vorhand vorhanden.

Gliedmaßen.

Die Verbindung der Vordergliedmaßen mit dem Rumpfe wird durch Muskeln und Sehnenhäute hergestellt; der Rumpf ist gleichsam in einem Schwebegurt aufgehängt.

Die Schulter soll lang, breit und schräg gelagert sein; der Schritt ist dann gut und geräumig. Auch Länge und Lage des Armbeines sind auf die Schrittweite von Einfluß. Die kurze und steile Schulter ist meist mit einem kurzen und steilen Armbein verbunden. Der Schritt ist dann in der Regel kurz und unelastisch.

Der Vorarm steht hinsichtlich seiner Länge meist im umgekehrten Verhältnis zum Vorderschienbein. Langer Vorarm mit kurzem Schienbein erzeugt bei entsprechender Winkelung der Gliedmaße einen langen, jedoch flachen Schritt; dagegen wird bei kurzem Vorarm und langem Schienbein der Schritt meist kurz, aber hoch sein.

Das Vorderknie soll senkrecht zwischen Vorarm und Vorderschienbein eingefügt sein und eine gute Entwicklung in allen drei Richtungen erkennen lassen. Die Vorderfläche soll eine schwache Wölbung zeigen. Der Übergang der hinteren Fläche zum Schienbein soll gerade oder nur leicht ausgeschweift sein. Bei starker Aushöhlung an dieser Stelle wird das Vorderknie als geschnürt bezeichnet. Diese Form weist auf ein schwaches Gelenk sowie auf eine mangelhafte Entwicklung der Beugesehnen hin und ist meist mit einem losen Stand verbunden.

Das Vorderschienbein soll von der Seite betrachtet breit sein und trocken erscheinen. Die Beugesehnen müssen sich deutlich voneinander abheben.

Der Fesselkopf soll besonders von der Seite betrachtet breit sein; diese Form läßt auf eine gute Ausbildung der Sehnen und Gelenkbänder schließen. Um diesen breite Ansatzflächen zu bieten, muß die Fessel von vorn breiter erscheinen als das Schienbein. Zu lange Fesseln erschweren die Bewegung und vermindern die Schnelligkeit und Sicherheit des Ganges; zu kurze erzeugen einen unelastischen Gang. Die Hufkrone muß einen größeren Umfang besitzen als die Fessel.

Die Form des Hufes soll stets der Stellung seiner Gliedmaße entsprechen. Von der Seite gesehen wird dies daran erkannt, daß Fessellinie (Längsachse des Fesselbeins) und Zehenlinie in gleicher Richtung verlaufen. Von vorn betrachtet paßt der Huf zur Stellung, wenn die Verlängerung der Halbierungslinie der Fessel die Mitte der Hufzehe trifft. Befinden sich Gliedmaßenstellung und Hufform nicht im Einklang, so treten leicht Schädigungen der Knochen, Gelenke oder Sehnen ein.

Die Hintergliedmaßen stellen die hinteren Stützpfeiler des Rumpfes dar. Die Verbindung mit ihm wird durch das Hüftgelenk hergestellt. Durch ihre starke Verlängerungsfähigkeit beim Strecken der Gelenke tragen die Hintergliedmaßen in erster Linie zur Vorwärtsbewegung bei.

Der Oberschenkel muß richtig gelagert, lang und breit sowie mit kräftigen Muskeln umgeben sein. Die vordere Kniefläche soll senkrecht unter der Hüfte und das Knie in einer Höhe mit dem Ellenbogengelenk liegen.

Durch regelmäßige Lage und ausreichende Länge des Unterschenkels sind die besten Vorbedingungen für geräumige und schnelle Bewegungen der Hintergliedmaßen gegeben. Der kurze Unterschenkel ist meist auch steil gestellt und hat einen kurzen, tappenden Schritt zur Folge.

Das Sprunggelenk muß bei richtiger Länge und

Winkelung der über ihm gelegenen Knochen so gelagert sein, daß der Sprungbeinhöcker senkrecht unter der Sitzbeinspitze liegt. In seinen sämtlichen Ausdehnungen muß das Sprunggelenk stark entwickelt sein. Ein sowohl von der Seite wie von hinten schmal erscheinendes Sprunggelenk ist großen Anstrengungen nicht gewachsen. Scharf abgesetzt nennt man ein Sprunggelenk, wenn seine Innenfläche nicht allmählich in die Innenfläche des Schienbeins übergeht.

Stellung der Gliedmaßen.

Von der Seite betrachtet stehen die Gliedmaßen regelmäßig, wenn eine an der Hufzehe eines Vorderbeines errichtete Senkrechte das Buggelenk, eine an der Huftracht eines Hinterbeines errichtete Senkrechte etwa die Mitte zwischen Hüftgelenk und Sitzbeinspitze trifft. Vorständig heißt die Stellung, wenn die Senkrechte vor, und rückständig, wenn sie hinter die bezeichneten Punkte fällt. Weicht nur das Vorderschienbein von der Senkrechten nach vorwärts ab, so nennt man das Pferd rückbiegig, weicht es nach hinten ab, vorbiegig. Bei der schrägen Fesselung bildet die Fessellinie mit dem Boden einen Winkel, der kleiner ist als 45°. Bei dieser Stellung sind die Sehnen stark belastet. Bei der steilen Fesselung ist der Winkel größer als 45°. Bärenfüßig heißt die Stellung, wenn sich an einer schrägen Fessel ein stumpfer Huf befindet; hier verläuft die Fessellinie nicht in gleicher Richtung mit der Zehenlinie des Hufes.

Bei der regelmäßigen Stellung von vorn gesehen trifft eine vom Buggelenk gefällte Senkrechte die Mitte der Hufzehe, und beide Gliedmaßen stehen parallel zueinander. An den Hintergliedmaßen muß eine von der Sitzbeinspitze gefällte Senkrechte mit der Mittellinie der hinteren Schienbeinfläche zusammenfallen. Bodenweit ist die Stellung, wenn die Gliedmaßen von den Buggelenken ab nach unten auseinander weichen, bodeneng, wenn sie sich nähern. Beginnen diese Abweichungen nach außen oder innen am Vorderknie oder am Sprunggelenk, dann spricht man von x- oder o-beiniger Stellung. Fangen sie erst am Fesselkopf an, so nennt man diese Stellung zehenweit oder zeheneng. Bei allen diesen Stellungsarten können die Gliedmaßen noch um ihre Längsachse nach außen oder innen gedreht sein; man bezeichnet dies als diagonal nach außen oder diagonal nach innen.

Beim regelmäßigen Huf, von der Seite gesehen, bilden Zehenwand und Trachtenwand einen Winkel von etwa 45° mit dem Boden, in ihrer Länge verhalten sie sich wie 3 zu 1. Beim spitzen Huf ist der Zehenwinkel kleiner, beim stumpfen Huf größer als 45°. Hufformen.

Der regelmäßige Huf, von vorn gesehen, hat mäßig schräg verlaufende Seitenwände; er ist von mittlerer Höhe, die Sohle ist etwas gewölbt, der Tragerand hat eine runde, beim Hinterhuf mehr spitzrunde Form. Beim engen Huf verlaufen die Seitenwände steil, er ist hoch, die Sohle zeigt starke Wölbung, und der Tragerand hat eine ovalrunde Form. Der weite Huf hat schrägere Seitenwände als der regelmäßige Huf, er ist niedrig, die Sohle flach, und der Tragerand kreisrund.

5. Lehre von der Bewegung des Pferdes.

Gleichgewicht.

Ein Körper befindet sich im Gleichgewicht, wenn er derart unterstützt ist, daß die Schwerkraft oder Anziehungskraft der Erde aufgehoben erscheint, mithin jede auf ihn einwirkende äußere Kraft in vollem Maße zur Geltung kommen kann.

Unter Gleichgewicht des Pferdes im reiterlichen Sinne versteht man diejenige Haltung von Hals und Kopf in Verbindung mit einer solchen Stellung der Gliedmaßen, bei der die Last am günstigsten verteilt ist und der Reiter bei richtigem Sitz am besten über die Kräfte des Pferdes verfügen kann. Auch steht dann die Verteilung des Gewichtes des Pferdes und des Reiters im richtigen Verhältnis zur Tragfähigkeit und Federkraft der Gliedmaßen. Je mehr diese Bedingungen während des Gebrauches erfüllt werden, um so länger wird das Pferd brauchbar und sicher auf den Gliedmaßen bleiben.

Der Schwerpunkt eines Körpers ist der Punkt, um den sämtliche Teile so gelagert sind, daß bei seiner Unterstützung der ganze Körper unterstützt ist. Die Senkrechte durch den Schwerpunkt heißt die Schwerlinie.

Der Schwerpunkt des Pferdes liegt je nach dem Körperbau des Tieres und nach dessen Haltung sehr verschieden. Von Einfluß sind namentlich die Schwere von Kopf und Hals sowie deren vorhängende oder mehr nach rückwärts verlegte Haltung. Bei dem auf den vier Beinen gerade stehenden Pferde liegt der Schwerpunkt, infolge der natürlichen Mehrbelastung der Vorhand um $^1/_9$ des Gesamtkörpergewichts, näher den Vorder- als den Hinterbeinen. (Bild 67. S.)

Bild 67.

Die Unterstützungsfläche des stehenden Pferdes wird durch die Verbindungslinien der äußersten Punkte der vier Hufe begrenzt. Je größer die Unterstützungsfläche ist, und je näher der Rumpf über ihr liegt, um so besser ist dieser gestützt. Da die Schwerlinie bei normaler Kopfhaltung mehr in die vordere Hälfte der Unterstützungsfläche fällt, ist die Vorhand wesentlich mehr belastet als die Hinterhand. Beim Senken von Hals und Kopf wird die Vorhand noch mehr belastet, durch Aufrichten und Beizäumen erheblich entlastet.

Bei Belastung des Pferdes durch das Gewicht des Reiters müssen die Schwerlinien von Reiter und Pferd möglichst zusammenfallen, wenn die Last leicht getragen und unterstützt werden soll. Vom Gewicht des Reiters fallen etwa zwei Drittel der Vorhand und ein Drittel der Hinterhand zu.

Allgemeines über die Fortbewegung.

Bei der Fortbewegung oder dem Gang wird der Schwerpunkt des Pferdes nach der Bewegungsrichtung hin verlegt und von neuem unterstützt. Jede Vorwärtsbewegung nimmt ihren Ausgangspunkt von einer Streckung der Gelenke der Hintergliedmaßen. Um den vorwärts bewegten Rumpf zu stützen, muß sogleich eine Vordergliedmaße vorgebracht werden.

Nach dem Abheben vom Boden wird die Einzelgliedmaße vorwärts geschwungen, bis sie wieder aufgesetzt wird und nun den Körper stützt. Sobald dann der Körper auf die Gliedmaßen nachgerückt ist, stemmt sie ihn wieder weiter und hebt sich selbst demnächst wieder vom Boden ab. Demgemäß läßt sich die Bewegung jeder Gliedmaße einteilen in den Zeitabschnitt des Abhebens, des Schwingens, des Stützens und des Stemmens.

Die einzelnen Vorgänge folgen schnell aufeinander, so daß eine unmittelbare Beobachtung schwer ist. Erst die Herstellung fortlaufender Augenblicksbilder erleichterte die genaue Erkenntnis der Fußfolge **bei den verschiedenen** Gangarten.

Gangarten.

Die **Gangarten** des Pferdes sind **Schritt**, **Trab**, **Galopp**.

Sie unterscheiden sich im wesentlichen voneinander durch die zeitliche Folge der Tätigkeiten der einzelnen Gliedmaßen, durch die Schnelligkeit der Bewegungen und durch die Mitbeteiligung des Rumpfes. Abgesehen von den durch die Reitkunst erzeugten Veränderungen unterscheidet man danach schwunglose (Schritt) und schwunghafte (Trab und Galopp) Gangarten oder auch schreitende (Schritt und Trab) und springende (Galopp).

Die Geräumigkeit des Schrittes ist von der Streckfähigkeit der Vordergliedmaßen (Vortritt) und der Hintergliedmaßen (Nachschub) abhängig. Die notwendige Vorbedingung für einen sicheren, raumgreifenden Schritt sind neben regelmäßiger Winkelung der Gelenke eine im Verhältnis zur Höhe des Pferdes richtige Länge der Knochen und damit auch der dazu gehörigen Muskeln. Schritt.

Die Messungen der Schrittlänge, d. h. der Entfernung der Hufspuren desselben Beines, ergeben abweichende Zahlen. Die Durchschnittslänge beträgt etwa 1,60 bis 1,80 m. Die Spuren der Hinterhufe fallen bei regelmäßigem Körperbau und regelmäßiger Gliedmaßenstellung etwa in die hintere Hälfte der Spuren der Vorderhufe, etwas seitwärts nach außen.

Die Vorwärtsbewegung der Gliedmaßen erfolgt nacheinander in diagonaler Reihenfolge. Wenn z. B. der rechte Vorderfuß antritt, folgt der linke Hinter-, hierauf der linke Vorder- und zum Schluß der rechte Hinterfuß.

Die Tätigkeit der Gliedmaßen während der einzelnen Zeitabschnitte ist nachstehend schematisch dargestellt. Dabei folgen die einzelnen Fußsetzungsmomente mit Zahlen versehen von links nach rechts. Der Pfeilstrich bedeutet die Bewegungsrichtung. Die Gliedmaßen, die auf dem Boden stehen, also *stützen* oder *stemmen*, sind dargestellt (⌓), die, die sich zur selben Zeit in der Luft befinden, also *abheben* oder *schwingen*, sind fortgelassen.

Schritt.

Bild 68.

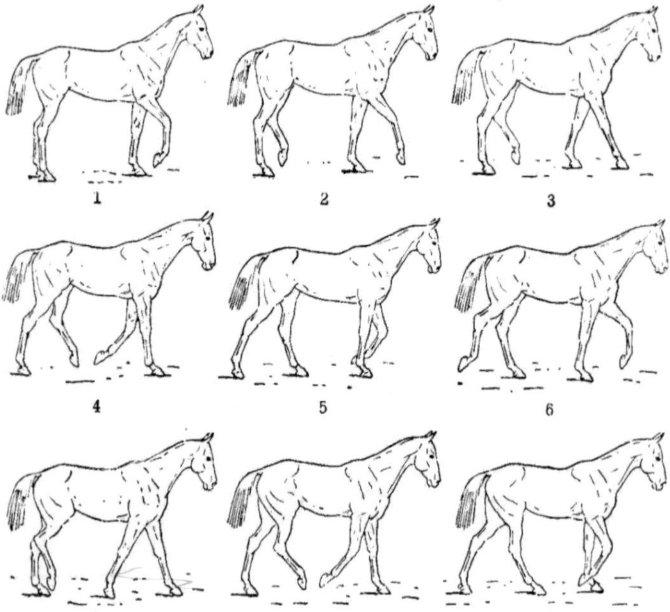

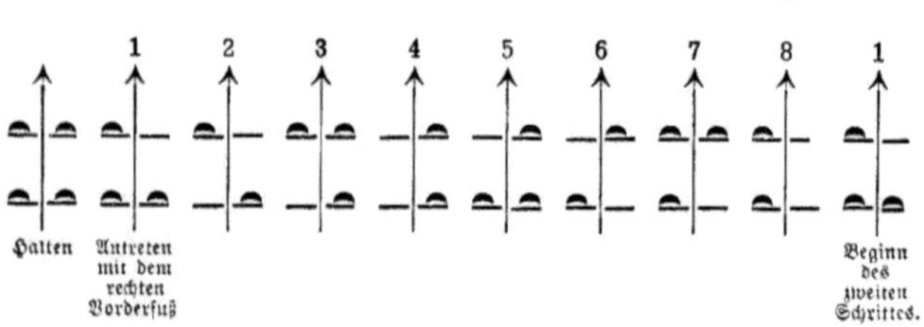

Beim Paß werden nicht die diagonalen, sondern die gleichseitigen Fußpaare gleichzeitig vorwärts geschwungen und niedergesetzt. Dabei entstehen schaukelnde Bewegungen des Körpers. Für die Soldatenreiterei ist diese Gangart fehlerhaft.

Im Trab schreiten die Beinpaare wechselseitig, so daß stets zwei diagonale Gliedmaßen gleichzeitig nach vorn geführt werden. Die Hinterbeine federn dabei den Körper so kräftig ab, daß das Pferd beim Wechsel der diagonalen Fußpaare einen Augenblick frei in der Luft schwebt. Das schwingende Beinpaar erreicht also den Boden etwas später, als ihn das stemmende Paar verlassen hat. Trab.

Trab.

Bild 69.

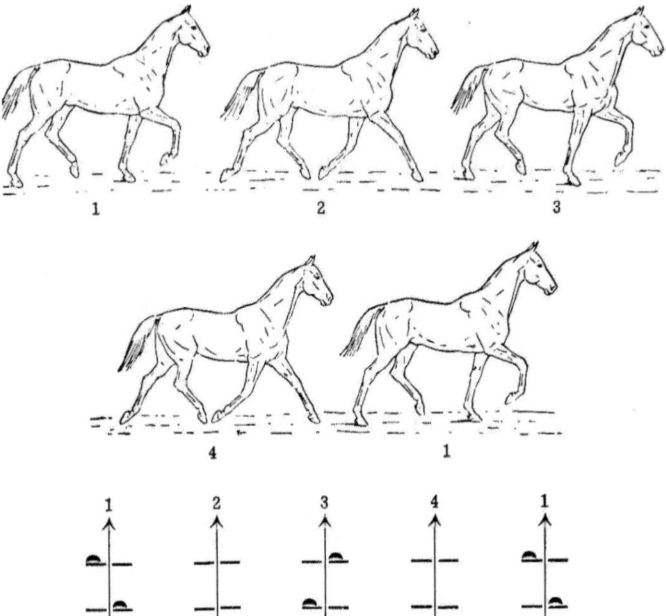

Die Geräumigkeit der Trabbewegung ist außer von den beim Schritt bereits angegebenen Vorbedingungen besonders noch von der Beschaffenheit und Tätigkeit der Schenkel- und Rückenmuskulatur abhängig. Je größer die Schubfähigkeit der Hintergliedmaßen und die Schulterfreiheit sind, und je gestreckter die Vorderkniee unter möglichster Streckung der Bug- und Ellenbogengelenke nach vorn geführt werden können, um so mehr werden die Hufe raumgewinnend da niedergesetzt, wohin sie bei vorgeführter Gliedmaße zeigen.

Die Länge des Trabtrittes beträgt etwa 2,20 bis 3,30 m.

Galopp. Der Galopp setzt sich aus einer Reihe einander unmittelbar folgender Sprünge zusammen. Sie werden hervorgebracht durch Beugung und Streckung der unter den Körper gesetzten Hintergliedmaßen. Die Schub- und Schnellkraft geht nicht wie beim Schritt und Trab abwechselnd und gleichmäßig von beiden Hinterbeinen aus. Sie erfolgt vielmehr von dem einen, dem auswendigen, das nach dem freien Schweben zuerst allein aufsetzt, früher als von dem andern mit dem diagonalen Vorderbein gleichzeitig aufsetzenden Hinterbein. Die Gliedmaßen befinden sich nicht gleichmäßig nebeneinander, sondern ein gleichseitiges Fußpaar ist mehr nach vorn gestellt. Danach unterscheidet man Rechtsgalopp und Linksgalopp.

Im natürlichen Rechtsgalopp kommt nach dem freien Schweben zuerst der linke Hinterfuß auf den Boden, sodann gleichzeitig der linke Vorder- und rechte Hinterfuß und zuletzt der rechte Vorderfuß. Das Abschwingen erfolgt in derselben Reihenfolge. Vergleicht man den Galoppsprung mit der Flugbahn eines Geschosses, so fußt der auswendige Hinterfuß noch im absteigenden Ast, die diagonalen Füße fangen am Ende des Sprunges die Hauptlast des Körpers auf. Der inwendige Vorderfuß schaltet, gleichsam als Sprungstab, das nach vorn gerichtete und durch die Körperschwere gleichzeitig abwärts gelenkte Beharrungsbestreben in die wieder ansteigende Richtung für den neu beginnenden Sprung um.

Im abgekürzten Galopp, wo die Tragekraft, und im vollen Lauf, wo die Schubkraft überwiegt, fußt das diagonale Paar nicht gleichzeitig, sondern der innere Hinterfuß um weniges früher als der äußere Vorderfuß. Im abgekürzten Galopp ist ein freies Schweben nicht wahrnehmbar.

Die Geräumigkeit der Galoppsprünge und die Geschwindigkeit ist nach der Galoppart verschieden. Im Mittelgalopp ist der Sprung ungefähr 3,60 m lang.

Natürlicher Rechtsgalopp.

Bild 70.

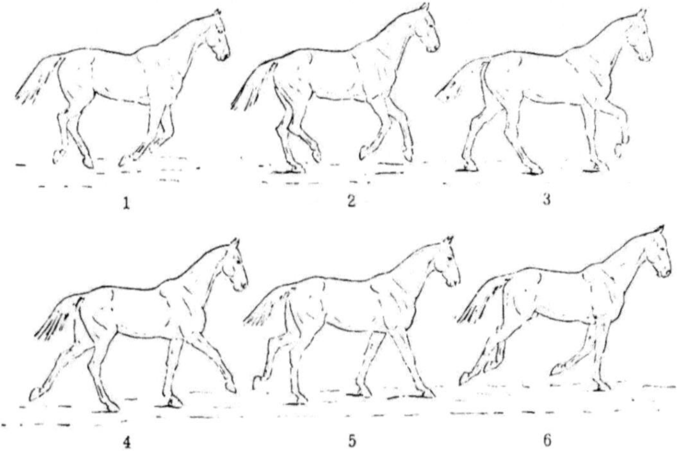

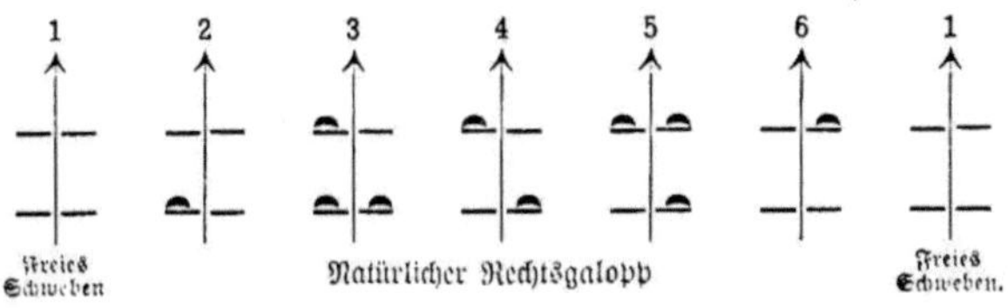

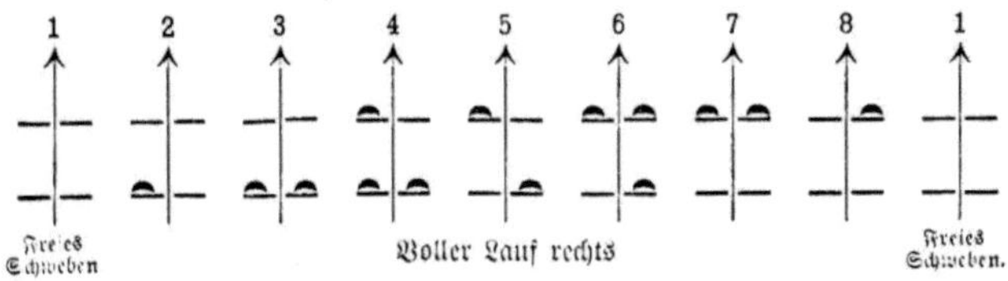

Sprung.

Zum Sprung hemmen die Vorderbeine die Vorwärtsbewegung je nach der Größe des Hindernisses so weit, daß die Hinterbeine vermehrt untergeschoben werden können und fast gleichzeitig fußen. Die Vorderbeine stoßen die Vorhand vom Boden ab, die Gewichtsmasse wird von den vermehrt gebeugten Hinterbeinen aufgenommen und von diesen durch kräftige Streckung nach vorwärts und aufwärts geschnellt. Beim richtig ausgeführten Sprunge landen die Vorderbeine zuerst, und zwar das eine meist früher als das andere, die Hinterbeine werden dicht an die Vorderbeine herangesetzt, so daß die Vorwärtsbewegung möglichst wenig gehemmt wird.

Beilage I zur Reitvorschrift.

Zusätze für die Feldartillerie.

Allgemeines.

Die Bestimmungen der Reitvorschrift gelten, abgesehen von den Vorschriften über das Reiten mit der Lanze und von den nachstehenden Zusätzen, in vollem Umfange auch für die Feldartillerie. Die reiterliche Durchbildung der Pferde ist, soweit es das Pferdematerial irgend zuläßt, zu fördern. Das wird nicht nur der Fahrausbildung, sondern auch dem gewandten Reiten des einzelnen Mannes im Melde- und Aufklärungsdienst zugute kommen.

Die große Verschiedenheit und die mannigfachen Mängel im Gebäude der Pferde zwingen aber dazu, die Anforderungen, namentlich in bezug auf Versammlung und Aufrichtung, dem Körperbau und den Kräften des einzelnen Pferdes sorgfältig anzupassen. Auch wird die Spätreife eines Teils der schwereren Pferde den Ausbildungsgang der Remonten verzögern. Im ganzen Verlauf der Dressur ist das Hauptaugenmerk auf Reinerhaltung und Förderung der Gebrauchsgänge, sowie auf Gewinnung einer guten Selbsthaltung und genügender Durchlässigkeit zu richten.

Im besonderen werden der vollkommen ausgebildete abgekürzte Galopp, der Kontergalopp und die Kurzkehrtwendung in der ganzen Abteilung nicht gefordert werden können. Auch dürfen die Anforderungen bezüglich der Seitengänge nicht zu hoch gestellt werden. In den Abteilungen B bis E wird es sich meist empfehlen, sich mit dem in der Reitvorschrift von den jungen Remonten am Schluß ihrer Ausbildung geforderten Schenkelweichen zu begnügen, das sich durch allmählich gesteigerte Wirkung der äußeren Hilfen dem Schulterherein nähern soll.

Besonderes.

Zu I, 2. Einteilung in Reitabteilungen.

Bei der reitenden Batterie ist die Einteilung in Reitabteilungen ebenso, wie bei der Eskadron. In Abteilung D (E) reiten die als Fahrer in Aussicht genommenen Mannschaften des zweiten Jahrganges ihre Sattelpferde.

Bei der fahrenden Batterie werden die Reitabteilungen wie folgt eingeteilt:

Rekrutenabteilungen. (1., 2. usw.)

Junge Remonten.

Abteilung A.

In ihr sind die alten Remonten und diejenigen im dritten Dienstjahre stehenden Pferde zu vereinigen, deren Gebäude und Rittigkeit die Gewähr bieten, sie auf eine höhere Stufe der Ausbildung zu bringen. Sie werden von Unteroffizieren, Trompetern und ausnahmsweise auch von besonders beanlagten Leuten des zweiten Jahrganges geritten.

Abteilung B.

Sie besteht aus denjenigen im dritten Dienstjahre stehenden Pferden, in Ausnahmefällen auch alten Remonten, die nach ihrem Gebäude und Temperament weniger zu Reitpferden geeignet sind. Hierzu treten ältere Pferde, die der Nachdressur bedürfen. In ihr reiten Unteroffiziere, Trompeter und Leute des zweiten Jahrganges.

Abteilung C (D) (bei den Batterien niedrigen Etats auch Abteilung C nur nach Bedarf).

Hierzu gehören alle in den bisher genannten Abteilungen nicht verwendeten Pferde. In diesen Abteilungen reiten Mannschaften des zweiten Jahrganges, wenn nötig auch Unteroffiziere oder Trompeter.

Zu I, 3. Die in der „Allgemeinen Zeiteinteilung" enthaltenen Grundsätze gelten sinngemäß auch für die Feldartillerie.

Die alten Remonten sind, soweit angängig, von besonders anstrengenden Übungen zurückzulassen. Zu den Manövern müssen sie indessen mitgenommen werden. Dagegen haben die reitenden Batterien, unter entsprechender Einschränkung der Zahl der mitzunehmenden Geschütze und Fahrzeuge, ihre alten Remonten von den Aufklärungsübungen grundsätzlich zurückzulassen.

In der Abteilung A, bei der reitenden Batterie auch in der Abteilung B, muß bis Mitte Januar auf Trense geritten werden. Im übrigen bleibt für die Abteilungen B bis E dem Regimentskommandeur überlassen, zu bestimmen, wann sie auf Kandare zu zäumen sind.

Bei der reitenden Batterie können auch die Abteilungen D und E im Freien besichtigt werden.

Über Mitnahme der jungen Remonten in das Manöver s. M. O. 7. Es ist jedoch verboten, junge Remonten bei Truppenübungen in der Gefechtsbatterie zu verwenden.

Zu I, 5. Lage des Bocksattels s. Feldart. Gerät — D. V. E. 224 und 355 — V, S. 54 bzw. 68.

Zu I, 7. Die Zügelhaltung mit durchgezogener Trense ist beim Fahren, Exerzieren und im Felddienst, auch bei Paraden die Regel.

Zu II, 16. Der Sitz auf dem Bocksattel entspricht dem auf dem Armee- und Dressursattel.

Zu III, 37. Gewöhnung an den Zug.

Die jungen Remonten werden vom Frühjahr ab an den Zug gewöhnt. Es empfiehlt sich, sie nicht häufiger als zwei- bis dreimal in der Woche einzuspannen; ihre reiterliche Durchbildung muß fortgeführt werden. Im übrigen ist Ex. R. f. d. Fa. 238 maßgebend.

Zu IV, 43. Die Rekrutenpferde sind in den ersten Wochen mit Woilach und Sitzkissen oder mit Dressursätteln, wenn solche hierzu verfügbar sind, auszurüsten.

Die Ausbindezügel werden bei Ausrüstung mit dem Woilach in den Deckengurt geschnallt.

Zu IV, 48. Die Kurzkehrtwendung und der Kontergalopp sind von den Rekruten der Feldartillerie nicht zu reiten.

Zu IV, 51. Die besonderen Übungen finden bei der Feldartillerie sinngemäß Anwendung.

Zu IV, 52. Diese Bestimmungen gelten sinngemäß auch für die Feldartillerie. Bei den Abteilungen B bis D kommt es im besonderen darauf an, „unter Verzichtleistung auf schwierige Lektionen, die Pferde in eine brauchbare Reitform zu bringen und den Gang zu verbessern".

Zu IV, 53. Alle Oberleutnants und Leutnants reiten in einer Abteilung ihre Chargenpferde oder die ihnen zugeteilten Dienstpferde.

In einer zweiten Abteilung reiten die Oberleutnants der reitenden Artillerie ihre eigenen Pferde, die der fahrenden Artillerie je nach ihrer Reitfertigkeit eine alte Remonte, ein älteres Dienstpferd oder ein überetatsmäßiges eigenes Pferd.

Die Adjutanten reiten ihre eigenen Pferde.

Ist die Zahl der Offiziere zu groß, so können die Abteilungen geteilt werden.

Abweichungen können vom Regimentskommandeur angeordnet werden.

Beilage II zur Reitvorschrift.

Zusätze für den Train.

Allgemeines.

Die Bestimmungen der Reitvorschrift — ausgenommen die Vorschriften über das Reiten mit der Lanze — gelten mit nachstehenden Zusätzen auch für den Train.

Besonderes.

Zu I, 2. Einteilung in Reitabteilungen.

Zusammenstellung nach folgenden Grundsätzen:

Rekrutenabteilungen (1., 2., 3. usw.) wie auf S. 10.

Junge Remonten und Ankaufspferde wie auf S. 10.

Abteilung A.

In ihr sind die alten Remonten und diejenigen im dritten Dienstjahre stehenden Pferde zu vereinigen, deren Gebäude und Rittigkeit die Gewähr bieten, sie auf eine höhere Stufe der Ausbildung zu bringen. Diese Pferde werden von Unteroffizieren, Trompetern und ausnahmsweise auch von besonders beanlagten Leuten des zweiten Jahrgangs geritten.

Abteilung B.

Sie besteht aus denjenigen Pferden, die nicht genügend rittig sind, um mit ihnen Rekruten auszubilden. In ihr reiten hauptsächlich die Leute des zweiten Jahrganges, wenn nötig auch Unteroffiziere und Trompeter.

Zu I, 3. Die in der „Allgemeinen Zeiteinteilung" enthaltenen Grundsätze gelten sinngemäß auch für den Train.

Für die Abteilungen B bleibt dem Bataillonskommandeur die Bestimmung überlassen, ob die Winterdressur auf Trense oder auf Kandare beginnen soll.

Zu I, 5. Lage des Bocksattels s. Anhang Bag. Kol. Tr. — D. V. E. Nr. 321a Ziff. 300—303.

Zu I, 7. Die Zügelhaltung mit durchgezogener Trense ist bei jedem Fahren vom Sattel, im Felddienst und bei Paraden die Regel.

Zu II, 16. Der Sitz auf dem Bocksattel entspricht dem auf dem Armee- und Dressursattel.

Zu III, 37. Die jungen Remonten werden nach der Frühjahrsbesichtigung an den Zug gewöhnt. Es empfiehlt sich, sie nicht häufiger als zwei- bis dreimal in der Woche einzuspannen; ihre reiterliche Durchbildung muß fortgeführt werden. Im übrigen ist Ex. R. f. d. Tr., Ziff. 130—133, maßgebend.

Zu IV, 43. Die Rekrutenpferde sind in den ersten Wochen mit Woilach und Sitzkissen auszurüsten. Die Ausbindezügel werden hierbei in den Deckengurt geschnallt.

Zu IV, 51. Die besonderen Übungen werden beim Train sinngemäß ausgeführt.

Zu IV, 52. Für die Abteilung B gilt folgende Vorschrift: Der Unterricht der Abteilung B beginnt auf Trense oder Kandare. Maßgebend für die zu wählende Zäumung ist der Dressurgrad der Pferde und die Reitfertigkeit der für diese Abteilung verfügbaren Reiter. Trensenarbeit wird nur dann von Nutzen sein, wenn es dem Reiter in kurzer Zeit gelingt, die zur Wiedergewinnung der Durchlässigkeit nötige Beizäumung zu erreichen.

Zu IV, 53. Alle Oberleutnants und Leutnants reiten in einer Abteilung die ihnen zugeteilten Dienstpferde.

Gedruckt in der Königlichen Hofbuchdruckerei von E. S. Mittler & Sohn, Berlin SW 68, Kochstraße 68—71.

Sachverzeichnis.

A.

C.

D.

E.

F.

G.

H.

J.

K.

L.

M.

N.

O.

P.

R.

S.

T.

U.

V.

W.

Z.

Gedruckt in der Königl. Hofbuchdruckerei von E. S. Mittler & Sohn,
Berlin SW 68, Kochstraße 68—71.